智能制造工业软件应用系列教材

产品全生命周期管理平台

（下　册）

胡耀华　梁乃明　总主编
吕赐兴　董铁群　编　著

机械工业出版社

本书以西门子的 Teamcenter 为研究对象，从定制实施的角度介绍了产品全生命周期管理（PLM）系统，并且结合 Teamcenter 提供的业务建模工具，介绍了 Teamcenter 定制实施涉及的知识及软件的使用和操作。

本书共 8 章。第 1 章介绍了 PLM 的实施与定制化的相关概念和知识；第 2 章描述了 PLM 系统如何实施与进行定制化；第 3 章从权限的角度介绍了定制化权限设置的基本操作；第 4 章对 PLM 系统在使用过程中常规查询和自定义查询功能进行了介绍；第 5 章在上册介绍的工作流程基本概念的基础上，重点介绍了工作流程中的任务操作及其规则；第 6 章简要介绍了 Teamcenter 环境下首选项的设置；第 7 章是本书的重点内容，从 PLM 在定制实施过程中最基本的数据模型的定制化角度，介绍了 Teamcenter 中的数据模型概念，以及如何利用业务建模器实现数据模型的定制化和部署；第 8 章是对软件操作的综合练习。全书立足于 PLM 的实施和操作，注重理论知识与实际操作相结合，内容充实。

本书可作为高等学校机械工程、智能制造、企业管理等领域的专业教材，也可作为从事 CAD/CAM、PLM、企业信息管理系统开发与应用的研究人员和工程技术人员的参考书。此外，本书还可作为 PLM 技术推广与应用的培训教材。

图书在版编目（CIP）数据

产品全生命周期管理平台. 下册/胡耀华，梁乃明总主编；吕赐兴，董铁群编著. —北京：机械工业出版社，2021.11（2026.1 重印）

智能制造工业软件应用系列教材

ISBN 978-7-111-69716-9

Ⅰ.①产… Ⅱ.①胡… ②梁… ③吕… ④董… Ⅲ.①产品生命周期-管理信息系统-高等学校-教材 Ⅳ.①F273.2

中国版本图书馆 CIP 数据核字（2021）第 245978 号

机械工业出版社（北京市百万庄大街 22 号 邮政编码 100037）

策划编辑：王勇哲 责任编辑：王勇哲

责任校对：张 征 张 薇 封面设计：王 旭

责任印制：邓 博

涿州市般润文化传播有限公司印刷

2026 年 1 月第 1 版第 2 次印刷

184mm×260mm · 10 印张 · 245 千字

标准书号：ISBN 978-7-111-69716-9

定价：39.00 元

电话服务	网络服务
客服电话：010-88361066	机 工 官 网：www.cmpbook.com
010-88379833	机 工 官 博：weibo.com/cmp1952
010-68326294	金 书 网：www.golden-book.com
封底无防伪标均为盗版	机工教育服务网：www.cmpedu.com

前言

产品全生命周期管理（PLM）体现了一种先进的产品开发管理模式和理念，已经逐渐成为产品协同开发的新模式。PLM 以协同过程管理技术为核心，把人、过程与信息有效结合起来，使产品在全生命周期中都能支持与产品相关联的过程和系统。PLM 的重要性在于能够使企业从产品全生命周期的角度更好地管控产品研发过程，保证以一定成本及时地将产品投放市场。

在 PLM 实施过程中，需要紧密结合企业的具体情况，对 PLM 系统按照需求进行量身设计和开发，以满足企业多方面的个性化要求，并满足企业的使用习惯，以及其若干年内的需求。PLM 的定制化实施是 PLM 在企业成功应用的基础。

本书根据应用型本科智能制造方向专业人才培养目标的要求编写，不仅从理论上阐述了 PLM 系统定制实施的基本过程，而且从实际应用的角度出发，结合业内主流的 PLM 平台——西门子 Teamcenter，讲解 PLM 系统在定制实施过程中的实际操作。

本书解释了什么是 PLM 定制实施，PLM 实施过程包括哪些内容，重点结合 Teamcenter 介绍了 PLM 软件在实施过程中需要重点定制的内容。本书共 8 章，包括以下内容：

第 1 章 PLM 的实施与定制化。包括 PLM 实施与定制化的流程、Teamcenter 的实施与定制化的简要介绍。

第 2 章组织管理。包括 PLM 系统在使用过程中的人员组织方式、角色分配和管理人员与用户的关系，并以 Teamcenter 为例，介绍了组织管理的具体实现过程。

第 3 章权限管理。包括权限的基本概念、Teamcenter 的权限控制方式及项目管理的权限控制，并通过多个实例介绍了在 Teamcenter 中权限的定制过程。

第 4 章查询。包括查询的基本概念，以及如何使用 Teamcenter 的查询构建器实现复杂条件下的对象查询。

第 5 章工作流程管理。在了解工作流程基本概念的基础上，重点对 Teamcenter 的工作流程节点中的任务操作、规则进行了介绍。

第 6 章首选项管理/Teamcenter 环境定制与设置包括首选项的概念、编辑和创建，并以典型例子展示了首选项的创建和修改过程。

第 7 章数据模型定制化。包括数据模型的基础知识，以及如何在 Teamcenter 所提供的业务建模器中实现数据模型的定制，包括零组件、表单、值列表、关系、数据集、选项、规则和复合属性的定制开发过程，并介绍了将定制的数据模型部署到 Teamcenter 的过程。

第 8 章综合练习。对数据模型定制、组织、权限、查询和工作流程等内容进行演练。

与本书配合使用的《产品全生命周期管理平台（上册）》和本书同步出版。

本书可以作为（但不限于）：①智能制造专业本科生的教材（建议 54 学时以上，讲授本书全部章节）；②专科院校或职业技术学院程序设计教材（建议 64 学时，讲授本书全部章节）；③产品研发、制造业信息化、与产品数据管理开发相关的技术人员和管理人员的参考书。

本书是智能制造工业软件应用系列教材中的一本，本系列教材在东莞理工学院校长马宏伟和西门子中国区总裁赫尔曼的关怀下，结合西门子公司多年在产品数字化开发过程中的经验和技术积累编写而成。本系列教材由东莞理工学院的胡耀华和西门子公司的梁乃明任总主编，东莞理工学院的吕赐兴和西门子公司的董铁群共同编著。虽然作者在本书的编写过程中力求描述准确，但由于水平有限，书中难免有不妥之处，恳请广大读者批评指正。

编著者

目 录

第1章

PLM的实施与定制化

PLM（Product Lifecycle Management，产品全生命周期管理）的实施涉及多学科领域知识，包括项目管理知识、软件工程思想、行业管理经验，以及基于PLM理念特定的软件平台。从实施技术层面上，对PLM的实施方法可以从以下几个方面进行分析：①确定项目实施目标；②进行项目管理控制；③根据软件工程思想和PLM实施的特殊性，项目的实施工作将经历需求分析（分析业务流程和确定未来系统功能需求）、系统总体设计、系统构造、定制化开发、系统测试、用户培训、用户测试和系统上线试运行等过程。

1.1 PLM实施与定制化过程

PLM是IT（Information Technology，信息技术）软件产品在企业中的应用，实施过程与软件开发项目的过程有很多相似之处，比如项目实施过程是延续需求分析、系统设计、系统编码、系统测试和试运行的过程。但也有其特殊之处，PLM在需求阶段不仅关注系统的功能需求，而且更关心企业产品研发的过程。在系统设计和编码阶段，为了满足用户的具体功能需求，首先使用PLM已有的功能，其次通过部分的系统配置能力来构造系统，再次是通过PLM系统提供的应用程序接口（Application Programming Interface，API）实现企业的特殊功能需求。PLM实施过程如图1.1所示。

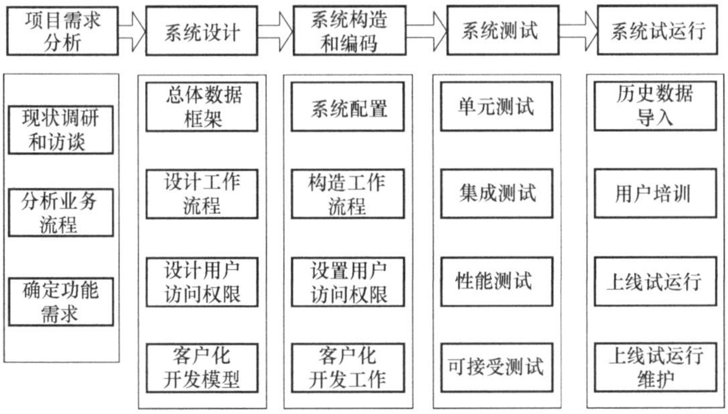

图1.1 PLM实施过程

1.1.1 知识的传递

PLM 是以软件平台的方式提供给用户的，在项目实施之前，PLM 软件的培训工作首当其冲。应针对不同的客户群体来做对应的培训工作。对企业的管理层，PLM 知识的传递定位于 PLM 的理念，以及 PLM 系统与企业的战略管理、部门职能管理相结合等方面。对企业的实施团队和未来系统管理人员，主要进行 PLM 软件系统的基本功能、系统维护和管理，以及定制化开发方面的培训。除此之外，在项目实施过程中需要不断地向企业的实施团队传递实施的方法，以使实施团队成员不断地学习和了解实施过程。在 PLM 系统实施和正式上线后，企业实施团队能够承担起 PLM 系统的维护和扩展工作。

1.1.2 系统需求分析

系统需求分析（或分析业务蓝图）是整个项目中的关键部分。如果对调研过程和功能需求分析没有足够的重视，未来系统将很难满足客户需求，到后期项目会很难把握。反之，如果可以将行业经验和实施方法结合到需求分析阶段，则会达到事半功倍的效果。作为信息化项目的 PLM 系统，需要了解三部分重要的内容：企业组织结构、业务流程和业务数据，项目的需求调研也将围绕着这三部分的信息展开。项目的系统分析阶段通常包括三个部分：现状调研和访谈、分析企业流程和确定系统功能需求。

1. 现状调研和访谈

需要实施 PLM 项目的国内企业大部分都进行了 ISO（Internetional Organization for Standardization，国际标准化组织）质量体系认证，经过认证的企业已经在书面上初步规范了企业业务流程。在调研企业现状之前，以质量体系三层次文件（质量大纲、程序文件和岗位作业指导书）为蓝本，能够使调研人员初步了解企业的组织框架、产品研发过程和相关数据信息。在了解质量体系三层次文件的基础上走访 PLM 项目涉及的各个部门，向各部门内对业务非常熟悉的人员了解部门的组成和人员组成情况、主要业务职能的执行过程、部门内部的协作情况、当前部门和其他部门的工作协作情况、企业软硬件产品应用情况，以及客户对现有业务职责和过程的想法和建议等方面的信息。

2. 分析业务流程

在完成对各部门的访谈后，依据访谈的记录，确定企业的组织结构、企业现状流程模型，系统的业务流程模型和信息模型并形成项目文件。这些项目文件都会依据行业经验的文件模板进行编写，保证实施过程描述的规范化和系统化。通过企业组织结构构造出企业现有部门组成框架、PLM 系统涉及的部门和岗位，以及相关岗位的具体职能。企业现状流程模型用于描述产品研发的总体过程，融入了企业组织结构中包括的部门和人员、各部门的业务过程和业务协作，以及产品研制过程中产生的产品数据信息。流程模型的核心是信息化三要素（人、过程和数据）的统一，它客观地反映了企业当前的研发现状。通过系统的业务流程模型和信息模型反映出实施 PLM 项目后，采用具体电子化的工作方式，得出企业产品研发流程及 PLM 系统所要管理的产品数据信息的范围。这两个模型能够为企业管理层提供文字和图形信息，从业务过程和信息的角度，了解系统和现有工作模式的区别，有利于管理层确定和验证 PLM 系统运作模式。

3. 确定系统功能需求

功能需求阶段的核心是确定 PLM 系统的核心功能、系统与其他应用系统［CAD（Computer Aided Design，计算机辅助设计）、CAPP（Computer Aided Process Planning，计算机辅助工艺过程设计）、ERP（Enterprise Resource Planning，企业资源计划系统）和 SCM（Supply Chain Management，供应链管理）等］集成接口需求和基于功能的过程模型三部分内容。PLM 系统的核心功能和集成接口需求这两部分包含了系统拥有的功能列表和简要描述，并不需要详细的说明。功能过程模型以系统的流程模型和信息模型为蓝本，着重描述 PLM 系统的功能和执行步骤，同时描述在特殊情况下出现问题时系统的执行方式。在系统成形之前，功能需求产生的文件可以让 PLM 系统应用人员提早了解到系统的所有功能，使企业各级人员知道在系统中如何进行产品研发和项目管理工作。

1.1.3 系统设计

目前大中型 PLM 产品通常是平台式系统，系统本身提供了数据模型框架和典型的功能，在系统设计中核心工作是编写系统总体解决方案。解决方案包括系统已经提供的满足用户需求的功能清单，其中包括设计产品有关数据模型、用户权限分配原则、设计工作流程、预计和评估定制化开发工作，以及系统软、硬件的安装和部署等内容。

基于面向对象的理念，在原有 PLM 系统类层次框架基础上设计和构造企业产品数据的模型，以满足不同企业的特殊功能需求。PLM 系统是企业用户的工作平台，在软件环境中不同的用户拥有不同的权限，通过权限分配原则，来确定系统应用用户对产品数据的访问权限，如创建、删除、查找、更新等。从全局角度来设计产品数据的工作流程，实现对产品数据的审批、发布和更改等流程的有效控制和管理。结合系统已有的功能评估定制化开发工作，确定开发功能和工作量等。

通过系统设计，构造出系统的整体框架。从核心的数据模型到数据的流程控制及用户的访问权限控制，全面反映了整个 PLM 系统的未来走向。

1.1.4 系统构造和定制化开发

PLM 项目开发人员在系统总体设计方案的基础上构造 PLM 系统，核心内容包括系统管理配置、定制化开发功能和过程、构造系统工作流程、设置用户访问权限、构造用户界面，以及系统代码的开发工作等。

在系统构造阶段，选用的 PLM 软件平台通过系统配置手段可以构造系统的大部分功能，如产品研发工作流程的建立、用户权限的设定及常用功能的配置。这些能够满足用户的大部分需求。而针对用户的特殊需求的定制化开发，如底层数据架构、界面的个性化、PLM 与应用系统的集成接口和特殊业务功能，需要通过 PLM 软件平台提供丰富的应用程序接口（API）来满足需求。

1.1.5 系统测试和试运行

系统测试是系统验证和把关的环节，测试结果直接影响系统的正式应用，因此按照规范的方式进行严格测试尤其重要。通常对未来系统进行以下测试工作：

（1）单元测试　在系统各个功能模块开发和系统配置完毕后，对各个模块进行独立测试，PLM 系统除了进行通用软件项目的代码测试以外，还需要对平台式架构搭建的工作流程、权限设置及系统相关配置功能进行测试。

（2）集成测试　贯穿企业的产品研发过程，基于系统功能，将系统所有模块联合在一起进行测试。

（3）性能和接受程度测试　PLM 系统是成百上千用户群体应用的平台，在多人在线的环境下，需要从稳定性、响应速度上，进行满足用户对性能和接受程度的需求测试。系统经过多层面多轮的测试后，需要选择合适的典型项目进行系统的试运行。只有经过试运行，才能够真正验证系统的稳定性、安全性、健壮性及快速响应性，为推广到所有产品研发做准备。

1.2　Teamcenter 的实施与定制化

作为主流的软件系统，Teamcenter 实施过程同样也能用系统实施方法进行管控。Teamcenter 的实施方法与常见的其他系统类似，需要完成以下几方面的工作。

1.2.1　Teamcenter 需求分析

与前面所述需求分析方法基本一致，只是 Teamcenter 的需求分析应更加具有针对性，需要结合 Teamcenter 的已有功能，并遵从适当的开发原则进行功能需求调研。同时 Teamcenter 需求分析应更为细致，且在需求分析之前应该对关键用户组人员进行系统基础培训，以使其了解系统的功能、使用方法和业务实现模式等。因为所做的实施和开发工作均应基于 Teamcenter 的已有功能来实现，所以需求分析应紧密结合 Teamcenter 的系统架构、功能框架及功能模块来实现。

1.2.2　Teamcenter 详细设计

在了解了用户需求之后，调研人员应该将用户的功能需求以报告的形式递交给系统设计人员。系统设计人员根据详细的用户需求构建企业未来的业务实现模式及系统的实现方案，包括系统硬件环境、系统数据管理、流程创建、项目运维、各项业务执行流程等。具体包括：

（1）数据对象类型定义　Teamcenter 是通过数据对象类型来区分和组织系统中的数据的。每个企业应该根据自身产品数据特点和管理需求，基于 Teamcenter 已有的数据类型，利用可视化的业务建模工具，对数据对象类型进行定制。一般需要进行定制的数据对象类型包括零组件、表单、视图、注释、工具、数据集、关系、状态和文件夹等。其中，可采用命名规则、深层复制规则、复合属性规则、GRM（General Relationship Model，一般关系模型）规则、显示规则、属性规则和扩展规则等来对数据对象的命名、操作、显示及属性等方面进行定制。进一步地，可利用条件来定义和限制数据对象的创建、复制及粘贴等操作。

（2）组织结构配置　Teamcenter 组织结构模型如图 1.2 所示，包括组、角色、用户、人员四层。组织结构的详细设计应结合企业组织及业务分工情况来进行。

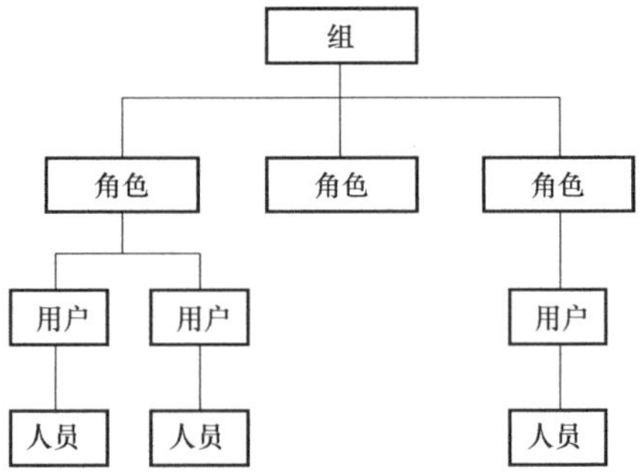

图 1.2　Teamcenter 组织结构模型

（3）业务流程配置　Teamcenter 通过流程将业

务信息和数据在企业内部进行传递，所以在详细设计中应对各类业务流程进行详细的定义，且保证所定义的业务流程工作效率高，符合企业及行业标准。

（4）版本规则定义 Teamcenter 采用“修订版”来标识零部件和技术文档的每次修改，企业可根据实际业务情况和需求定制自己的版本规则，各类数据对象的典型版本规则见表 1.1。

表 1.1 各类数据对象的典型版本规则

数据对象	版本规则	版本号示例
零部件	大版本 与企业大版本规则一致，初始版本为“1”，每次版本升级后按流水增长，自动产生 小版本 在大版本后加更改序号表示，如 1.1，1.2，…，以表示第 1 次小改，第 2 次小改…的结果	1，1.1，1.2… 2，3…
技术文档	大版本 采用系统对象的版本规则，初始版本为“A”，每次版本升级后按流水增长，自动产生 小版本 在大版本后加更改序号表示，如 A1，A2，…，以表示第 1 次小改、第 2 次小改…的结果	A，A1，A2… B，C…

（5）权限配置 Teamcenter 在分布式计算环境中，对对象的保护和管理的所有权是至关重要的。由于 Workspace 对象表示数据库中的实际产品信息，因此必须保护它们不被未经授权或意外的访问、修改和删除。企业可根据自身的数据管理需求，利用 Teamcenter 的权限管理器，通过权限规则、权限列表和权限树来实现数据访问权限的控制。

（6）首选项管理 首选项是存储于数据库内的特殊环境变量，它们会被 Teamcenter 的应用程序读取。根据企业的实际需求，可对 Teamcener 的行为（如不同数据类型之间的默认关系）和显示等方面进行配置。

1.2.3 二次开发

为了满足企业定制化的业务和系统集成需求，可根据自身企业的特点，进行二次开发。Teamcenter 的二次开发可以利用二次开发接口，也可以利用可视化的建模工具来实现定制化系统数据模型的开发和部署。利用可视化的业务建模工具可以在图形化的界面中创建自己需要的业务对象、类、属性、值列表和规则等项目。另外，Teamcenter 还提供了二次开发的接口，包括服务器端的二次开发和客户端的二次开发，客户端的二次开发可使用 Java 语言，服务器端的二次开发采用集成工具包（Integrated Tool Kit，ITK），并使用 C\C++语言。

习 题

1. 简述 PLM 实施和定制化的意义。
2. 简述 PLM 实施和定制化的主要过程。

第2章

组织管理

2.1 人员组织概述

实施PLM时，基础模型就是人员管理模型。在此基础上进一步建立产品结构模型和工作流程模板及其应用，以达到信息的集成和数据的共享，从而实现电子仓库、文档和工作流程与过程管理等，最终实现产品结构与配置管理、资源管理及项目管理等。使企业管理纳入到计算机集成信息管理中，可以更加有效地管理新产品的开发和生产。

根据企业的部门、岗位设置和项目分配情况，实现系统中的部门、项目、岗位、角色、用户、人员对象及其相互之间关系的定义。PLM提供了动态矩阵式组织架构的管理。PLM既能支持对部门、岗位和人员的管理，又能支持从不同行政部门指派成员组成项目团队或项目组。同时每个人员可以根据需要参与多个项目。在矩阵式组织管理模式下，同一用户可以拥有不同的角色和职能。系统支持在同一次系统登录中，进行不同角色和项目组的选择，以便于进行工作方式和任务的切换。不同的PLM系统对人员管理有不同的模式，人员管理模型包括人员组织方式和角色分配两个方面。

2.1.1 人员组织方式

不同企业有不同的人员组织方式，即使同一企业在不同的阶段其组织方式也会发生改变。一般的人员组织方式分为两种：静态工作方式和动态工作方式。静态工作方式是一种相对固定的工作组织，组内人员承担的是相同类型的工作。一般企业的各基层科室都是静态工作组，如设计科、工艺科、质量管理科、计划处等。动态工作方式是按照产品型号建立的工作组，有时也称为团队，内部人员包括各种所需的技术人员，人员组成随新产品而不断变化，随着产品的产生而产生，又随着产品的结束而解散。因此，在PLM系统中的人员组织应该既能适应相对稳定的组织方式，又能适应经常变化的组织方式。一般情况下，要将两种工作方式有效结合起来。建立的人员组织结构，如图2.1所示。

2.1.2 角色分配

在企业的生产组织过程中，一般企业都有各种各样的岗位，每个岗位对应一种角色。角色是指一个企业组织中设立的岗位责任。例如，在设计、工艺部门的岗位要有总工程师、副总工程师、主任设计师、设计员、主任工艺师、工艺员和标准化审核员等角色。而对于计划、财务、物资、车间等部门，也要根据 PLM 与这些部门之间的关系，设定适当的角色，并与对应的岗位相联系。PLM 系统中的每个角色只参与 PLM 实施流程控制中的某个或某几个阶段，各个角色的定义也可以根据实际需要进行具体的调整。另外，一个成员可以同时担任多个角色。

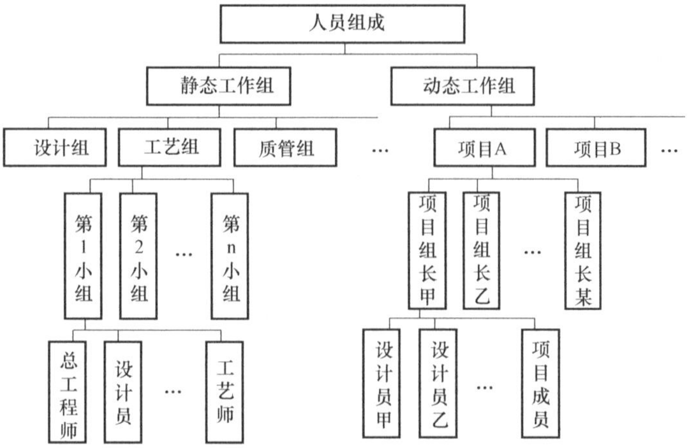

图 2.1 人员组织结构图

2.1.3 人员与用户

根据组织中的人员，可在 PLM 系统中一对一地创建用户，每个用户可同时担任多个角色，如某用户既是主任设计师，又是质量审核员。

2.2 Teamcenter 中的组织管理

组织应用程序能够通过用户 ID 及其各自的权限和用户组来创建和维护 Teamcenter 内的公司组织。一个组织是由组组成的，包含子组、用户和人员，如图 2.2 所示。

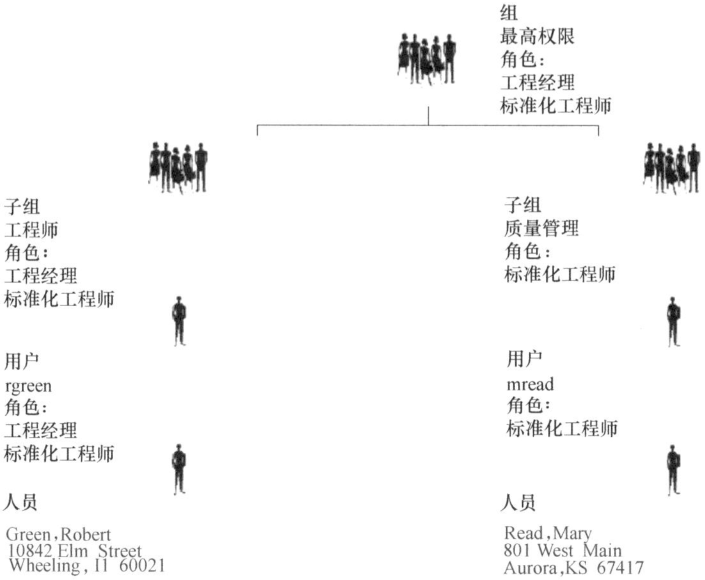

图 2.2 Teamcenter 的组织机构示意图

2.2.1 基本概念

创建的组织数据和由 CAD 应用程序或其他第三方应用程序创建的文件均存储在卷中。卷即文件存储的位置，如图 2.3 所示。

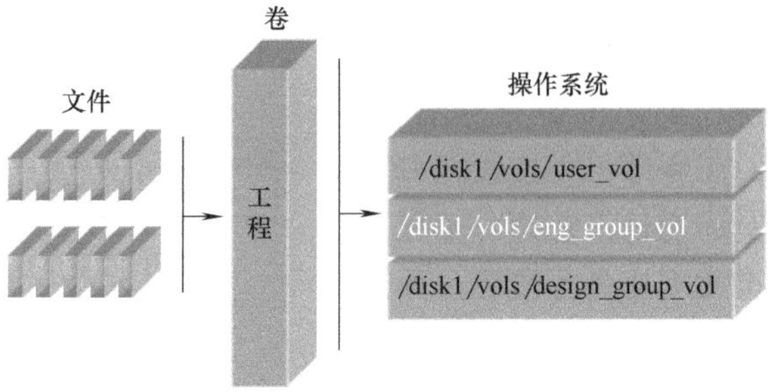

图 2.3 Teamcenter 中卷的概念

Teamcenter 保存卷位置（目录）和文件名，用户应始终通过 Teamcenter 访问卷中的文件。

角色（Role）是相同职责的一群用户的组合。角色可以分配给多个组，可以添加了另一层数据访问控制，可以沿着功能线创建。

通过角色细化组织结构的组定义。利用具有 DBA（Database Administrator，数据库管理员）特权的用户，可使用组织应用程序来创建、修改和删除角色定义；将现有角色添加到组织树；将新角色添加到组织树；在组内分配默认规则。

组（Groups）是基于项目的一群用户的组合，一个组中可以包含多个角色。组代表数据所有权并控制数据访问权限。

注意：不要删除 Teamcenter 提供的系统组，系统组是系统正常运行所必需的。组是沿着项目线进行定义的，而不是沿着功能线，但是能够定义第三方组织，如供应商。小组成员可以是许多小组的成员。

组构成了组织结构的核心。作为具有 DBA 权限的用户，可以使用组织应用程序来创建、修改和删除组；管理组织树内的子组；将默认卷分配给组；为组授予数据访问权限。

用户（User）是拥有已知 Teamcenter 系统 ID 的人员。用户被分配到默认组并担任组中的角色。作为具有 DBA 权限的用户，可使用组织应用程序来创建、修改和删除用户账户；保持用户密码限制；取消激活或激活用户账户；分配组管理员权限；为用户分配存储在 Teamcenter 中的数据的知识产权和政府许可 ID；为用户分配许可证捆绑包。

2.2.2 基本过程

作为 Teamcenter 管理员，可以使用组织应用程序来创建和维护企业在 Teamcenter 内的虚拟组织。

创建虚拟组织的基本过程包括以下几个阶段：

1）建立 Teamcenter 站点。

2）定义组织的结构（不要删除 Teamcenter 提供的角色）。

3）创建角色。

4）创建卷。

5）启用文件管理系统（File Management System，FMS）对新卷的控制。

6）创建组和子组（不要删除 Teamcenter 提供的系统组）。

7）添加用户到组。

8）创建用户和人员。

下面的实例实现了创建一级组织“西门子”，在一级组织“西门子”下新建二级组织“研发中心”，在二级组织“研发中心”下创建角色“实施顾问”，并在此角色下新建员工“张三”。

实例 2-1 进入组织管理模块

步骤如下：

1）启动 Teamcenter 客户端，使用 infodba ID 登录。

2）在导航面板的底部选择“配置用户程序”≫按钮。

3）选择“导航窗格选项…”，如图 2.4 所示。

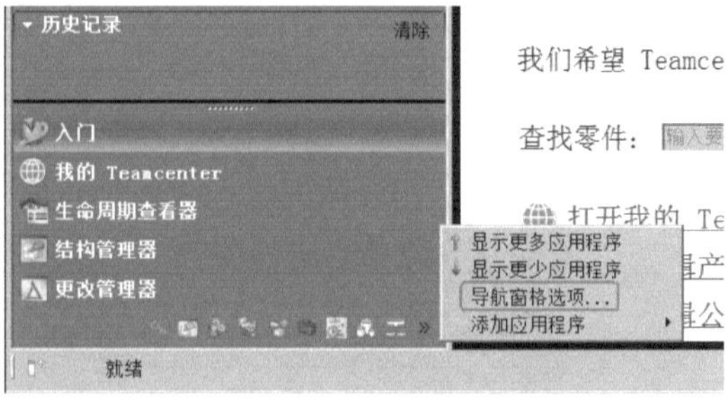

图 2.4 添加组织管理应用程序-1

4）在“导航窗格选项”对话框中，将左侧“可用的应用程序”中“组织”选项添加到右侧“选定的应用程序”中，单击“添加”按钮并确定后，组织模块将添加到导航面板中，单击“组织”按钮即可进入组织管理应用程序，如图 2.5 所示。

实例 2-2 创建组并本地化

步骤如下：

1）进入组织管理应用程序，单击左下角“组”，在右侧对话框中输入组织名称，选择本地卷“Volume”，单击“创建”按钮完成组织创建，如图 2.6 所示。

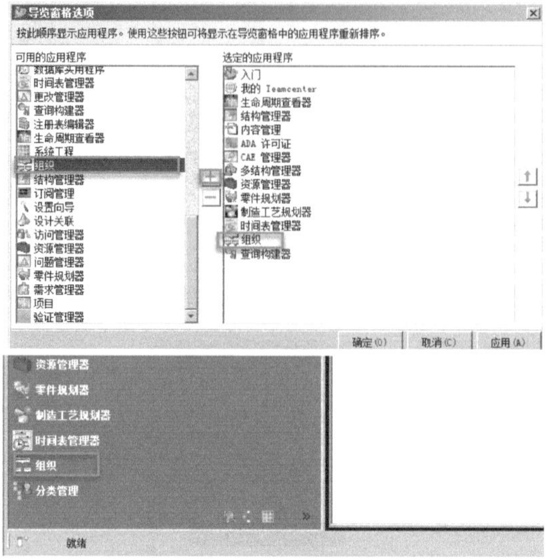

图 2.5 添加组织管理应用程序-2

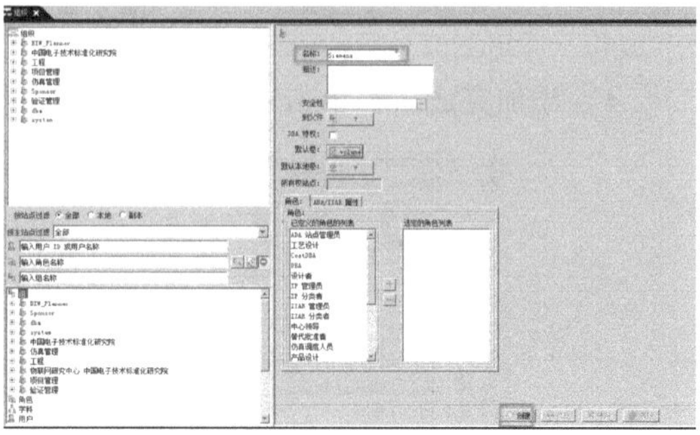

图 2.6 创建组

2）创建完成后，对组织进行本地化设置，选择“组”中的“Siemens”选项，单击“本地化”按钮如图 2.7 所示。

3）在弹出的名称的语言翻译对话框中，单击左下角“添加”按钮，添加本地化值，如图 2.8 所示。

图 2.7　组名称的本地化-1

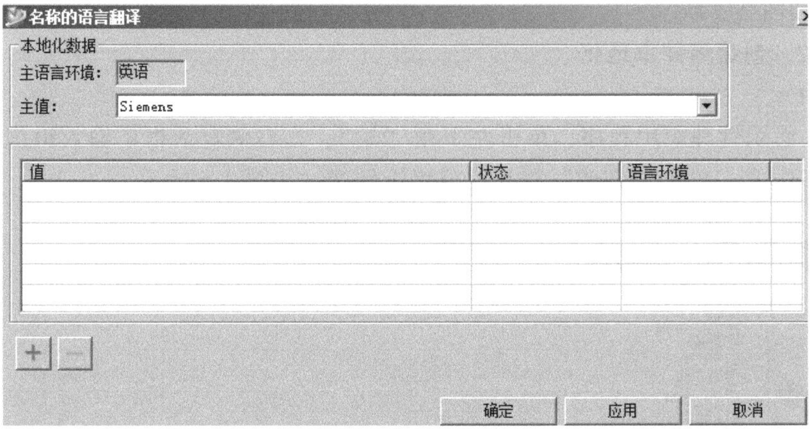

图 2.8　组名称的本地化-2

4）添加完成后，单击“确定”按钮即可，该组织即创建并本地化完成，如图 2.9 所示。

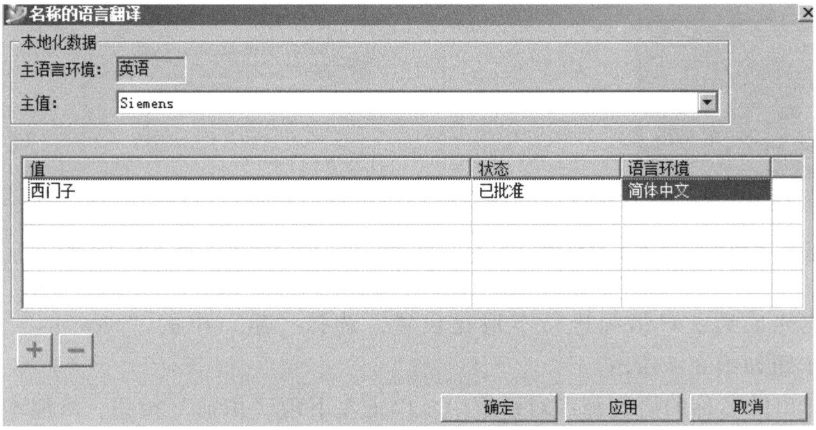

图 2.9　组名称的本地化-3

5）可以选择此组织再添加多级别子组，添加完成并本地化后，如图 2.10 所示。

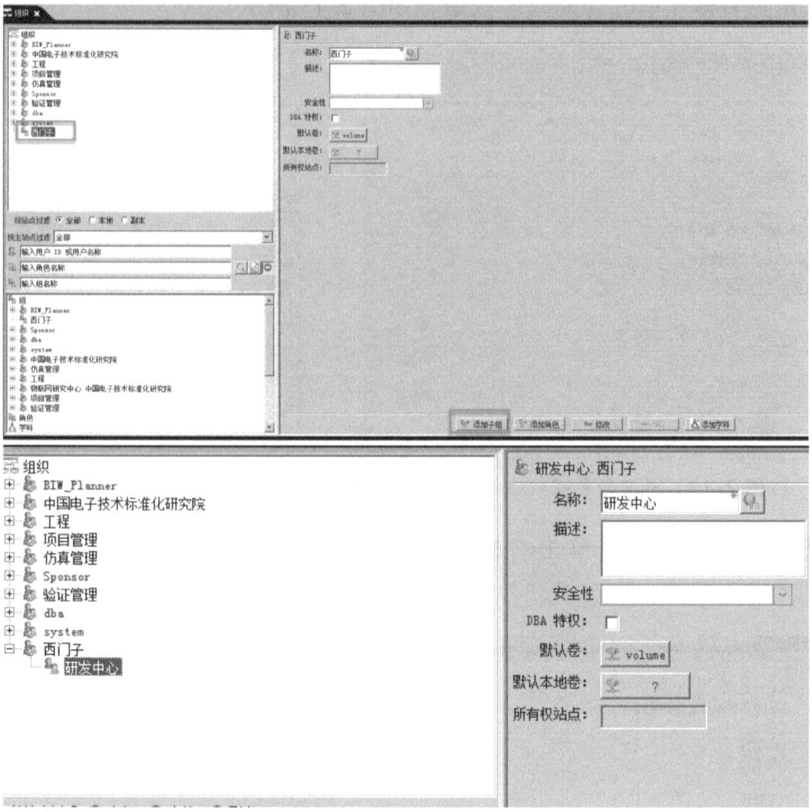

图 2.10 添加子组

实例 2-3 创建角色并本地化

步骤如下：

1）选择需要将角色创建到的组，单击右下角“添加角色”按钮，如图 2.11 所示。

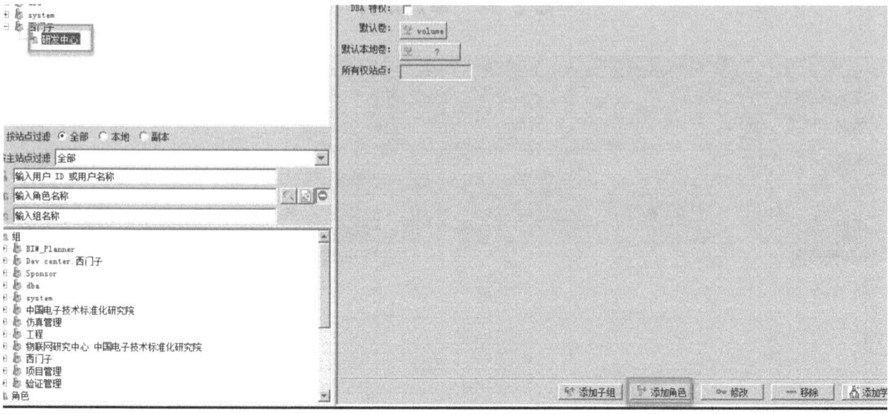

图 2.11 添加角色-1

2）选择“将新角色添加到组中”选项，并单击“下一步”按钮，如图 2.12 所示。

说明：“将现有的角色添加到组中”意味着只能在此添加系统中存在的角色，而“将新角色添加到组中”意味着可以在此新建一个角色。

3）输入角色名称并单击“完成”按钮，如图 2.13 所示。

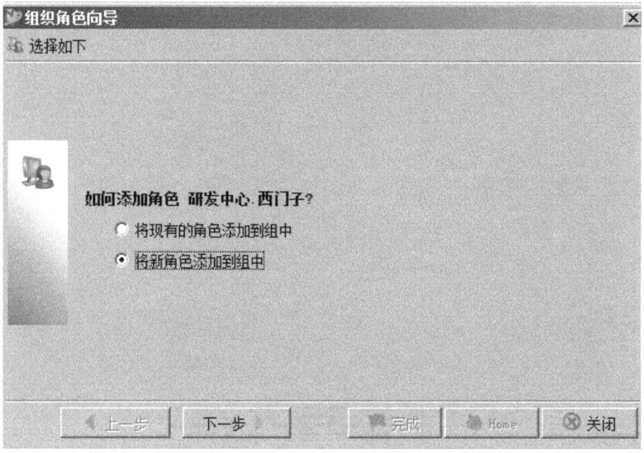

图 2.12　添加角色-2

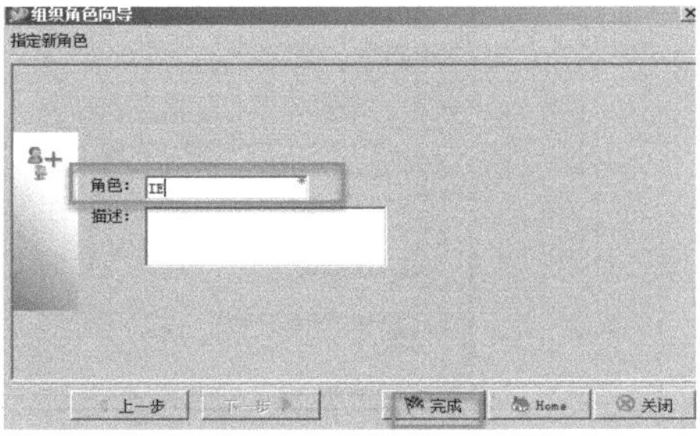

图 2.13　添加角色-3

4）选择创建好的角色，单击右侧“本地化”按钮，进行本地化配置，如图 2.14、图 2.15 所示。

图 2.14　添加角色-4

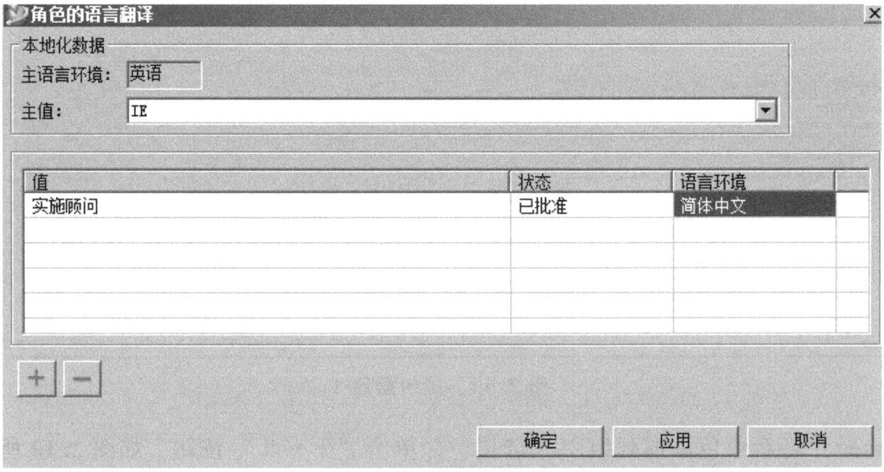

图 2.15　添加角色-5

5）本地化完成后，如图 2.16 所示。

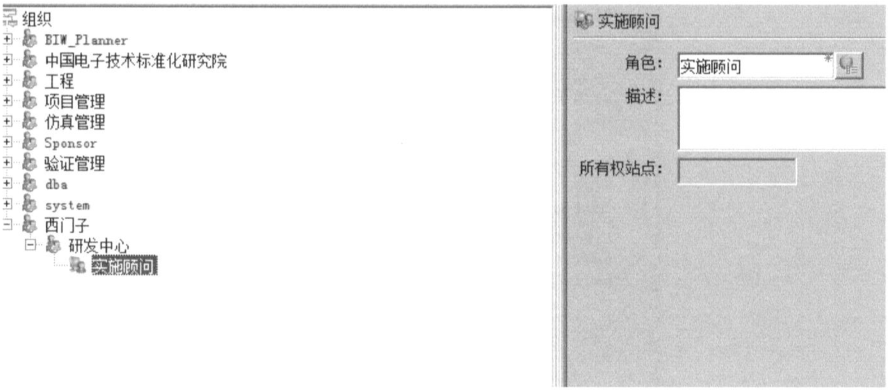

图 2.16　添加角色-6

实例 2-4　创建用户与人员

步骤如下：

1）用户与人员需要归属到具体的角色下，选择角色，单击“添加用户”按钮，如图 2.17 所示。

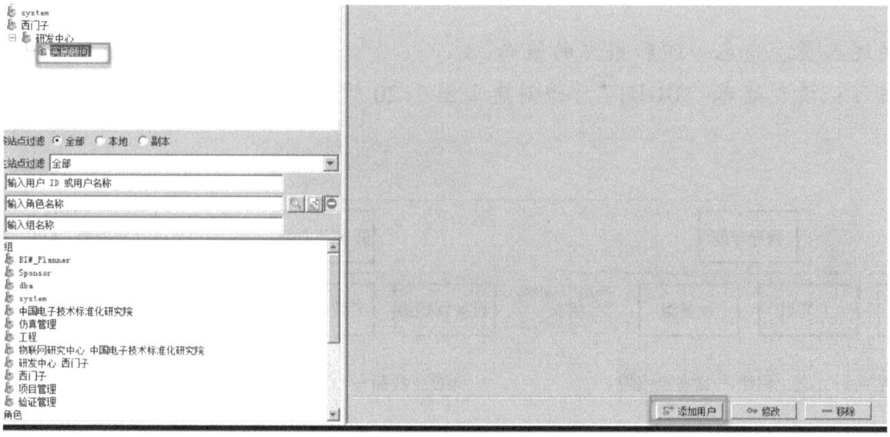

图 2.17　创建用户与人员-1

2）选择“将新的用户添加到组/角色中”选项，单击“下一步”按钮，如图 2.18 所示。

说明：“将现有的用户添加到组/角色中”意味着只能在此添加系统中存在的用户，而将“新的用户添加到组/角色中”意味着可以在此新建一个用户。

3）输入“人员姓名”及“用户 ID”，并填写“操作系统名称”和

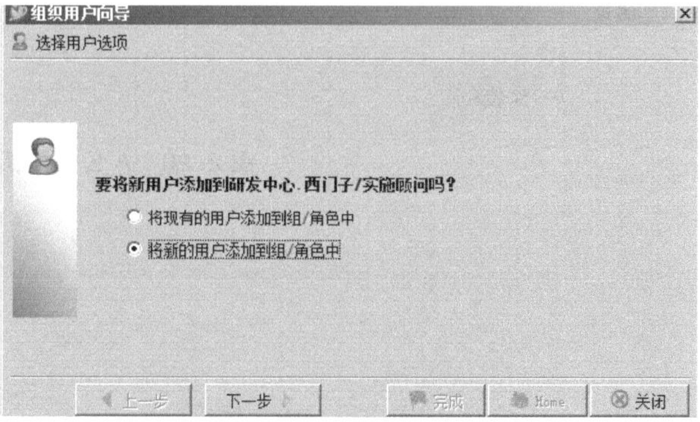

图 2.18　创建用户与人员-2

"密码"，选择默认卷"Volume"，单击"完成"按钮，如图 2.19 所示。

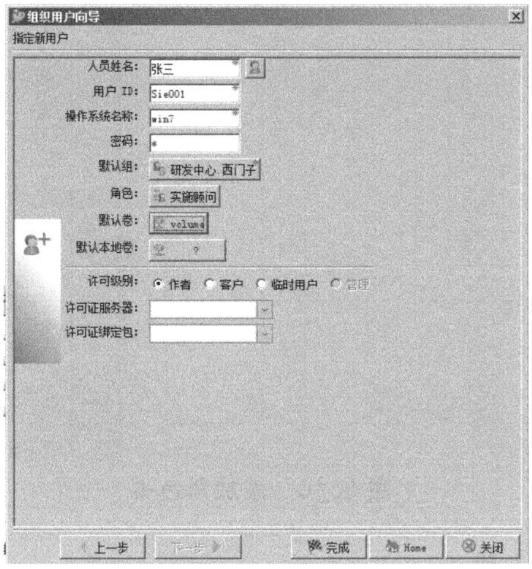

图 2.19　创建用户与人员-3

习　　题

1. 简述人员、角色、组和用户的概念。
2. 练习：请创建卷"DGUT"，并创建如图 2.20 所示的组织结构。

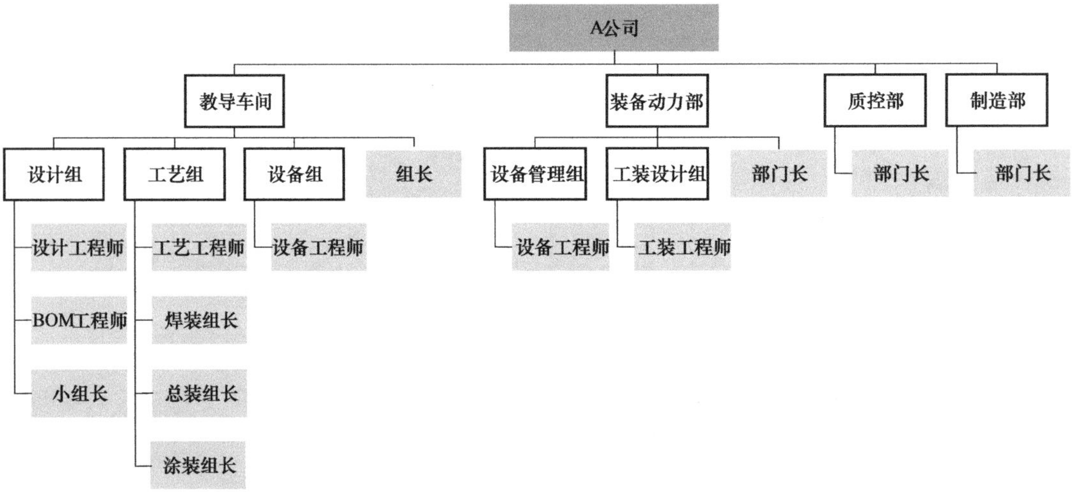

图 2.20　A 公司的组织机构

第3章

权限管理

3.1 权限管理基本概念

PLM系统管理的产品数据经过多个阶段被不同部门、不同人员访问及操作，具有不同的版本状态。如何有效地管理产品数据，确保产品数据管理的安全性和保密性是人员管理模型需要解决的问题。人员管理模型也称为组织-角色-权限模型，是对企业的人员组织方式、角色分配及操作权限设置的描述，最终实现产品数据被适当的人在允许的权限范围内可以有效地访问，确保产品数据管理的安全性和保密性。

在企业的产品数据管理中，不仅同一个部门的人员对同一数据在不同阶段、不同状态有不同的操作权限，而且不同部门的人员对产品数据的不同对象也有不同的操作权限。

3.1.1 权限设置

在企业中，不同岗位的人员对产品数据可以实施不同的操作。因此需对角色及其所赋予的操作权限进行有效管理，建立角色-操作权限表。

一般而言，PLM的权限控制包括两方面：①基于对象的权限，即对某个具体的数据对象设置能够被哪些访问者进行访问或操作的权限；②基于规则的权限，即可以设置具有共性的访问者的权限，如按不同的工作组、不同的角色设定该对象产生的产品数据的不同访问权限，包括读、写、修改、删除和拷贝等。另外，一旦受控对象的状态发生改变，原有角色拥有的操作权限即被撤销，而将被赋予新的操作权限。因此，权限控制问题不仅与受控对象及角色有关，还与受控对象的状态有关。

总之，权限管理根据人员、组织和角色的不同，对处于不同状态和位置的对象，分配不同的操作权限，即保证什么人在什么条件下对什么类型的数据可以进行什么样的操作。基本的权限管理模型见表3.1。

表3.1 基本的权限管理模型

受控对象	工作组	角色	读	写	删	改	拷贝	权限控制说明
零件A	设计组1	设计员A	Yes	Yes	Yes	Yes	Yes	设计
零件A	设计组1	设计员B	Yes	No	No	No	Yes	设计
…	…	…	…	…	…	…	…	…

3.1.2 操作命令表

在实施 PLM 时，不同用户需要确定他们使用操作命令的范围。一般情况下，在系统设计时，首先根据系统中的角色，定义该角色可以使用的操作命令，以便在系统设置时参考。具体的操作命令实例表见表 3.2。

表 3.2 操作命令表

操作权限类名	操作命令集名	操作命令集	角色举例
设计类 1	设计类 1	文档管理(读/写/删除/修改/拷贝),…	A 类设计员
设计类 2	设计类 2	文档管理(读/拷贝),…	B 类设计员
工艺类	工艺类	文档管理(读/写/删除),…	工艺员
审批类	审批类	文档管理(读),工作流程(审),…	标审员
…	…	…	…
访问类	访问类	文档管理子类(读),…	其他组员
系统管理类	系统管理类	系统管理命令,…	系统管理员

基于人员组织、角色和操作权限表，建立企业的人员管理模型，即人员-角色-权限描述表见表 3.3，其中“用户登录名”即系统登录时的用户口令，“姓名”为人员的真实姓名。从人员管理模型中可以看出，同一个用户可以参加不同的工作组，扮演不同的角色，承担不同的任务，具有不同的权限。

表 3.3 人员-角色-权限描述表

工作组名	用户登录名	姓名	角色	操作权限类名	操作命令集
技术部	Jack	王增强	项目主管	审批类	审批类
	Jane	任军学	设计师	设计类	设计类
	Lily	刘维伟	工艺师	编制类	编制类
	Jenny	孟红娴	程序员	编制类	编制类
	David	单晨伟	助理	核算类	核算类
质量控制部	Jacky	史耀耀	质量主管	审批类	审批类

3.2 Teamcenter 中的权限管理

在分布式计算环境中，保护对象和管理的所有权是至关重要的。由于数据对象表示数据库中的实际产品信息，因此必须保护它们不被未经授权或意外访问、修改和删除。

3.2.1 基本概念

1. 权限控制的三要素

Teamcenter 通过用户安全访问管理机制来实现权限控制，可以防止系统中存储的产品数据被非法访问或误操作。所谓权限是指 Teamcenter 中某个或某类访问者对于处于某个特定环境下的某类数据对象是否具有执行某个动作的权利。如图 3.1 所示，Teamcenter 的权限控制要素通常包括访问者、数据对象和操作。数据对象包括定制化开发的各种数据对象。

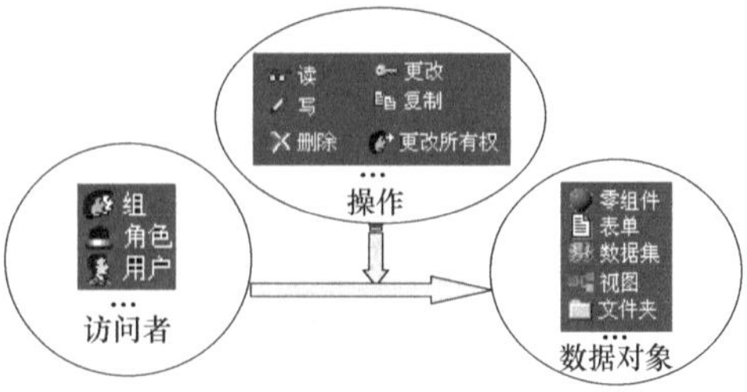

图 3.1　权限控制三要素

（1）操作类型　Teamcenter 中用户操作权限主要包括读、写、删除、复制、签出/签入、导入/导出和指派项目等，具体类型如图 3.2 所示。分配用户权限时应依据最小化的原则，即在满足用户操作需求的条件下，权限越小越好，以防用户对系统内其他数据进行非法访问。在分配操作权限时，应考虑密级要求，即高密级用户按要求可以访问低密级或同密级数据，而低密级用户不能访问高密级数据。

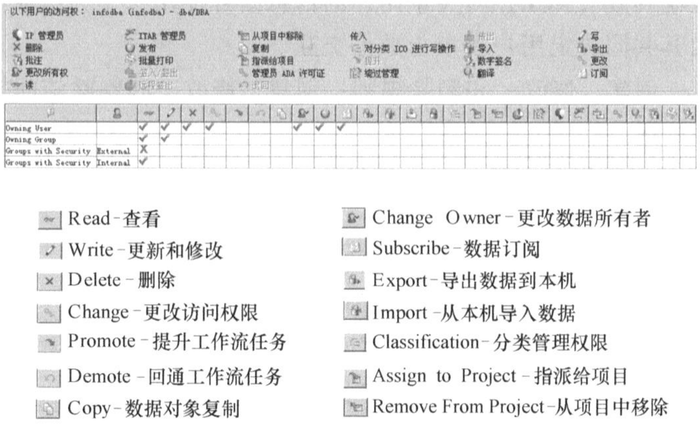

图 3.2　用户操作权限类型

（2）访问者类型　Teamcenter 中，常见的访问者类型见表 3.4。在所定义的权限规则中，不同的访问者有不同的优先级，高优先级的访问者自动排到优先级低的访问者之前。

表 3.4　访问者类型

访问者类型	访问者 ID	说　明
World	—	所有访问者
User	User ID	指定的访问者
Owning User	—	数据对象所有者（数据创建者）
Group	Group ID	指定组中的访问者
Owning Group	—	数据对象所在组中的访问者
Role	Role ID	指定角色的访问者
Role in Group	Role ID in Group ID	指定组中的指定角色的访问者
Role in Owning Group	Role ID	数据对象所属组中的指定角色的访问者
Approver	—	工作流程当前任务的执行者
Approver(RIG)	Role ID in Group ID	指定组中的指定角色（工作流程当前任务的执行者）
Approver(Role)	Role ID	指定角色的工作流程当前任务的执行者
Approver(Group)	Group ID	指定组中的工作流程当前任务的执行者
System Administrator	—	系统管理员
Responsible Party	—	流程节点的责任方

2. Teamcenter 的权限控制方式

Teamcenter 可以实现两层不同的数据保护：

（1）基于规则的保护　由管理员配置，并包含控制对象访问的条件或规则。这些规则影响整个 Teamcenter 站点。基于规则的保护是主要的安全机制。

（2）基于对象的保护　属于辅助安全机制，使用访问控制列表（Access Control List，ACL）创建基于对象的保护。ACL 对于授予更广泛的访问或限制对特定对象的访问最有用。

在 Teamcenter 中，使用 Access Manager（AM，权限控制）创建和维护 Teamcenter 站点的 AM 规则树，以控制用户对存储在 Teamcenter 中的数据对象的访问。

根据站点要求配置 AM 规则树包括：基于数据对象的规则；访问控制列表授予或拒绝访问。

规则和访问控制列表（ACL）与关于用户的信息结合使用。作为组成员、项目成员、国籍和许可级别，由其共同决定用户授权与数据交互。

使用 AM 可以：创建、修改、和删除规则；创建、修改、和删除访问控制列表（ACL）；导入和导出 AM 规则树。

（1）基于规则的权限控制　基于规则的保护模型如图 3.3 所示。

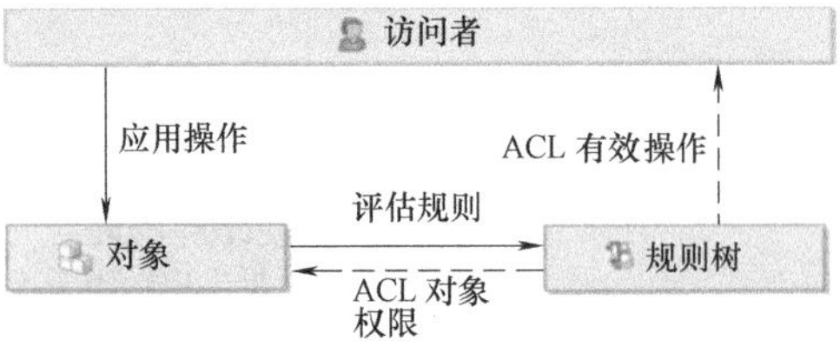

图 3.3　基于规则的保护模型

规则由一个条件、条件的值、授予访问权限的访问控制列表（ACL）组成。条件及其值标识规则适用的对象集，ACL 定义授予用户的特权（访问器）。针对对象的用户操作需要对规则树进行评估，以动态地为对象构建访问控制列表。ACL 控制对象的权限，并确定谁（访问器）可以对对象执行什么操作。

访问控制列表（ACL）包含访问者列表及授予权限，拒绝并未给每个访问者设置的特权。在列表中有相应特权的访问器的每个配对称为访问控制条目（Access Control Entry，ACE）。ACL 可以由一个或多个 ACE 组成，如图 3.4 所示。

系统管理员			✔	✔				✔		✔
世界	✔	✘	✘	✘	✘	✘	✔	✘	✘	✘

图 3.4　访问控制列表示例

规则在访问管理器规则树（Access Manager rule tree）中，并根据其在树结构中的位置进行评估。规则从树的顶部到底部进行评估；顶部的规则优先于树底部的规则；子分支总是优先于树中的父分支。

如图 3.5 所示的规则树充当用户尝试访问对象时对象通过的过滤器。当满足所选对象的条件时，将应用 ACL 中定义的权限。

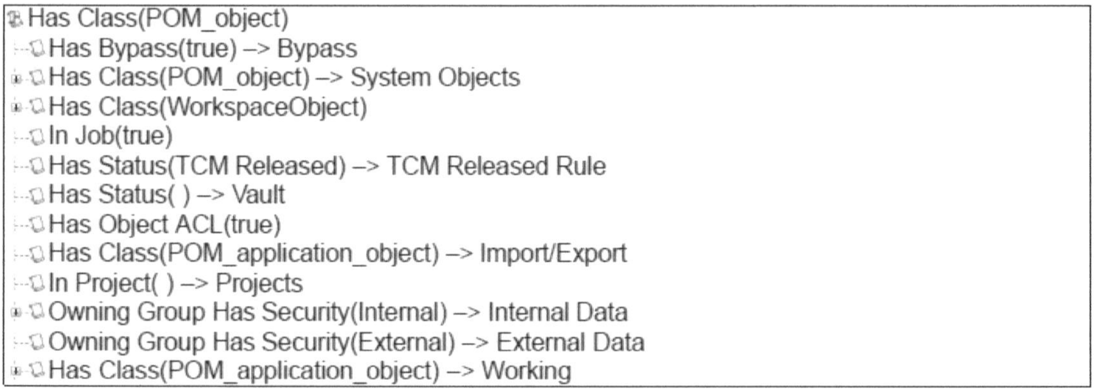

图 3.5 访问管理规则树

（2）基于对象的权限控制　使用访问控制列表（ACL）来创建基于规则的保护，如图 3.6 所示。对象的 ACL 在以下环境下是有用的：授予对特定对象更广泛的访问权限；限制对特定对象的访问权限。

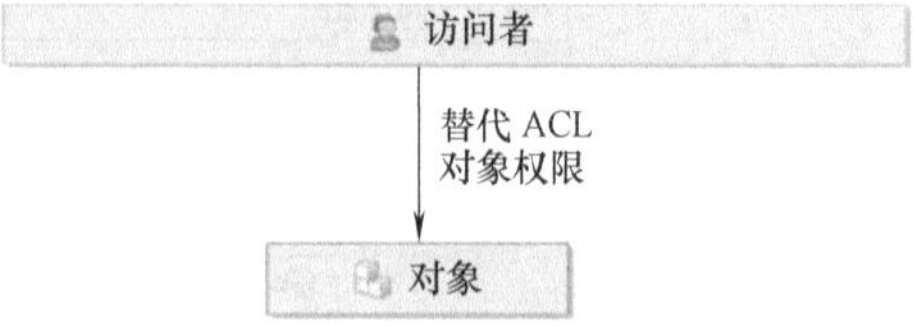

图 3.6 基于规则的保护

Teamcenter 使用 ACL 确定对对象的访问。具有适当权限的用户可以重写对象的 ACL，以便为某些用户授予或拒绝权限，但必须在规则树允许的情况下使用。

例如，在如下情况时规则树不允许基于对象的访问规则覆盖基于规则的保护：对象具有已分配的状态；在工作流程中授予对象访问规则。

3. 项目管理的权限控制

项目应用程序提供了一种组织数据的机制并实施基于项目成员的访问控制。Teamecnter 管理员可以通过项目应用程序：指定用户作为项目成员；实现基于项目成员的访问控制；应用过滤器来确定用户在“我的 Teamcenter”中查看的项目数据的子集；将数据库与项目关联。

项目创建和管理任务按以下顺序执行：

1）项目管理员由 Teamcenter 管理员添加到项目管理组的项目管理员角色中。

2）创建一个项目，其中包含团队成员、特权团队成员和团队管理员的特定组、用户或角色。

3）设置用户的缺省项目。

4）特权团队成员自动或手动创建数据库对象并分配到项目中。

项目管理组中的项目管理员角色具有创建管理项目或工程项目的特权。项目管理组中的小组管理员角色具有修改项目或工程项目信息特权。这些特权应用于项目或工程项目元数据，并不应用于指派到项目或工程项目的数据。特权小组成员项目或工程项目小组成员，具有将对象指派到项目或工程项目或将其移除的特权。小组成员（用户）没有将对象指派到项目或工程项目或将其移除的特权。

典型的项目或工程项目层次结构，如图 3.7 所示。

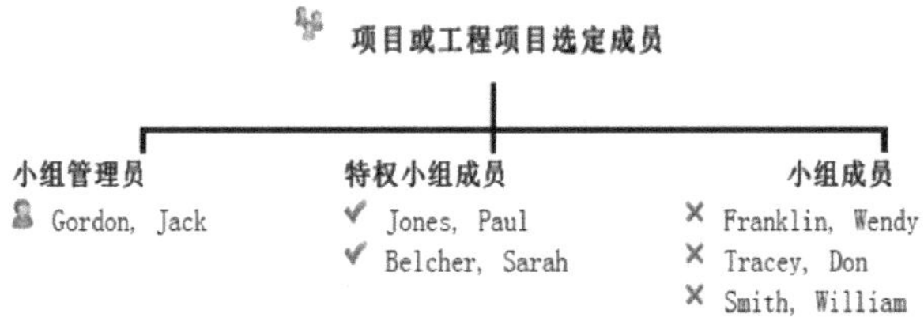

图 3.7 典型的项目或工程项目层次结构

典型的项目的状态，如图 3.8 所示。

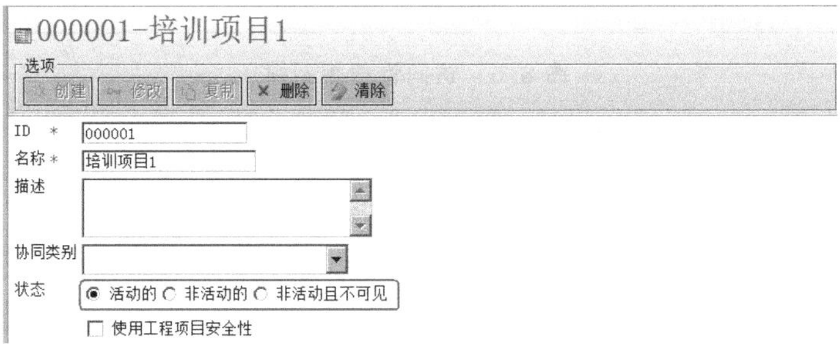

图 3.8 典型的项目的状态

活动的：激活的项目或工程项目，允许用户管理项目或工程项目中的数据。

非活动的：停用的项目或工程项目，用户可以查看项目或工程项目，但不能管理项目或工程项目中的数据。

非活动且不可见：停用的项目或工程项目且被移除，只有项目管理员可以查看非活动且不可见项目或工程项目的数据。

项目成员搜索，如图 3.9 所示。

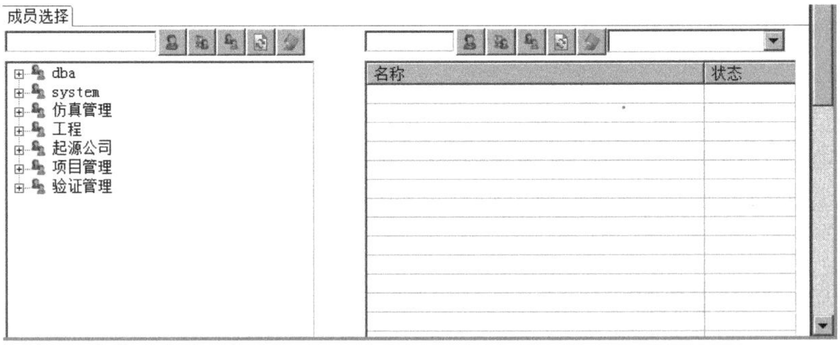

图 3.9 项目成员搜索

组（Groups）：按组过滤组织树或项目成员树。通过在文本框中输入组名并单击“组”按钮可在任一树中搜索特定组。

角色（Roles）：按角色过滤组织树或项目成员树。通过在文本框中输入角色名并单击“角色”按钮可在任一树中搜索特定角色。

用户 (User)：按用户过滤组织树或项目成员树。通过在文本框中输入用户名并单击“用户”按钮可在任一树中搜索特定用户。

清除 (Clear)：清除搜索准则并使组织树或项目成员树恢复以前的状态。

刷新树 (Refresh Tree)：刷新组织树或项目成员树并使其恢复原始状态。

3.2.2　基本过程

实例 3-1　查看对象的访问权限

步骤如下：

1）在“我的 Teamcenter”中，选择受访问规则影响的对象，单击菜单栏“视图”→“访问…”，如图 3.10 所示。

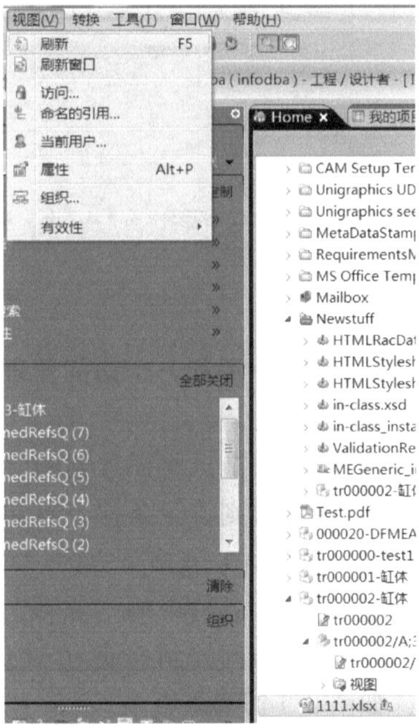

图 3.10　查看对象的访问属性-1

2）在“访问权”视图中可以查看当前用户对此对象所拥有的权限，如图 3.11 所示。

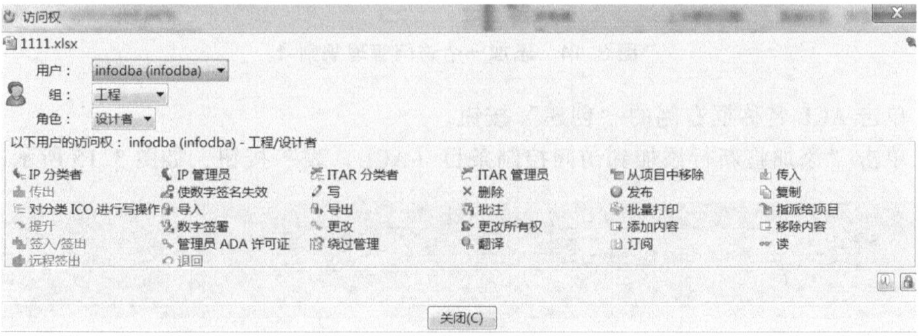

图 3.11　查看对象的访问属性-2

3）单击右上角“获取访问控制列表” 按钮，可以增加/删除权限，如图 3.12 所示

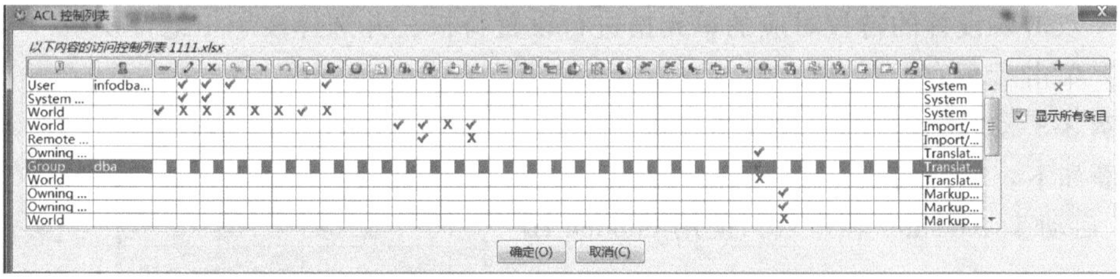

图 3.12　查看对象的访问属性-3

4）单击“在 ACL 中添加访问控制条目” 按钮，添加一条权限，单击“确定”按钮，如图 3.13 所示。

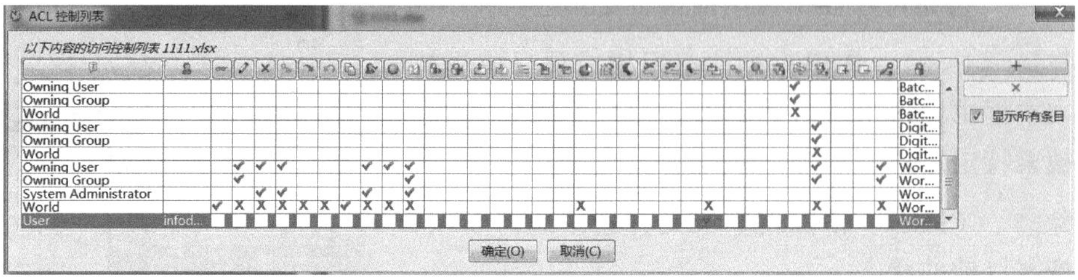

图 3.13　查看对象的访问属性-4

实例 3-2　添加一个访问管理规则

步骤如下：

1）选择新节点将添加到的父树规则。

2）为新规则设置条件、值和 ACL 名称。

3）单击 ACL 表格下方的“添加”按钮。

4）单击工具栏中的“保存”按钮。

5）创建访问控制列表（ACL），在访问管理“ACL 名称”文本框处，输入 ACL 的名称，如图 3.14 所示。

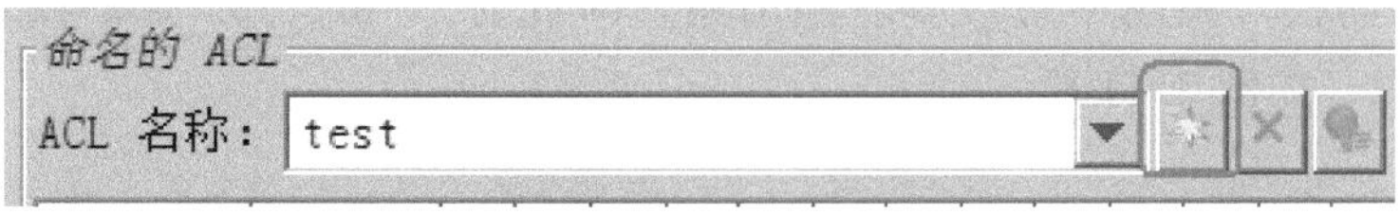

图 3.14　添加一个访问管理规则-1

6）单击 ACL 名称框右侧的“创建”按钮。

7）单击“添加将新行添加到访问控制条目（ACL）表”按钮，如图 3.15 所示。

图 3.15　添加一个访问管理规则-2

8）在“访问者类型空白处”双击，选择访问者类型。

9）在“访问者 ID 空白”双击，选择访问者类型。

10）双击要设置的特权对应的单元格进行设置特权，并选择授予拒绝特权。

11）单击“保存”按钮。

实例 3-3　对工作中的对象配置权限

步骤如下：

1）启动 Teamcenter 客户端，使用 infodba ID 登录。

2）在导航面板的底部选择“配置用户程序”≫按钮。

3）选择“导航窗格选项…”，如图 3.16 所示。

图 3.16　对工作中的对象配置权限-1

4）在“导航窗格选项”对话框中，将左侧

“可用的应用程序”中“访问管理器”添加到右侧“选定的应用程序”组中，如图 3.17 所示。

5）单击“访问管理器”按钮，如图 3.18 所示。

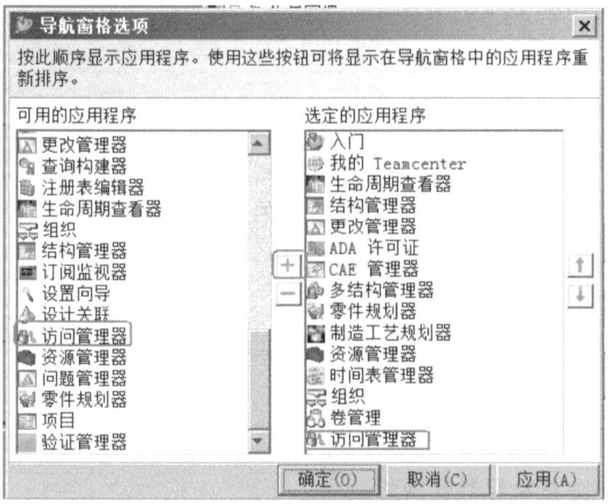

图 3.17 对工作中的对象配置权限-2

图 3.18 对工作中的对象配置权限-3

6）完成对工作中的对象配置的权限，如图 3.19 所示。

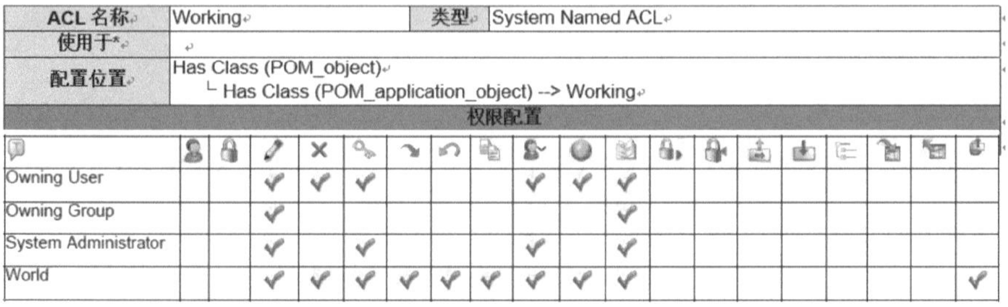

ACL 名称	Working	类型	System Named ACL
使用于*			
配置位置	Has Class (POM_object) └ Has Class (POM_application_object) --> Working		

权限配置

Owning User			✔	✔	✔				✔	✔	✔								
Owning Group			✔								✔								
System Administrator			✔		✔				✔		✔								
World			✔	✔	✔	✔	✔	✔	✔	✔	✔								✔

图 3.19 对工作中的对象配置权限-4

7）在规则树中，选择“Has Class（POM_object）”节点，单击“添加”按钮，如图 3.20 所示。

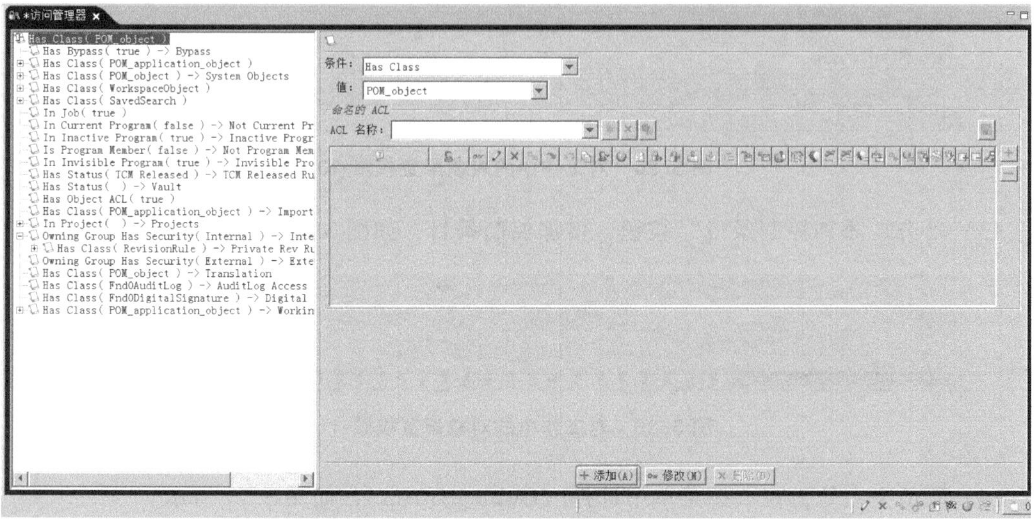

图 3.20 对工作中的对象配置权限-5

8）在右侧“条件”下拉菜单中选择“Has Class”，在“值”下拉菜单中选择”POM_ application_ object”，如图 3.21 所示。

9）“ACL 名称”文本框输入“working”，如图 3.22 所示。

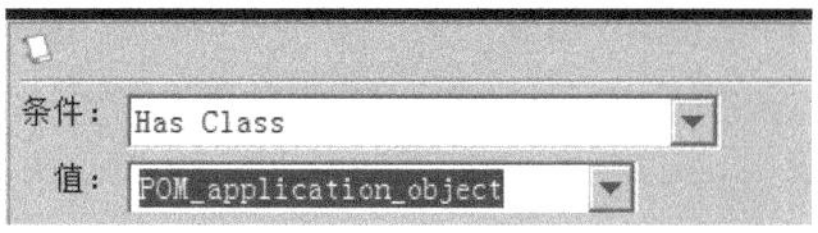

图 3.21　对工作中的对象配置权限-6

图 3.22　对工作中的对象配置权限-7

10）单击“新建”按钮，完成对 ACL 的创建，如图 3.23 所示。

图 3.23　对工作中的对象配置权限-8

11）单击“添加控制条目”按钮，增加一行控制条目，如图 3.24 所示。

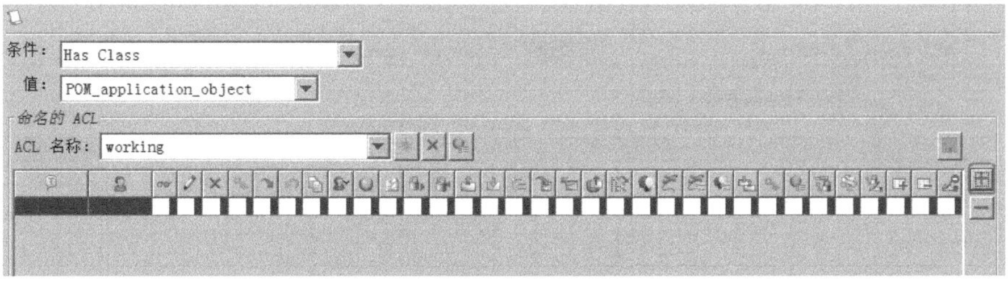

图 3.24　对工作中的对象配置权限-9

12）双击空白处，在下拉菜单中选择“Owning User”，如图 3.25 所示。

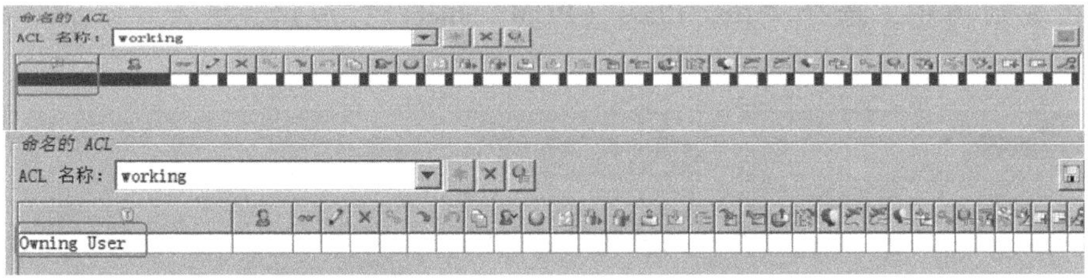

图 3.25　对工作中的对象配置权限-10

13）单击“添加控制条目”按钮，增加控制条目，如图 3.26 所示。

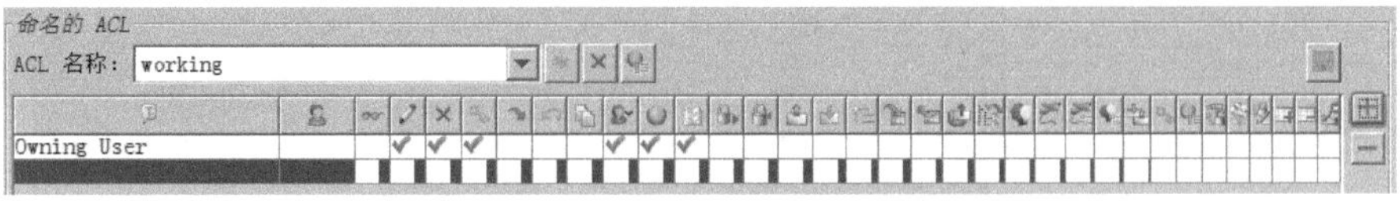

图 3.26　对工作中的对象配置权限-11

14）双击空白处，在下拉菜单中选择“Owning Group”，如图 3.27 所示。

15）单击“添加控制条目”按钮，增加控制条目，如图 3.28 所示。

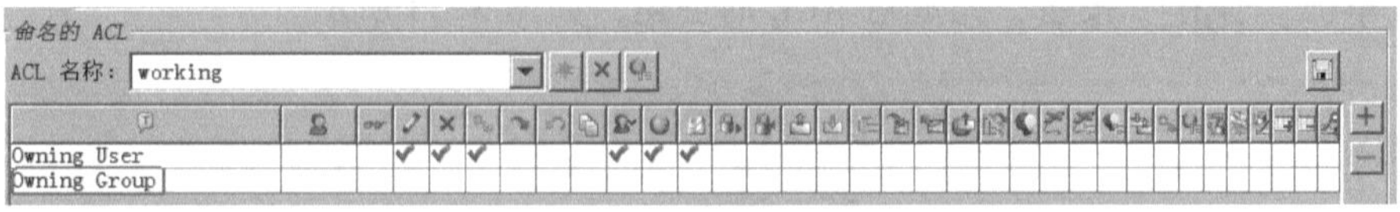

图 3.27 对工作中的对象配置权限-12

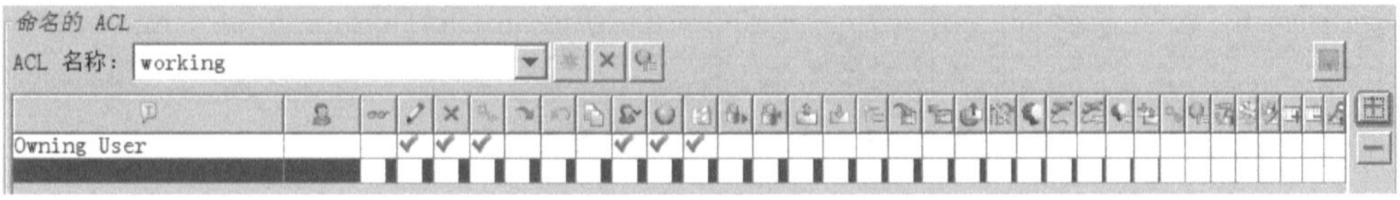

图 3.28 对工作中的对象配置权限-13

16）双击空白处，在下拉菜单中选择“System Administrator”，如图 3.29 所示。

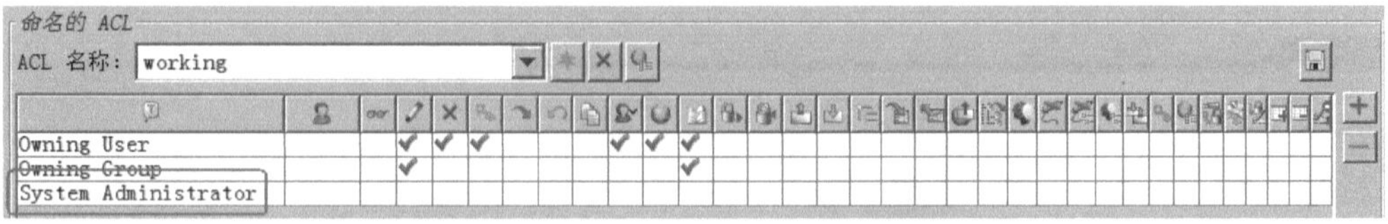

图 3.29 对工作中的对象配置权限-14

17）对“写入物件”“变更对象存取权限”“变更对象所有权”“订阅物件”等权限选项进行勾选，如图 3.30 所示。

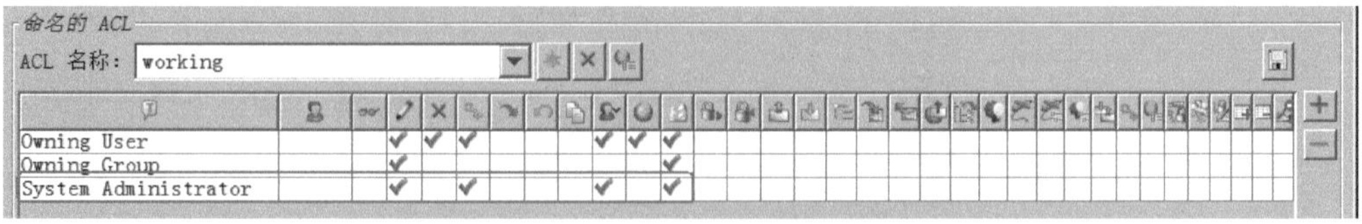

图 3.30 对工作中的对象配置权限-15

18）双击空白处，在下拉菜单中选择“World”，如图 3.31 所示。

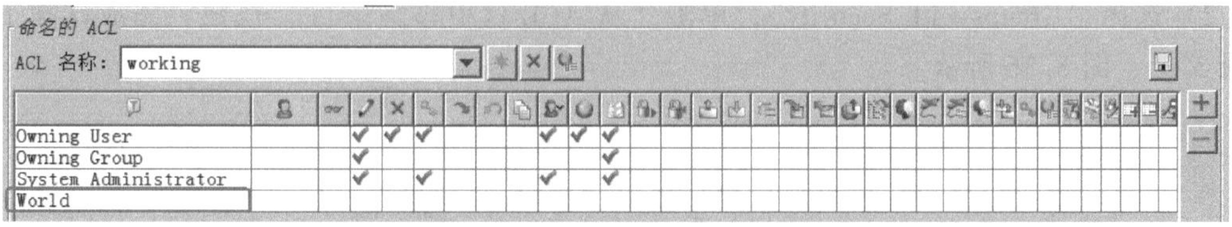

图 3.31 对工作中的对象配置权限-16

19）完成权限的勾选，如图 3.32 所示。

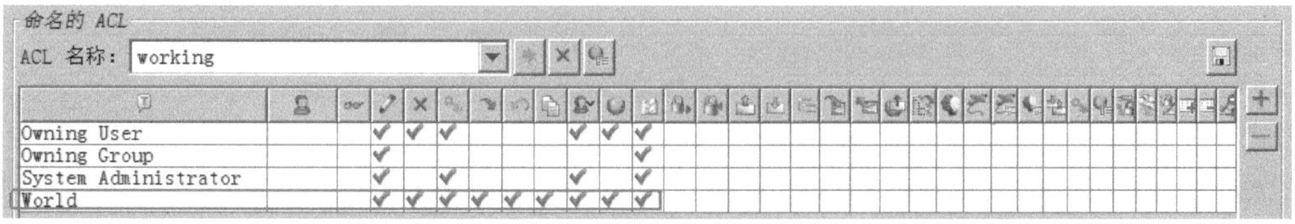

图 3.32 对工作中的对象配置权限-17

20）单击“保存”按钮，完成对 ACL 的创建，如图 3.33 所示。

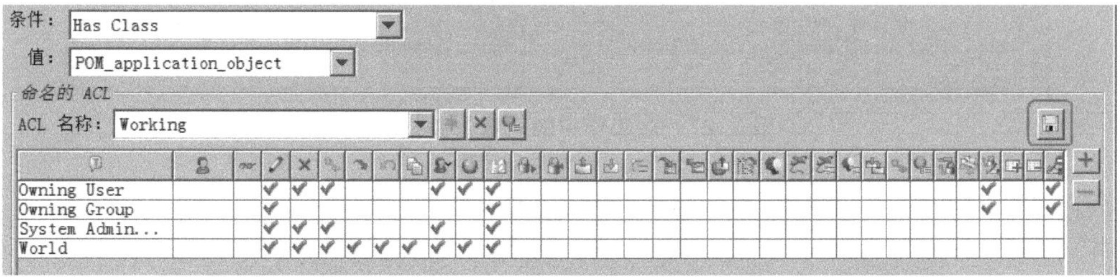

图 3.33　对工作中的对象配置权限-18

实例 3-4　针对有状态的对象所配置权限

步骤如下：

1）在规则树中，选择“Has Status（）”→“Vault”节点，如图 3.34 所示。

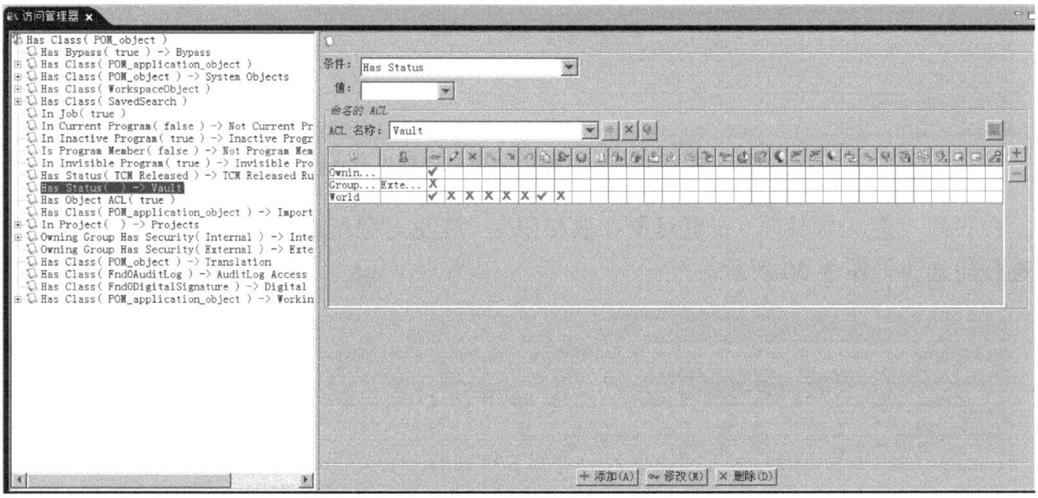

图 3.34　针对有状态的对象所配置权限-1

2）选择“Groups with Security”，单击“从 ACL 行中移除条目”按钮，完成移除工作，如图 3.35、图 3.36 所示。

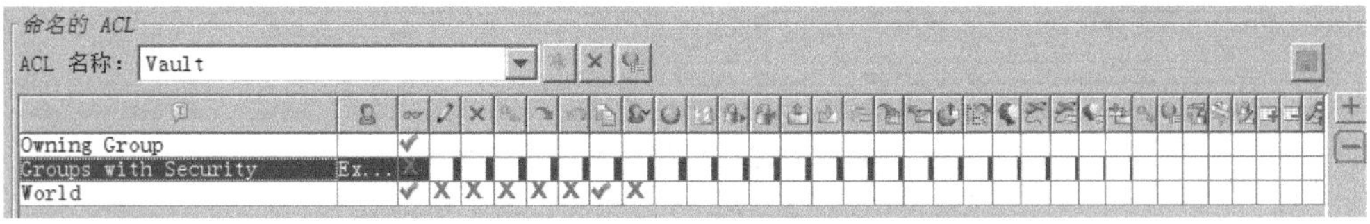

图 3.35　针对有状态的对象所配置权限-2

图 3.36　针对有状态的对象所配置权限-3

3）单击“保存”按钮，保存修改设置，如图 3.37 所示。

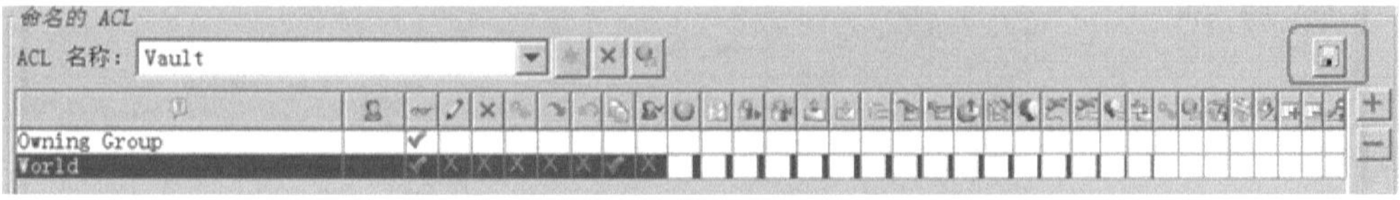

图 3.37　针对有状态的对象所配置权限-4

实例 3-5　针对流程的权限配置

步骤如下：

1）在“工作流程设计器”界面，单击“流程模板”下拉菜单，如图 3.38 所示。

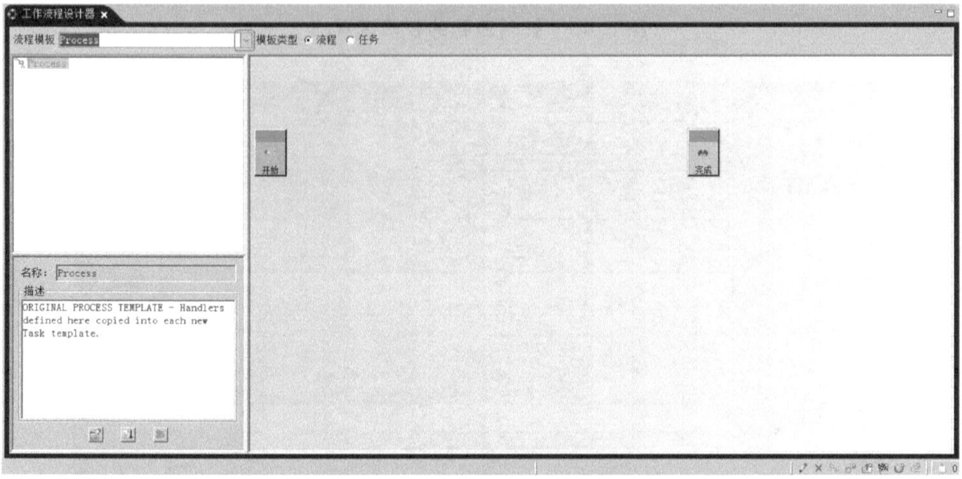

图 3.38　针对流程的权限配置-1

2）在下拉菜单中选择“Requirement Signoff”流程模板，如图 3.39 所示。

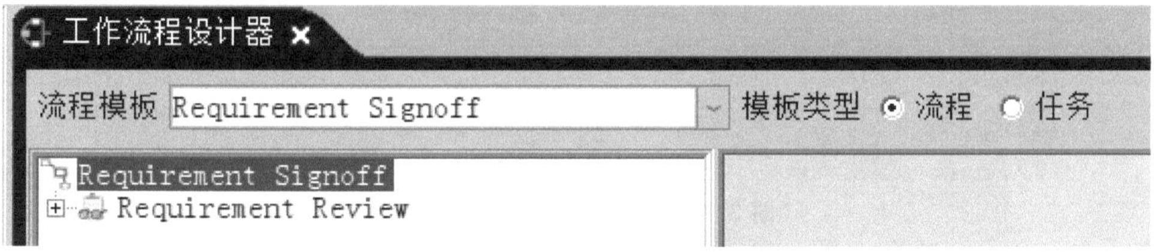

图 3.39　针对流程的权限配置-2

3）在“工作流程设计器”界面左下侧单击“显示任务属性面板”按钮，如图 3.40 所示。

4）在“属性”对话框中的“命名的 ACL”处，单击如图 3.41 所示按钮。

5）在弹出的“命名的 ACL”对话框中，“ACL 名称”处输入“Flow Read”，如图 3.42 所示。

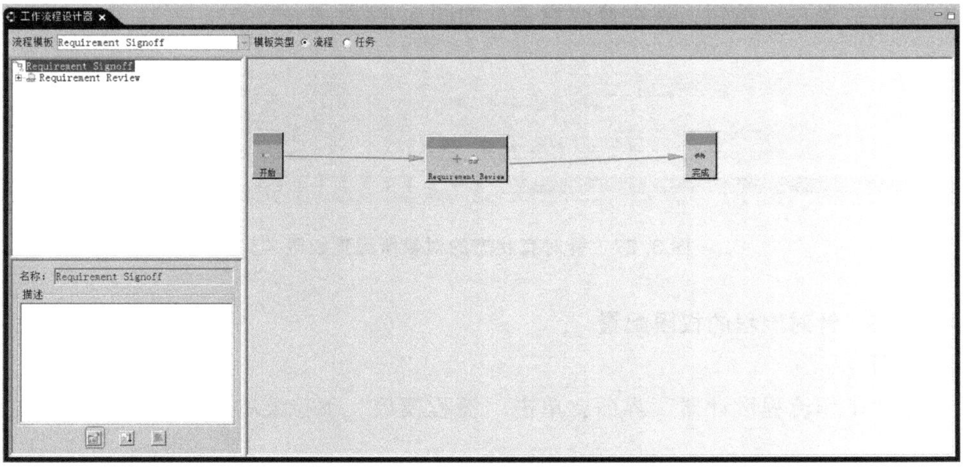

图 3.40　针对流程的权限配置-3

图 3.41　针对流程的权限配置-4

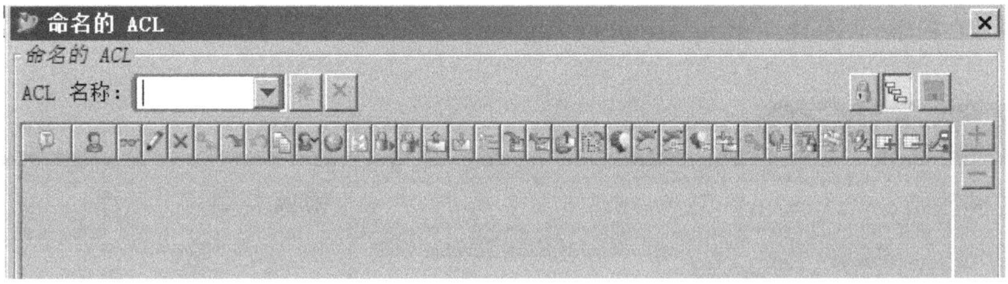

图 3.42　针对流程的权限配置-5

6）单击“创建命名的 ACL”按钮，如图 3.43 所示。

图 3.43　针对流程的权限配置-6

7）单击“增加访问条目”按钮，如图 3.44 所示。

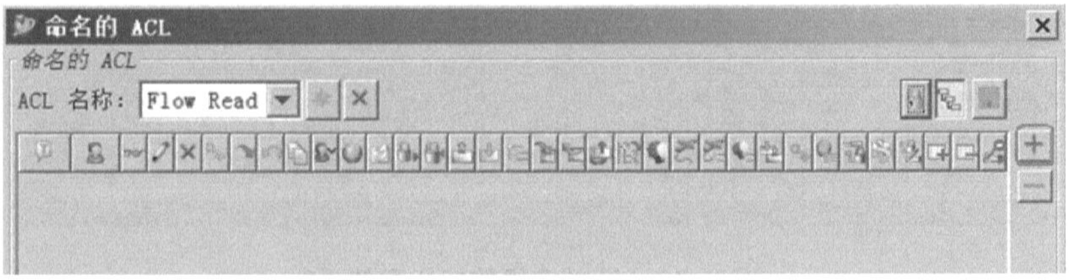

图 3.44 针对流程的权限配置-7

8）在“访问者类型”处，双击“User”选项，如图 3.45 所示。

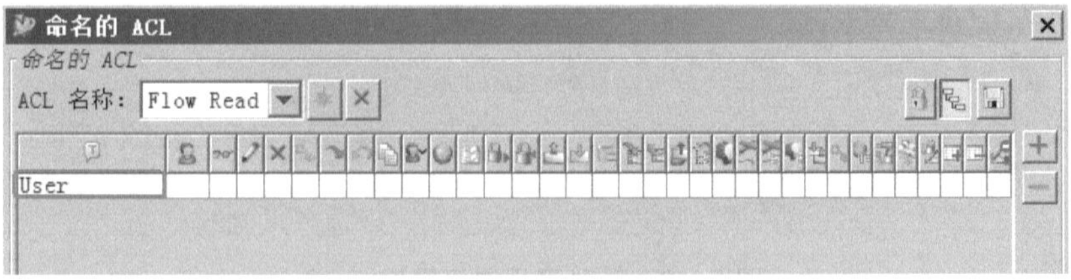

图 3.45 针对流程的权限配置-8

9）双击“访问者 ID”图标下方空白处，弹出“选择访问者…”对话框，如图 3.46 所示。

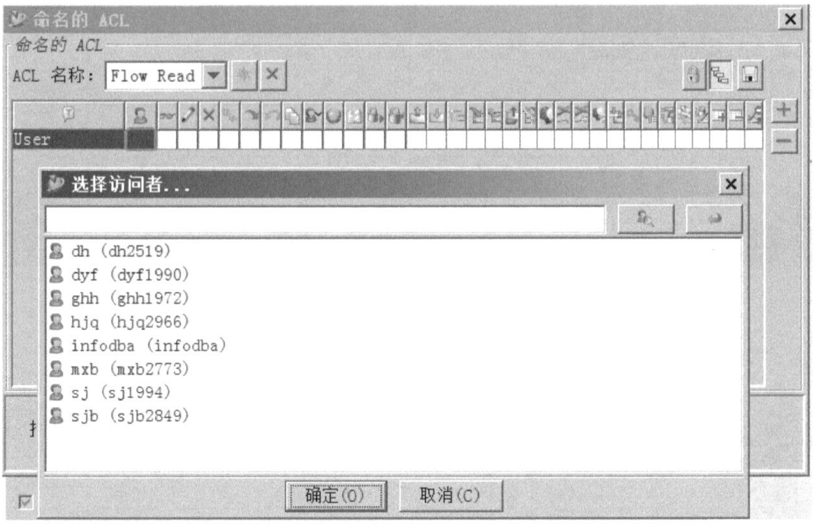

图 3.46 针对流程的权限配置-9

10）选择“sj（sj1994）”，单击“确定”按钮，如图 3.47 所示。

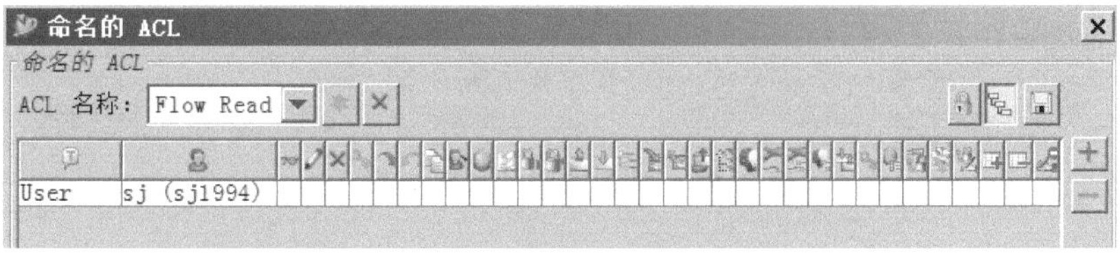

图 3.47 针对流程的权限配置-10

11）双击“读取权限”图标下方空白处，在下拉列表中选择对勾，如图 3.48 所示。

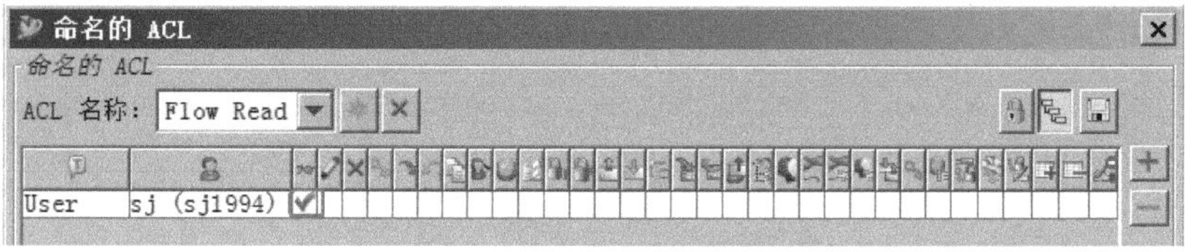

图 3.48　针对流程的权限配置-11

12）单击“保存”按钮，如图 3.49 所示。

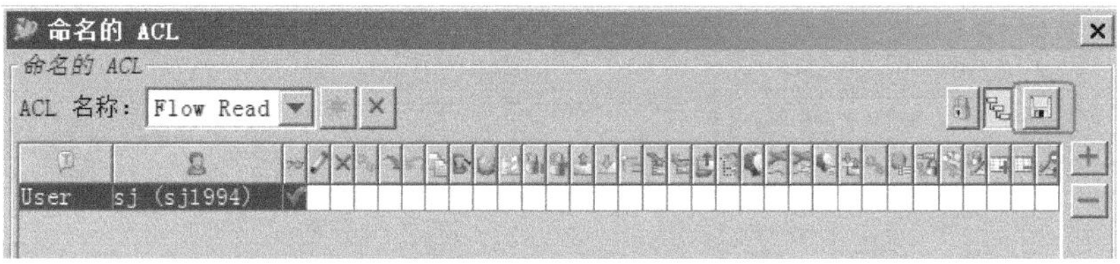

图 3.49　针对流程的权限配置-12

13）在“ACL 名称”的文本框中输入“Flow write”，然后单击“创建”按钮，如图 3.50 所示。

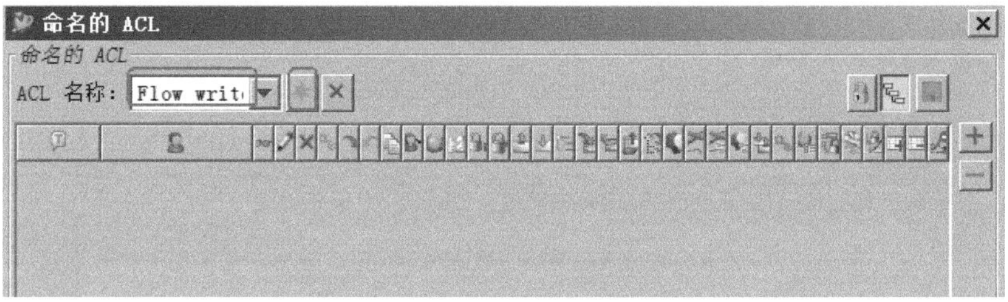

图 3.50　针对流程的权限配置-13

14）单击“增加访问条目”按钮，如图 3.51 所示。

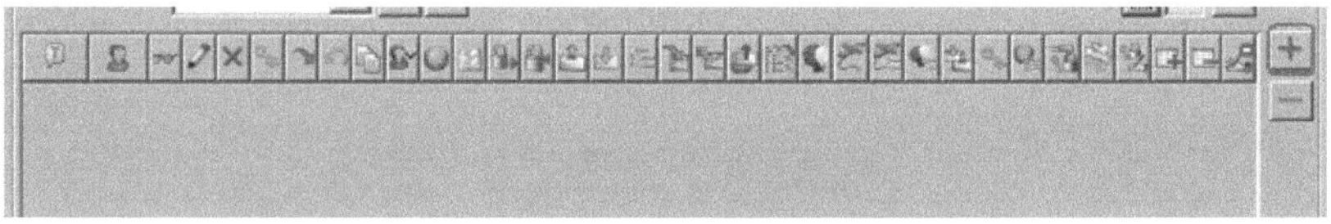

图 3.51　针对流程的权限配置-14

15）在“访问者类型”处，双击“User”，如图 3.52 所示。

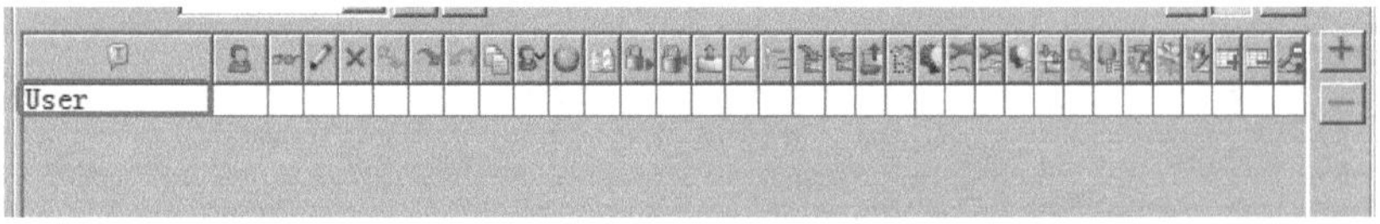

图 3.52　针对流程的权限配置-15

16）双击“访问者 ID”图标下方空白处，弹出“选择访问者…”对话框，如图 3.53

所示。

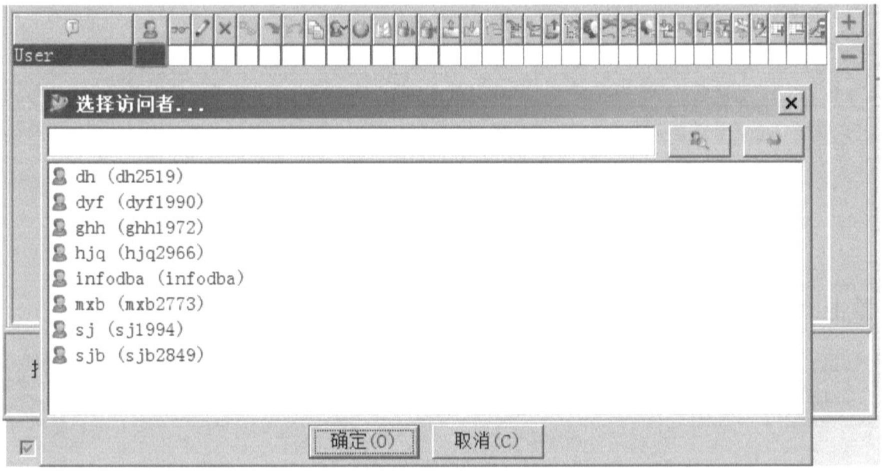

图 3.53 针对流程的权限配置-16

17）选择“sjb（sjb2849）”，单击“确定”按钮，如图 3.54 所示。

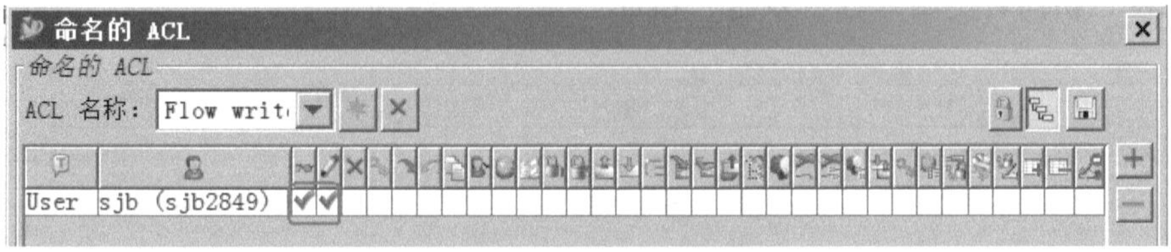

图 3.54 针对流程的权限配置-17

18）按照之前的方法，为 sjb ID 设置读写权限，如图 3.55 所示。

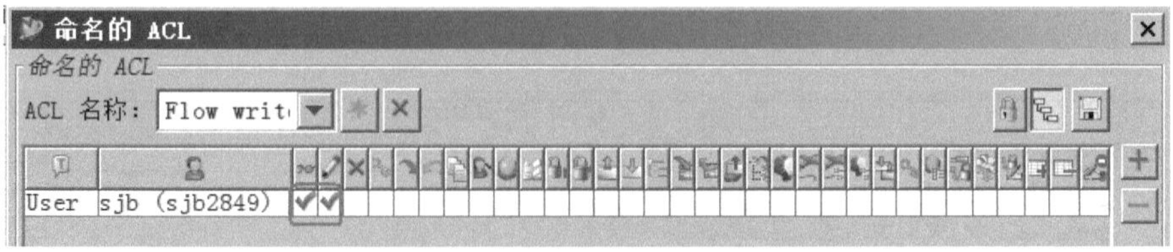

图 3.55 针对流程的权限配置-18

19）单击“保存”按钮，如图 3.56 所示。

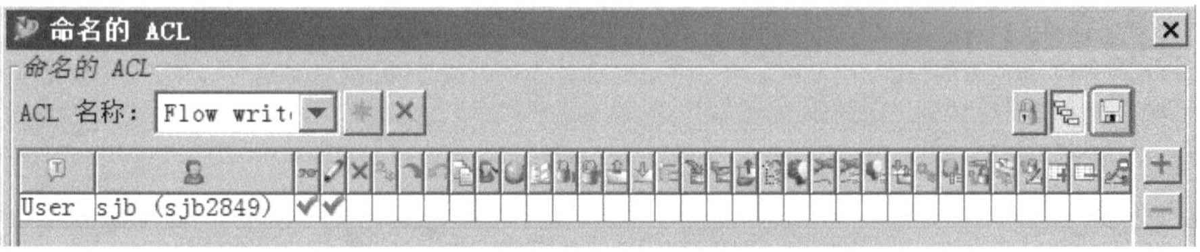

图 3.56 针对流程的权限配置-19

20）在“ACL 名称”文本框中输入“Flow write”，然后单击“创建”按钮，如图 3.57 所示。

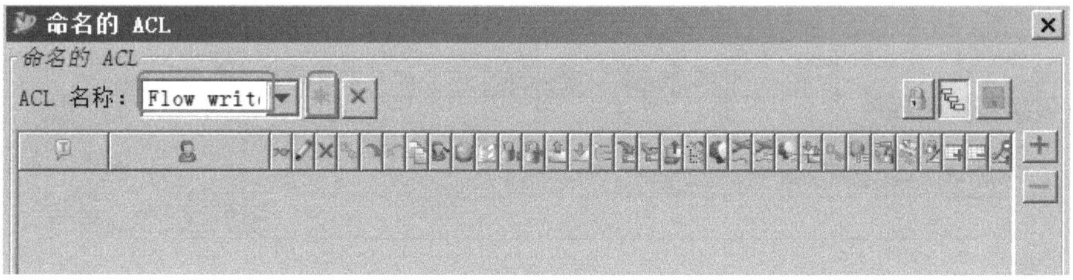

图 3.57　针对流程的权限配置-20

21）单击“增加访问条目”按钮，如图 3.58 所示。

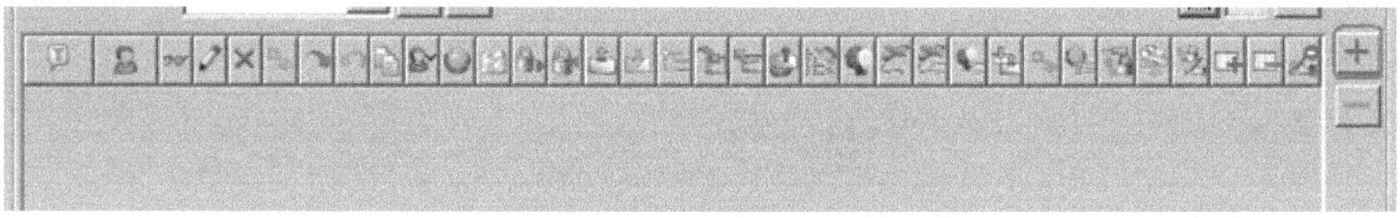

图 3.58　针对流程的权限配置-21

22）在“访问者类型”处，双击“User”，如图 3.59 所示。

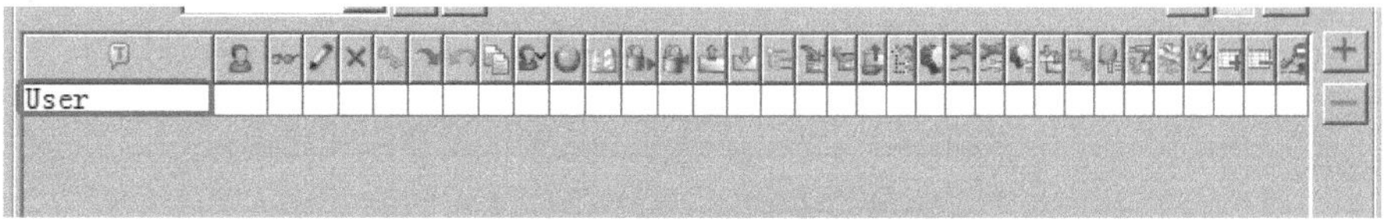

图 3.59　针对流程的权限配置-22

23）双击“访问者 ID”图标下方空白处，弹出“选择访问者…”对话框，如图 3.60 所示。

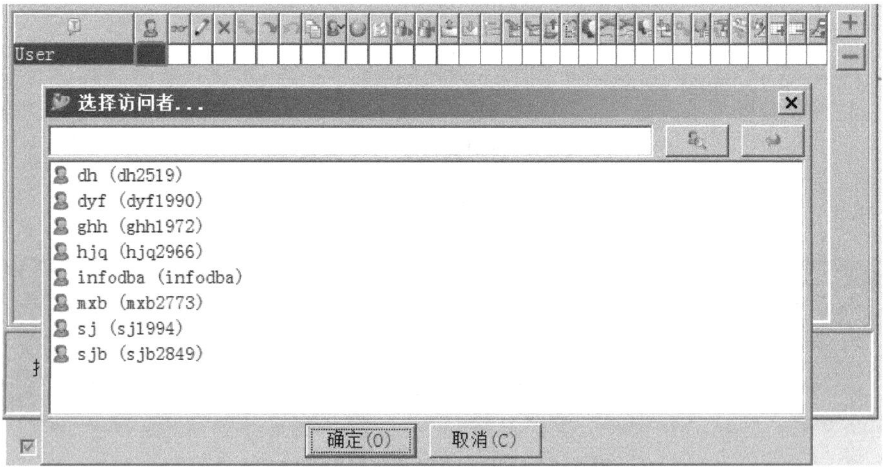

图 3.60　针对流程的权限配置-23

24）选择“infodba”，单击“确定”按钮，如图 3.61 所示。

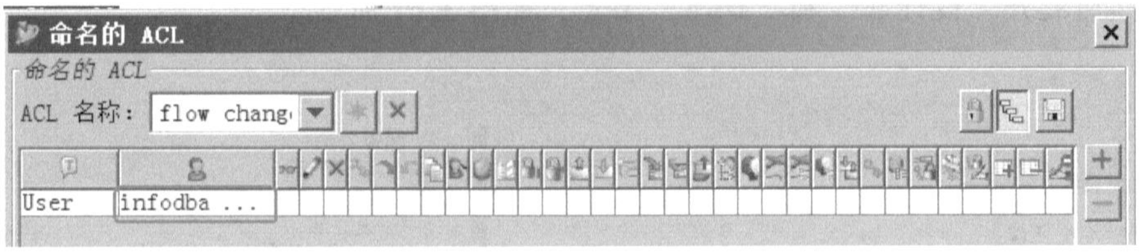

图 3.61 针对流程的权限配置-24

25）按照之前方法，为 infodba ID 设置变更权限，如图 3.62 所示。

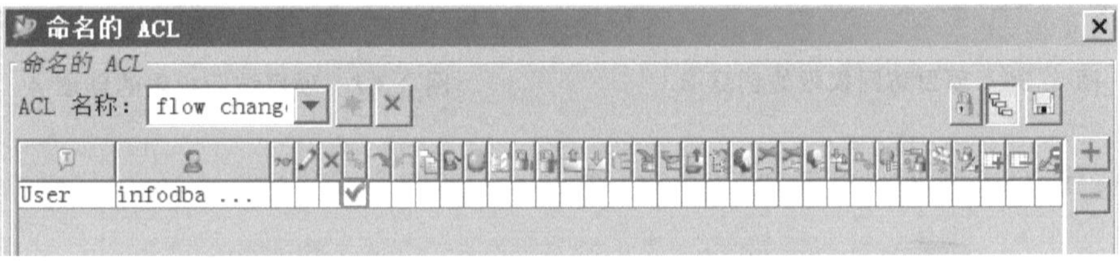

图 3.62 针对流程的权限配置-25

26）单击“保存”按钮，如图 3.63 所示。

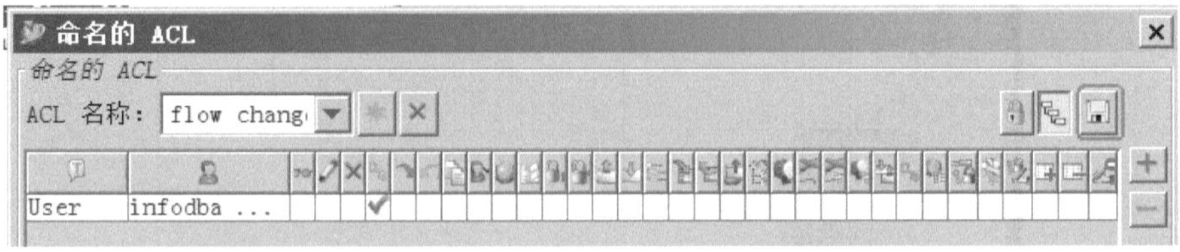

图 3.63 针对流程的权限配置-26

实例 3-6 项目访问权限的创建

步骤如下：

1）打开“项目应用程序”，如图 3.64 所示。

2）新建一个项目，“ID”输入“000001”。“名称”输入“培训项目 1”，如图 3.65 所示。

3）展开“起源公司”节点，如图 3.66 所示。

图 3.64 项目访问权限的创建-1

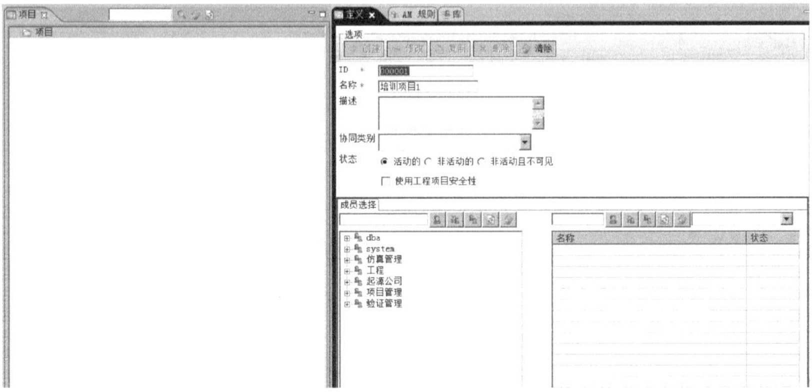

图 3.65 项目访问权限的创建-2

4）然后展开“设计部”和“DBA”节点，如图 3.67 所示。

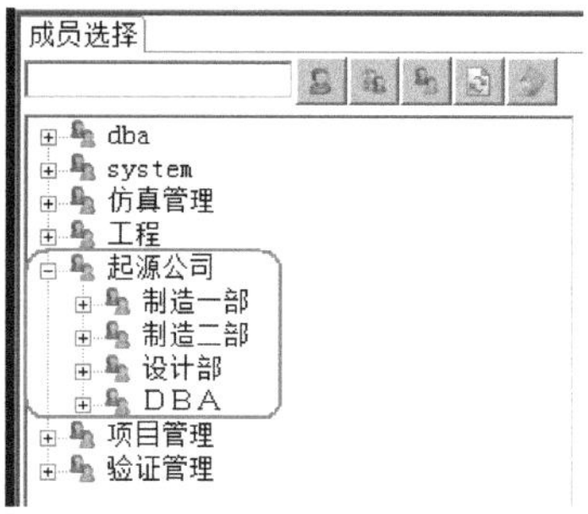

图 3.66 项目访问权限的创建-3

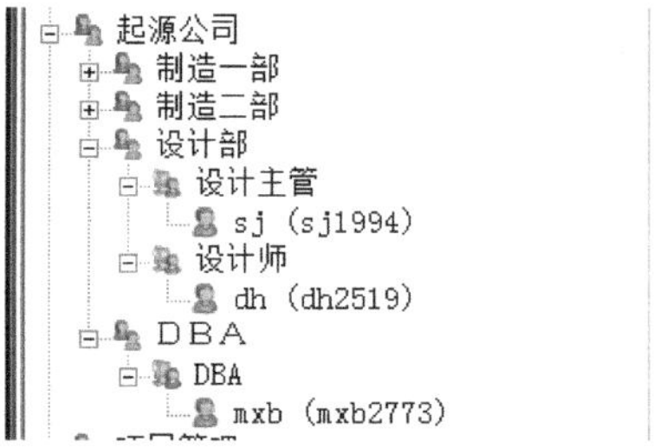

图 3.67 项目访问权限的创建-4

5）按住<Ctrl>键依次单击“sj”“dh”“mxb”，如图 3.68 所示。

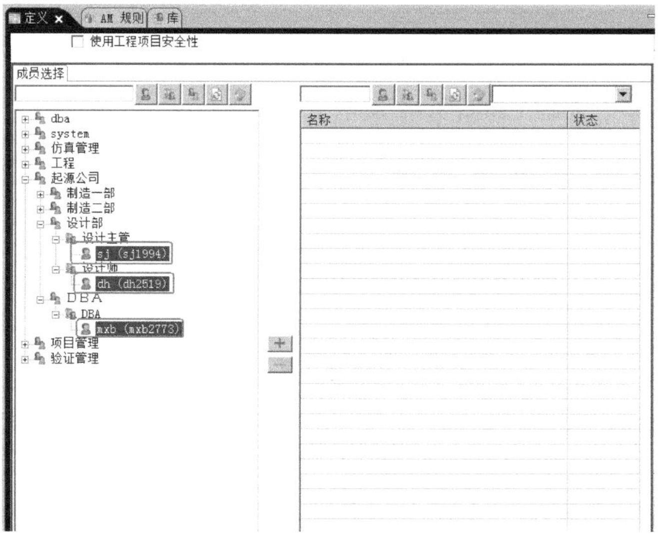

图 3.68 项目访问权限的创建-5

6）单击“添加”按钮将以上三个用户添加到界面右侧，如图 3.69 所示。

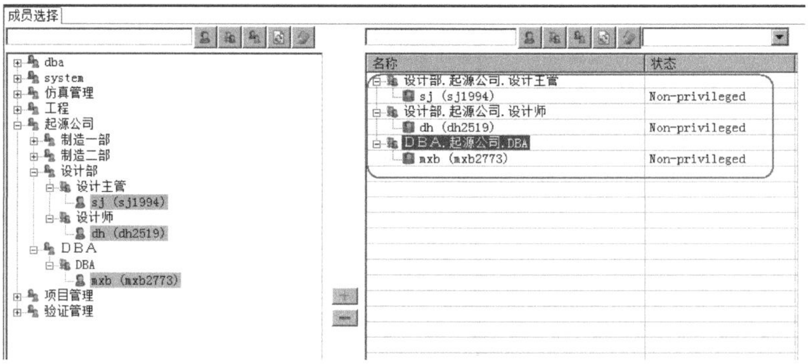

图 3.69 项目访问权限的创建-6

7）选择“mxb”ID，如图3.70所示。

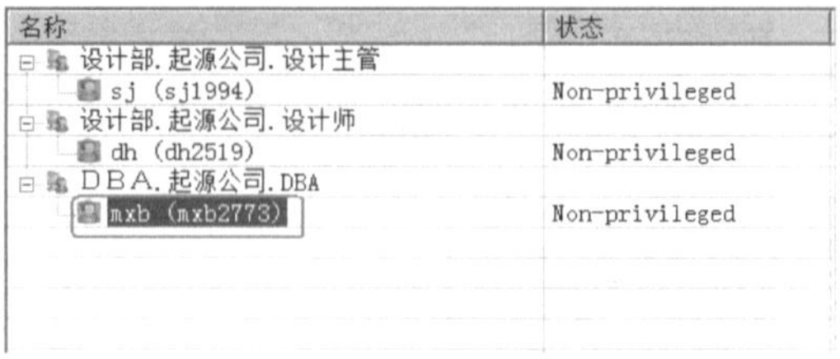

图3.70 项目访问权限的创建-7

8）右击“mxb”用户在下拉菜单中选择“选择项目小组管理员”，如图3.71所示。

9）完成项目小组管理员角色（Team Administrator）指定，如图3.72所示。

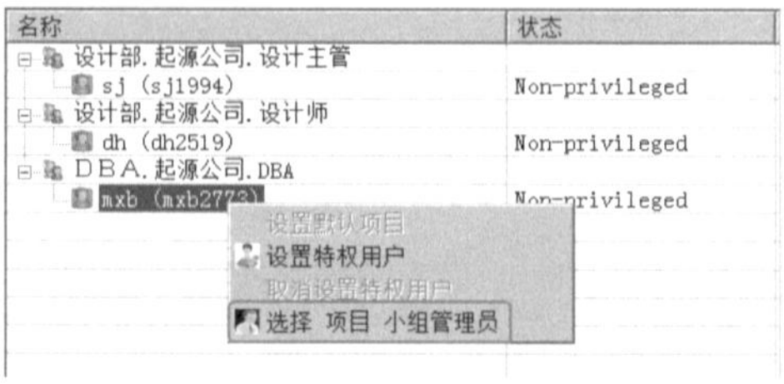

图3.71 项目访问权限的创建-8

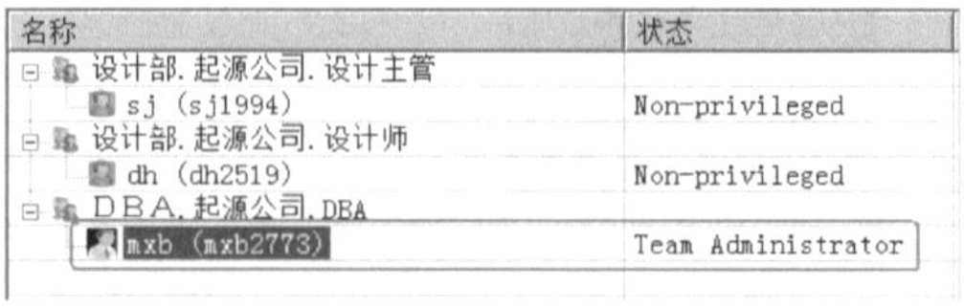

图3.72 项目访问权限的创建-9

10）单击“定义”选项卡中“创建”按钮，如图3.73所示。

图3.73 项目访问权限的创建-10

11）退出当前Teamcenter ID。

12）使用“sj1994”ID登录Teamcenter客户端，如图3.74、图3.75所示。

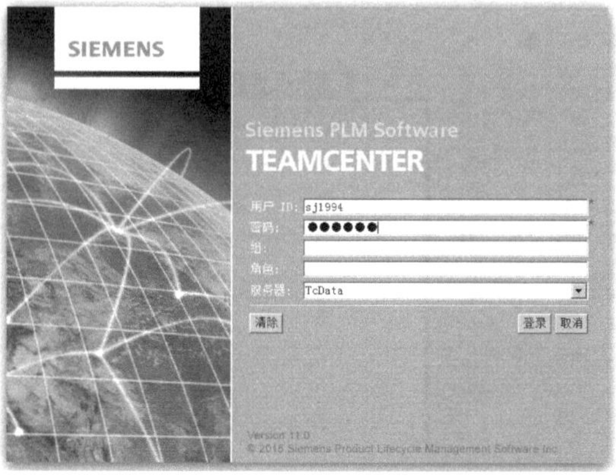

图3.74 项目访问权限的创建-11

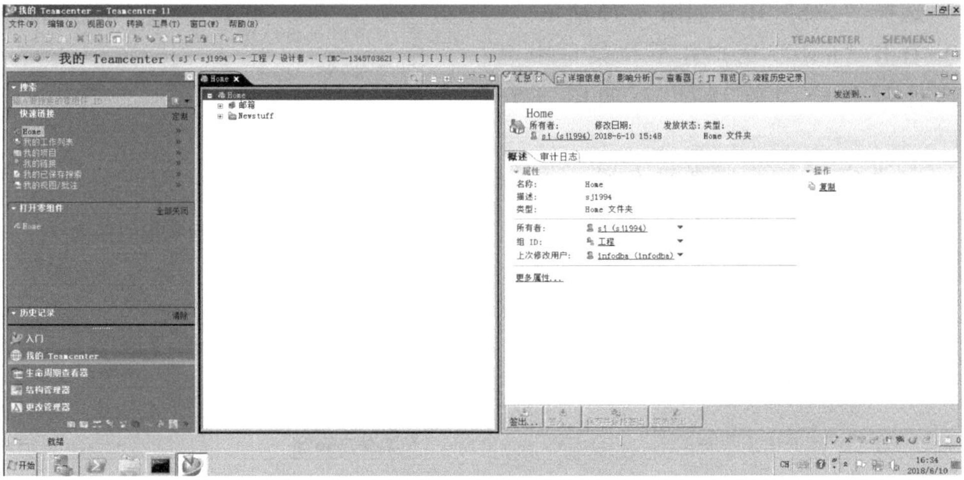

图 3.75　项目访问权限的创建-12

13）在左侧搜索框处，单击“我的项目”选项，如图 3.76 所示。

图 3.76　项目访问权限的创建-13

14）可以在“我的项目”选项卡看到“培训项目 1”，如图 3.77 所示。

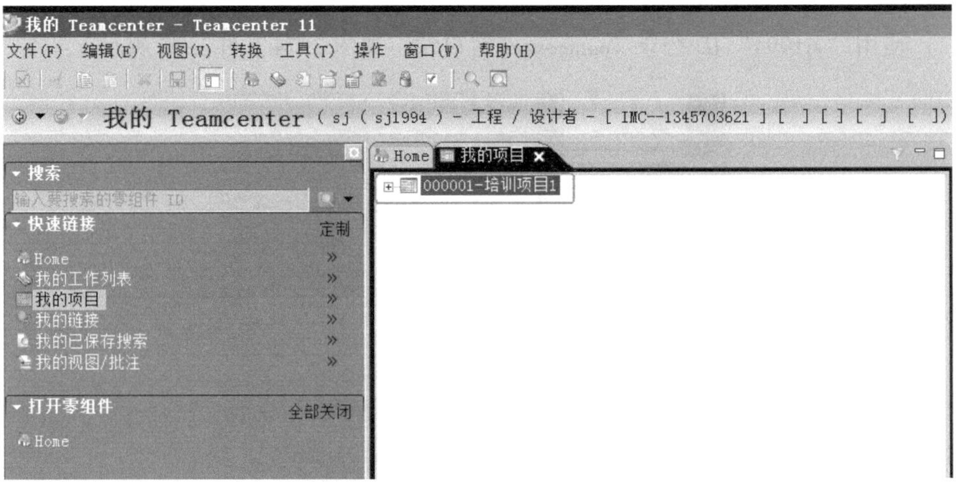

图 3.77　项目访问权限的创建-14

15）退出当前用户。

16）使用 sjb2849 ID 登录 Teamcenter 客户端（该用户为制造一部机加工工艺主管），如图 3.78、图 3.79 所示。

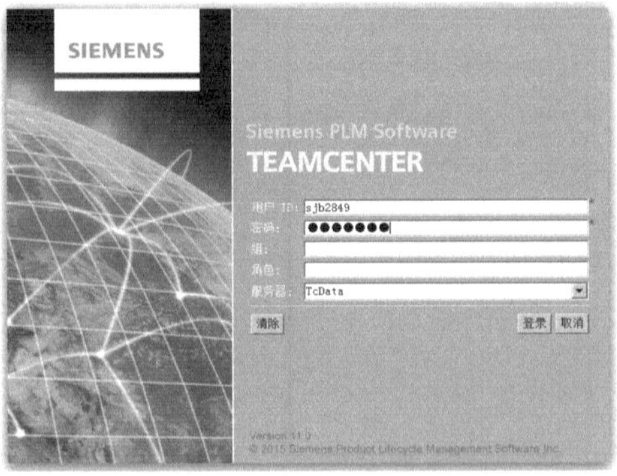

图 3.78　项目访问权限的创建-15

图 3.79　项目访问权限的创建-16

17）在左侧搜索框处，单击“我的项目”选项，如图 3.80 所示。

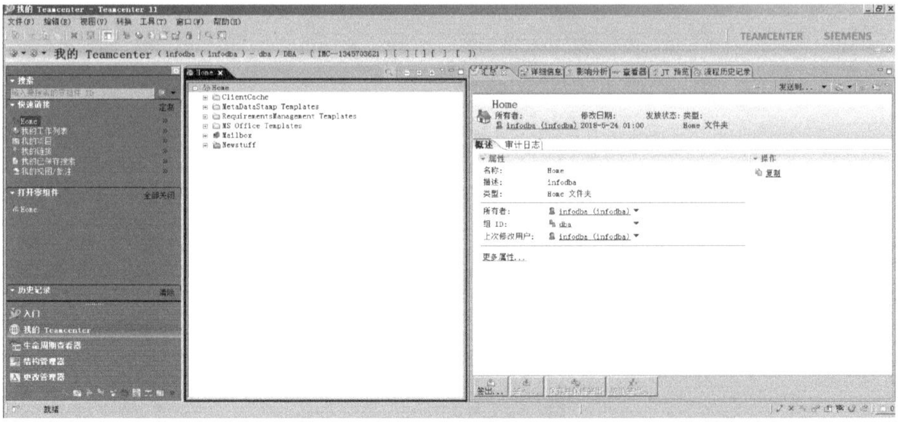

图 3.80　项目访问权限的创建-17

18）在“我的项目”选项卡中没有“培训项目 1”项目，如图 3.81 所示。

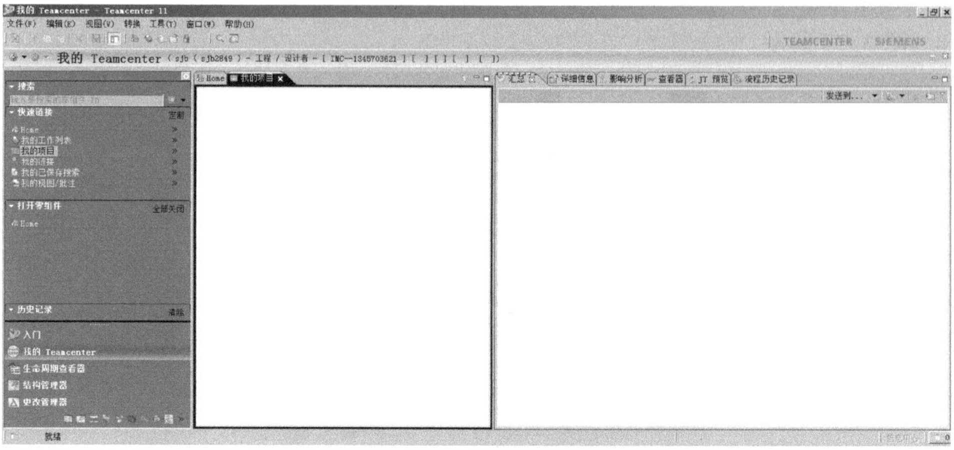

图 3.81　项目访问权限的创建-18

习　题

1. 简述 Teamcenter 访问管理器中规则树的优先级。

2. 实操练习：

（1）设计工程师在系统内新建一个 Word 类型的设计文档，通过权限配置设置这个 Word 类型的设计文档只允许设计组的成员查阅，其他组的成员无法查阅这批 Word 类型的设计文档。

（2）项目管理员新建一个项目，命名为“Program A”，项目组成员包含设计工程师、工艺工程师和组长三个角色，设计工程师新建属于“Program A”的对象，如零组件、数据集等，其只允许被“Program A”的项目组成员查阅，非项目组成员无法查阅该对象。

第 4 章

查　询

在设计一个产品的过程中会产生出大量的文件和图样。例如设计一架波音 737 飞机要产生出 46 万张图，设计一条万吨轮船要产生出 150 万张图，文件量很大。而传统的设计部门，大量的设计信息以计算机文件形式保存着，这些图样或文本文件有可能存放在某一设计部门的某一计算机的某一目录下。这就需要我们对数据进行集中管理，以保证数据的唯一性。而随着现有产品的生产及新产品的开发，系统信息不断积累和扩大，形成一个数据量庞大的数据库。因此，搜索功能是系统必不可少的功能。结合分类功能采用 PLM 系统进行查询，能根据零件基本属性、分类结构、事物特性表、工程图样等方面进行查询操作，包括定义项目、设计人、工作阶段、审批状态、日期和类型，以及预先定义的各种参数，如材料、重量、加工方法等。这样不仅可以查到当前的资料，还可以查到过去的或类似项目的相关资料。

Teamcenter 具有强大的查询机制。系统管理员可以自定义各类查询方式，且查询输入值支持全字符和通配符。普通用户不但可以根据对象的 ID、名称、创建时间和修改时间等系统属性进行查询，还可以根据 Item Revision Master Form（产品对象属性表）的字段进行查询。同时 Teamcenter 还支持使用查询（Where Used）和引用查询（Where Reference）。使用查询可找出该零部件被哪些产品使用，使用在哪些结构中；引用查询可找出该零部件被哪些产品引用。

4.1　常规查询

查询定义也称为已保存查询，可规定用于在 Teamcenter 中查找信息的搜索准则。管理员可以为最终用户定义查询定义。例如，可以创建已保存的查询，以在数据库中查找所有已装运的零组件。

查询构建器是一个 Teamcenter 管理应用程序，可用于执行以下任务：

1）创建定制搜索，用于搜索本地与远程 Teamcenter 数据库中的对象。

2）在查询提示文件 QueryHint. xml 中存储查询提示。

3）导出已保存为 XML（Extensible Markup Lauguage，可扩展标记语言）文件的查询定义，这些文件可与其他 Teamcenter 站点共享。

4）将已保存为 XML 文件的查询定义导入 Teamcenter。

系统查询一般有两个作用：

1）双下划线开头，在应用程序使用中必要的系统查询，如列举当前用户。

2）一些基础类的查询，如查询所有 Item 等。

注意：双下划线的查询对普通用户是不可见的，只有 DBA 用户在可见。

1. 简单查询

简单查询的查询条件一般是系统内对象的 ID 或名称。系统在导航栏中提供了一个简单查询的快速入口，用户输入相应的 ID 或名称即可得到查询结果。简单查询的优势是操作简便，能够满足较为简单的检索条件需求。

用户可以使用已保存的查询在 Teamcenter 数据库或作为多站点协作网络一部分的数据库中进行查询工作。已保存的查询可分为三类：

（1）我的已保存的查询　包含用户已运行并选择保存以供以后使用的查询。用户可以保存搜索结果并将查询条件添加到我的已保存的查询列表中。在胖客户端和瘦客户端中，都可以共享保存的查询条件。在胖客户端中，可以将共享限制为指定的用户组。

（2）系统定义查询　包含由 Teamcenter 管理员定义的标准查询和自定义查询。标准查询允许用户通过公共参数（如项目标识符）进行查询。自定义查询允许用户查询站点或公司特有的数据。

（3）查询历史　包含最近运行的查询。默认情况下，列出最后 8 个查询，但管理员可以更改显示的查询数量。

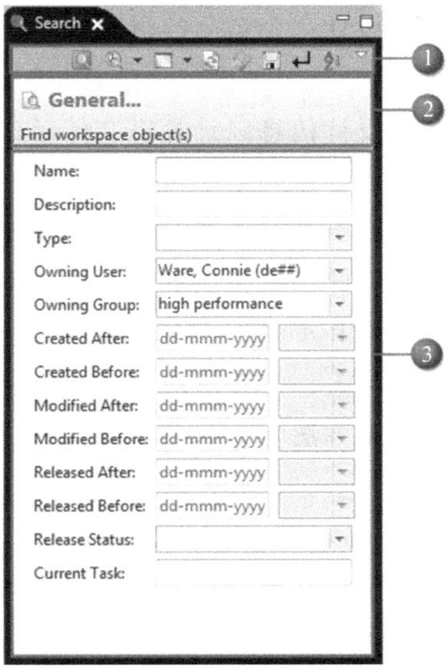

图 4.1　查询视图

单击“查询”按钮进入“查询视图”，如图 4.1 所示。“查询视图”包含三部分：查询视图工具栏、查询标题和查询条件。

查询视图的功能，见表 4.1。

表 4.1　查询视图的功能

序号	名称	内　容
1	查询视图工具栏	包含如下菜单选项：通过历史查询记录进行查询，选择查询，重新执行查询（在当前打开的查询视图窗格中显示结果），执行查询并在查询结果视图中显示结果，清除所有查询字段，添加查询到我保存的查询，组织我保存的查询，排序，下拉菜单 其中，下拉菜单包含如下选项： 锁定查询，通过在导航窗格的历史区域中的查询条目之间切换来打开执行的查询时，锁定当前查询条件窗格 查看搜索条件定义，允许以查询子句格式查看当前查询条件 更改搜索条件定义，允许管理员修改查询条件

（续）

序号	名称	内容
1	查询视图工具栏	扩展包含多个应用程序的搜索，允许跨多个应用程序执行高级搜索，例如，可以在目标列表中使用多个应用程序运行分类搜索 首选项，启动“首选项”对话框
2	查询标题	指示当前查询的名称
3	查询条件	包含查询条件的输入框和值列表

2. 使用查询方式

Teamcenter 中的查询涉及选择查询类型，该类型反过来指定数据库查询的条件，并区分要查询的数据库。例如，以下不同的查询类型会产生不同的查询结果：

1）零组件 ID 查询将向 Teamcenter 数据库查询指定的零组件 ID。

2）零组件名称查询在 Teamcenter 数据库中查询指定的零组件名称。

3）数据集名称查询在 Teamcenter 数据库中查询数据集名称。

4）数据集查询向 Teamcenter 数据库查询属性，向索引查询引擎数据库查询数据集内容。

5）关键字全文查询数据集文件，查询引擎安装和配置在网站上。

3. 查询输入

可以采用下面的方式作为查询输入：

1）在查询的条件中输入多个值。

2）表中列或行的内容。

3）来自其他应用程序或搜索结果的对象列表。

4）通配符和对加载结果数量的限制。

5）通过高级编辑修改搜索定义。

4. 使用通配符查询

通配符（如“*”和“?”）通过允许匹配在搜索字符串中占据特定位置的单个字符或多个字符来扩大查询范围。

查询条件中的每个输入框对应于查询类的一个属性。该属性可以是字符串、日期、整数或逻辑类型。日期、整数和逻辑类型输入框不支持通配符。通配符只能在与字符串属性对应的输入框中使用。

通配符“*”后跟一个或多个字符的单词的根。例如，对“communicat *”的查询返回包含的结果有 communicate、communicates、communicated、communication、communications 和 communicating。

通配符“?”作为任何其他字符的替代来查询单词的根。例如，查询“Anders?”，返回包含 anderson、andersun、andersen 和 andersin 等结果。

5. 查询结果视图

在“我的 Teamcenter”中，查询结果出现在“查询结果视图”中，如图 4.2 所示。

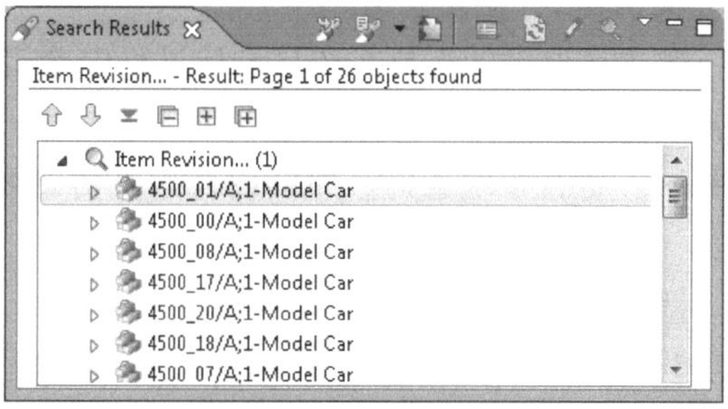

图 4.2 查询结果

每次执行查询时，“查询结果视图”中都会出现最新查询结果，替换上一次查询的结果。右击查询结果列表顶部的查询名，以访问快捷菜单，如图 4.3 所示。

在“查询结果视图”中，可以对查询结果执行各种操作，包括为项目分配对象，并将结果与其他查询的结果进行比较，如图 4.4 所示。

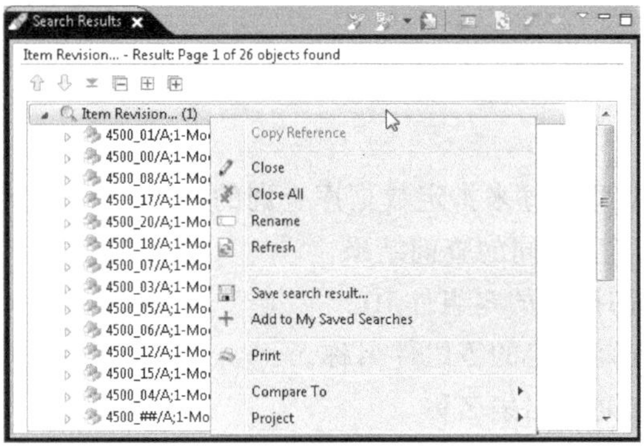

图 4.3　快捷菜单

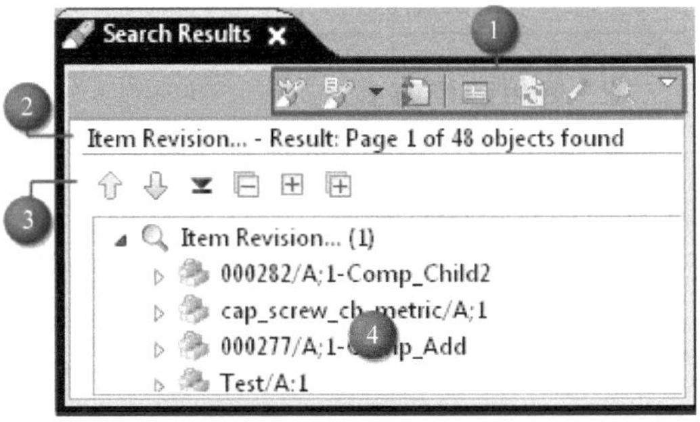

图 4.4　查询结果执行操作

“查询结果视图”工具栏包含以下选项（图 4.4 中①）：重新运行当前查询，显示上一个查询，导出对象至 excel，选择 PDF，刷新属性程序格式化查询，编辑属性格式程序，从属性格式化程序运行特别查询，视图菜单。

“查询标题”指示当前搜索的名称和返回的结果的数目（图 4.4 中②）。

“查询结果视图”页面工具栏包含以下选项（图 4.4 中③）：上一页，下一页，全部加载，折叠到根对象，展开选定的对象，将选定的对象展开到所有级别，“查询结果”列出了满足查询条件的对象（图 4.4 中④）。

6. 导航查询结果并调整显示设置

当用户执行查询时，在查询结果的顶部显示了找到的结果总数和当前显示结果在该总数中的相对位置，如图 4.5 所示。

在“查询结果视图”可以看到显示的结果数量和找到的结果总数。可以通过操作工具栏按钮移动结果。

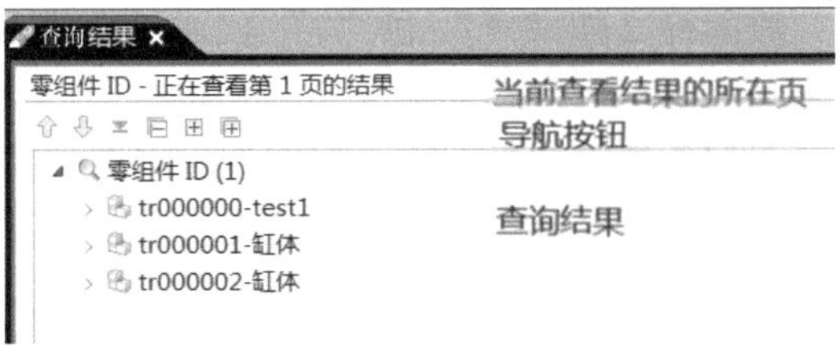

图 4.5　查询结果

实例 4-1　使用查询

如果企业设计人员在产品设计过程中希望查看系统目前已经设计完成的发动机产品作为参照，但并不清楚该发动机的其他参数信息，则可以根据产品名称模糊查询关键字“＊发送机＊”进行系统查询。如果设计人员清楚发动机的其他参数信息，则可以进行查询条件过滤，如创建日期、版本等。

步骤如下：

1）启动 Teamcenter 客户端，使用 infodba 账户登录。

2）在“我的 Teamcenter”菜单栏“窗口”选择子菜单“首选项”，如图 4.6 所示。

3）在“我的 Teamcenter”的工具栏中，单击“打开搜索视图”按钮，如图 4.7 所示。

4）进入“搜索”页面，单击“选择搜索”按钮，如图 4.8 所示。

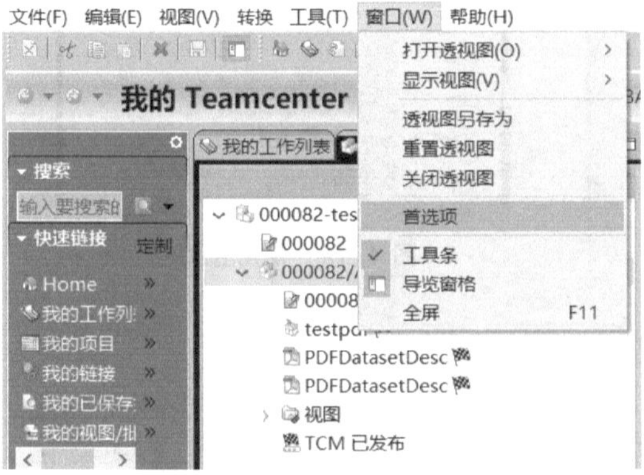

图 4.6 使用查询-1

图 4.7 使用查询-2

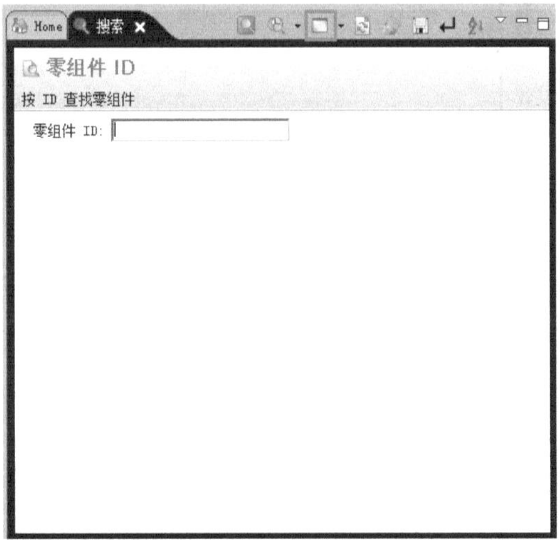

图 4.8 使用查询-3

5）在弹出的“更改搜索”窗口中，选择“查询发动机版本”，单击“确定”按钮，如图 4.9 所示。

6）根据已知属性添加搜索条件，单击“执行搜索”按钮，如图 4.10 所示。

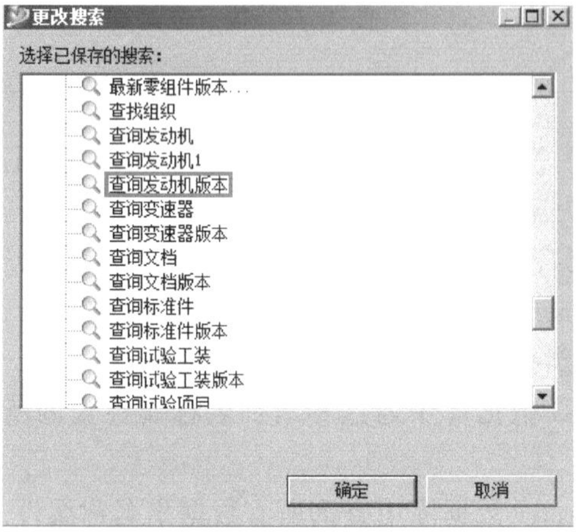

图 4.9 使用查询-4

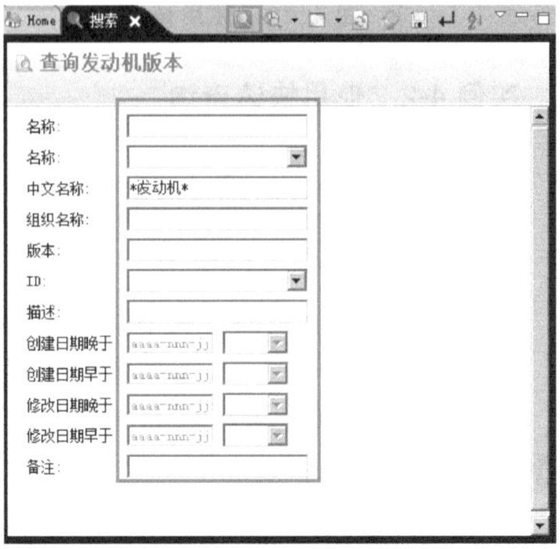

图 4.10 使用查询-5

注意：“*”表示模糊查询，如果有不记得的内容，可以用“*”代替。

7）搜索到的结果会在右下角的“搜索结果”页面显示，如图 4.11 所示。

8）输入搜索条件，单击“保存”按钮，如图 4.12 所示。

9）命名并保存搜索，如图 4.13 所示。

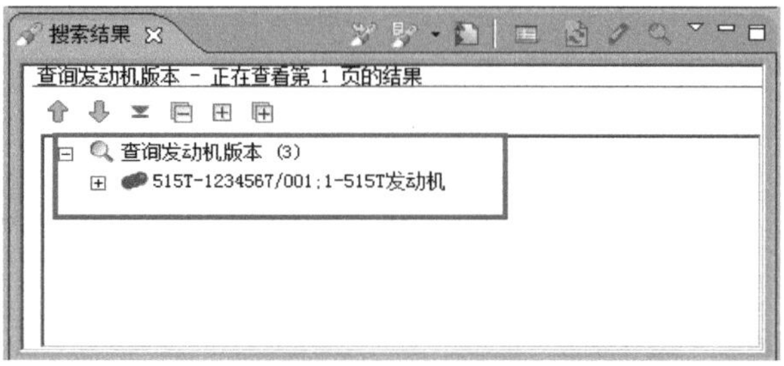

图 4.11　使用查询-6

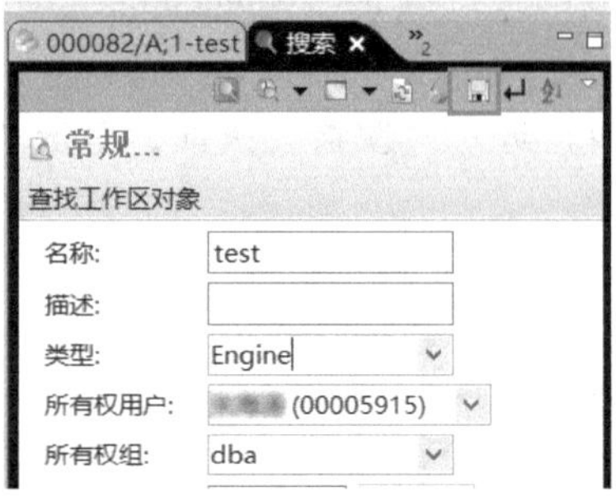

图 4.12　使用查询-7

10）单击“组织我的已保存搜索”按钮，查看保存结果，如图 4.14 所示。

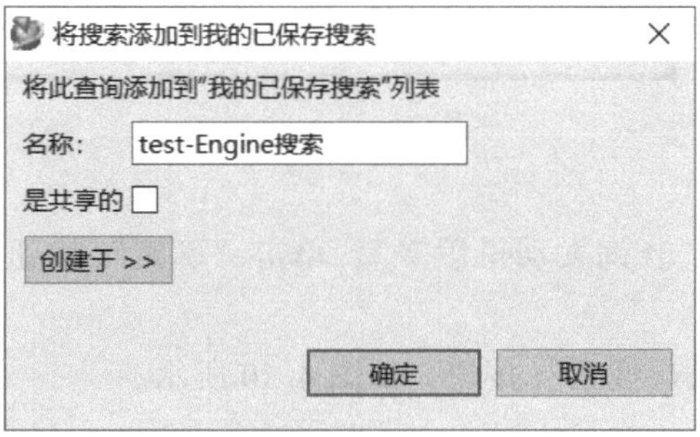

图 4.13　使用查询-8

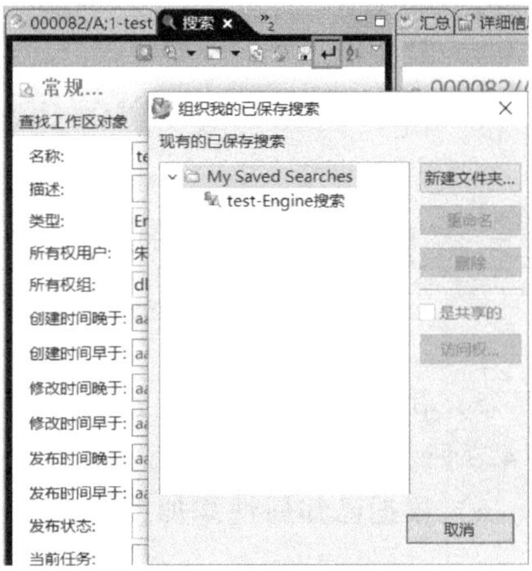

图 4.14　使用查询-9

实例 4-2　使用快速查询

使用“快速查询”对话框，执行查询。可以根据项目 ID 或“快速查询”菜单中列出的其他查询条件执行快速查询。

在查询输入框中可以使用“ * ”和“?”通配符。

1）零组件 ID。输入零组件 ID 可以在 Teamcenter 数据库中零组件 ID 属性进行查询。

2）关键字查询。输入关键字通过属性和索引类内容来查询索引类。

3）零组件名称。输入项目名称，在 Teamcenter 数据库中通过零组件名称属性查询所有数据。

4）数据集名称。输入数据集名称，在 Teamcenter 数据库中查询所有数据集名称属性。

5）高级查询。访问高级查询功能和预定义的查询表单。

实例 4-3　执行简单查询

步骤如下：

1）在“我的 Teamcenter”，单击“简单搜索”按钮，如图 4.15 所示。

2）选择或输入业务对象类型，如图 4.16 所示。

3）选择属性并为“编辑子句”选择“运算符”并输入“值”，如图 4.17 所示。

图 4.15 执行简单查询-1

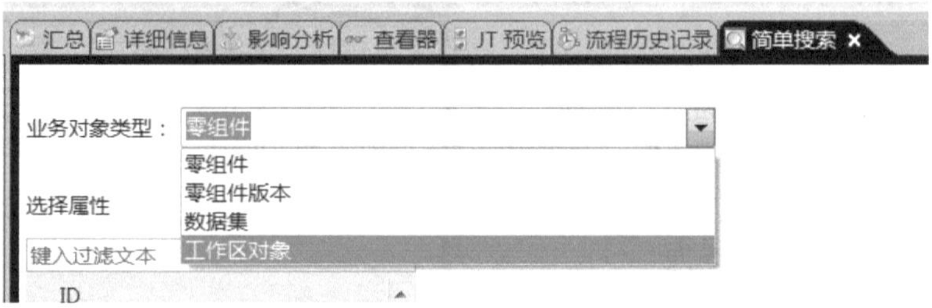

图 4.16 执行简单查询-2

图 4.17 执行简单查询-3

4）单击“搜索”按钮，如图 4.18 所示。

图 4.18　执行简单查询-4

实例 4-4　执行高级查询

步骤如下：

1）单击工具栏上的“搜索”按钮或从导航窗格顶部的搜索菜单中选择“高级搜索”。“搜索视图”显示默认的查询“名称”和“描述”，后面是查询“条件表单”。

注意：“零组件 ID 搜索”是系统的默认查询项。“零组件 ID 搜索表单”中只有“条目 ID 框”作为条件。

2）（可选）在“搜索视图”工具栏上，单击“选择搜索”按钮，可从查询类型列表中选择查询。带有所选类型条件的“搜索表单”将出现在“搜索视图”当中。

3）（可选）单击“清除”按钮，以清除“搜索表单”上所有框的内容。

4）在“搜索表单”的框中输入查询条件的值。

5）单击“执行”按钮执行查询。

6）弹出“进度信息”对话框，显示查询进度。可以在此对话框上单击“Cancel”按钮，在处理完成之前停止查询。

实例 4-5　对比查询结果

执行适当的查询以显示想要比较的查询结果列表，步骤如下：

1）右击“搜索结果”列表顶部的查询名，如图 4.19 所示。

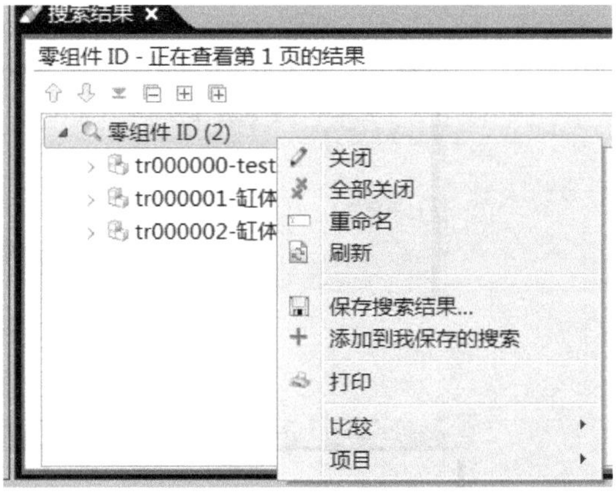

图 4.19　对比查询结果-1

2）单击“比较”菜单，如图 4.20 所示。

图 4.20　对比查询结果-2

3）从“比较列表”或“对话框”中选择一个查询名。

4）弹出“比较报告”对话框，显示所选查询结果的内容。查询结果列表中的组件之间的差异用绿色突出显示，相同的对象有透明的背景，当前选中的对象用蓝色突出显示，如图

4.21 所示。

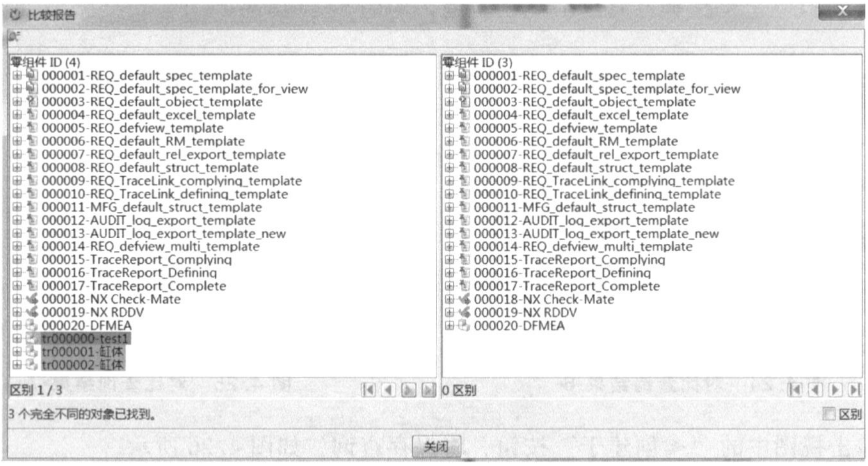

图 4.21　对比查询结果-3

5）（可选）使用每个窗格右下角的导航按钮浏览差异。当比较包含大量对象的组件时，这是很有用的。

6）（可选）选择“区别”复选框，则只显示组件之间的差异，如图 4.22 所示。

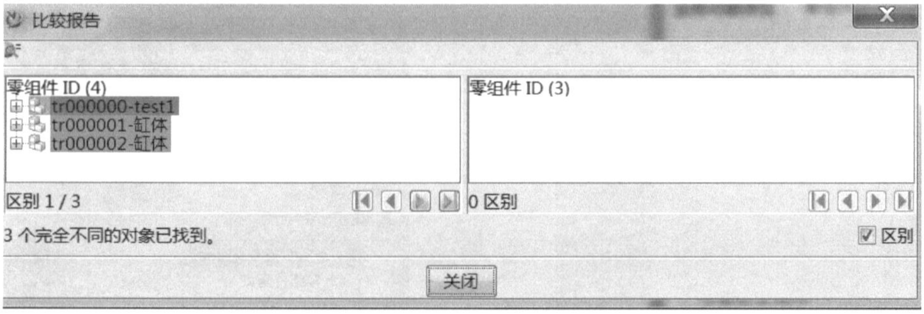

图 4.22　对比查询结果-4

7）单击“关闭”按钮。

实例 4-6　将查询结果保存到我保存的查询文件夹中

步骤如下：

1）单击“搜索”按钮执行查询，输入查询条件，如图 4.23 所示。

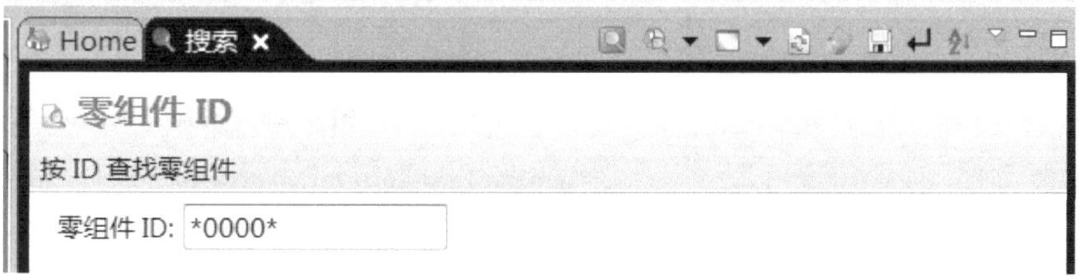

图 4.23　对比查询结果-5

2）单击“保存”按钮，弹出“将搜索添加到我的已保存搜索”对话框，如图 4.24

所示。

3）在“名称”框中输入查询的唯一名称，如图 4.25 所示。

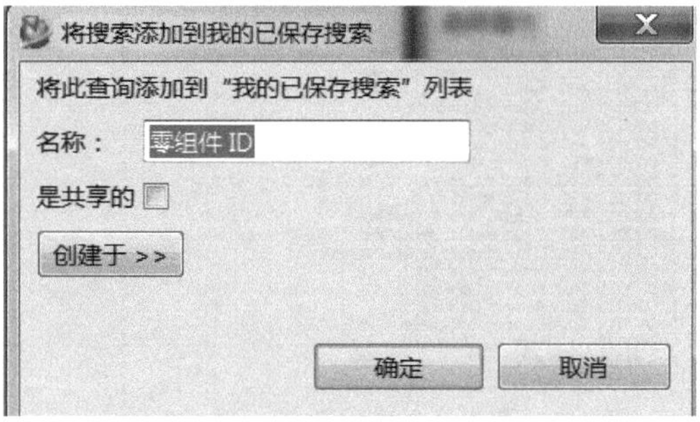

图 4.24　对比查询结果-6

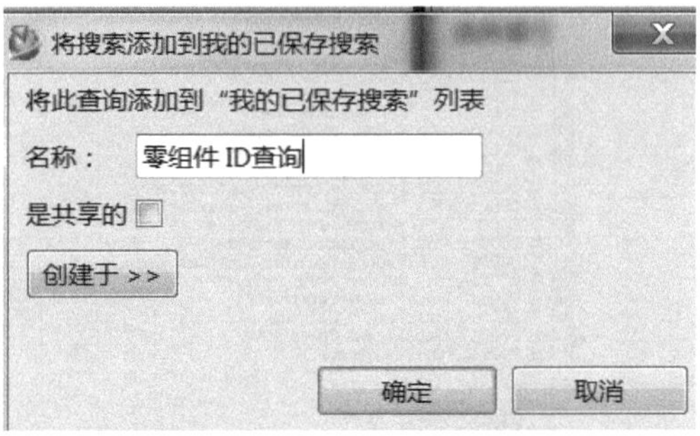

图 4.25　对比查询结果-7

4）单击视图中的“≪创建于”按钮，将保存查询，如图 4.26 所示。

5）单击“新建文件夹…”按钮，在“文件夹信息”对话框输入文件夹的名称，如图 4.27 所示。

6）单击“确定”按钮，如图 4.28 所示。

图 4.26　对比查询结果-8

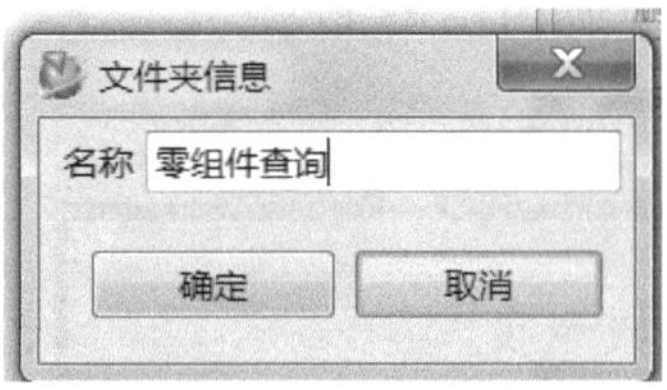

图 4.27　对比查询结果-9

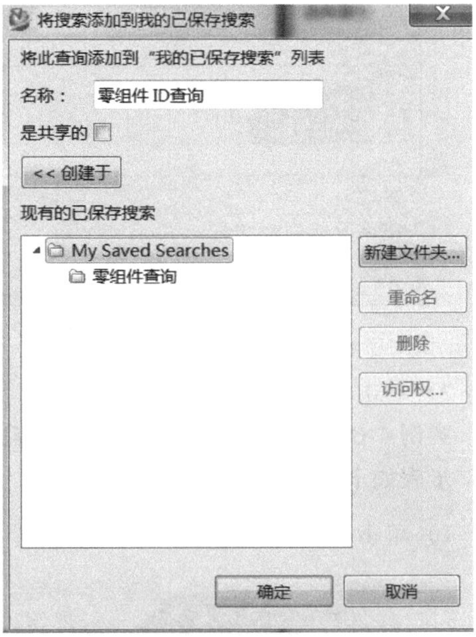

图 4.28　对比查询结果-10

7）单击刚创建的“零组件查询”，可以进行重命名/删除操作，如图 4.29 所示。

8）单击“确定”按钮，完成查询的保存。在导航窗格的“我的已保存搜索”点击“执行” » 按钮，可以查看已保存的查询，如图 4.30 所示。

图 4.29 对比查询结果-11

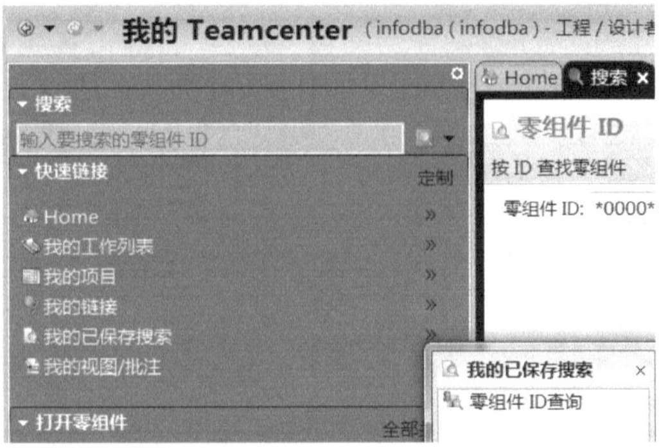

图 4.30 对比查询结果-12

实例 4-7 改变查询方式

步骤如下：

1）单击“选择查询”  按钮，弹出“改变查询”对话框。

2）从系统定义的查询或我保存的查询类别中选择一个新的查询。

3）单击“确定”按钮，带有所选查询条件的“查询表”将出现在“搜索窗格”中。

注意：当更改查询时，当前显示查询“条件窗格”会被新的查询所覆盖。为了防止查询条件被覆盖，可以从查询工具栏的菜单中选择“锁定查询”。

4.2 自定义查询

自定义查询可以为用户提供方便的手段快速查询到所需要的数据。随着定制化的加入，我们可能会定义一些新的类、新的属性。对于这些元素，需要自定义查询才能满足用户方便的查询需求。另外我们还可以通过查询来查找具有复杂关系的若干对象。

4.2.1 查询构建器

“查询构建器”大概可以分为八个功能区域（图 4.31）：

1）已定义查询选择区域。

2）查询名称描述。

3）查询导入导出。

4）类选择按钮。

5）属性选择按钮。

6）查询条件子句。

7）新建、保存、修改、删除按钮区域。

8）切换属性显示。

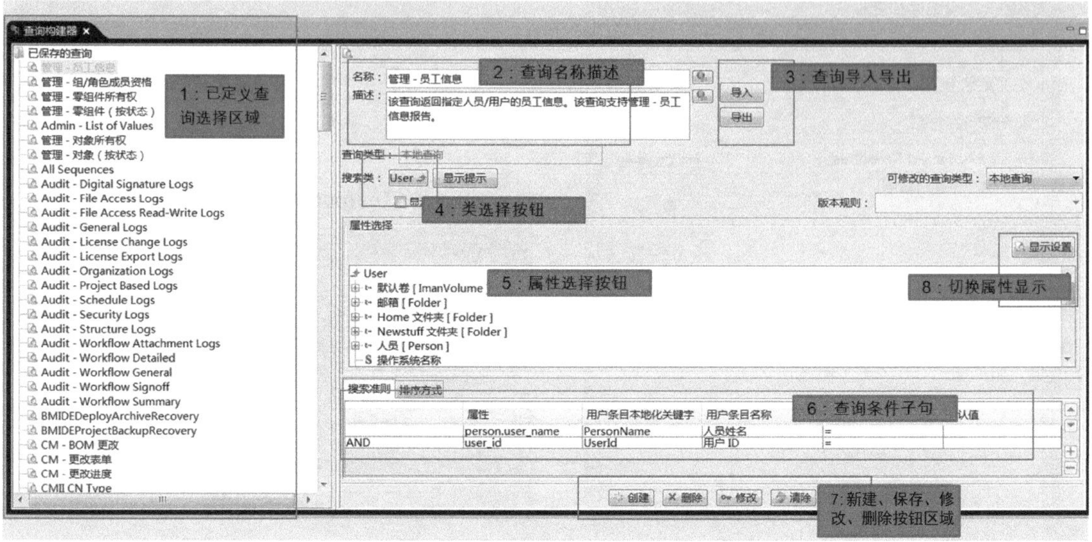

图 4.31 “查询构建器”界面

如图 4.31 所示，单击 1 处列出的查询名称，右侧窗体将会加载这个查询的所有详细信息。随之联动的部分有 2、4、5、6 处。如果在一个已有查询基础上做某些修改测试，最快的方式是单击这个查询，在 2 处修改查询的“名称”为新名称，点击 7 处“创建”按钮完成复制。3 处“导出”功能可以方便备份已有的查询，缺点是只能单条查询导出。“导入”操作也很简单，注意导入完成只是将查询加载到界面中，你需要点击 7 处“创建”按钮来保存这个查询。

这里的 4 处“搜索类”只能是“C”类，也就是存储类。我们可以从 BMIDE（Business Modeling Intergrated Dovelopment Enviroment 业务建模器集成开发环境）中来查看这些类。

通过单击 8 处可以显示全部属性。建议修改为如图 4.32 所示配置。

图 4.32 切换属性显示

可以通过 5、6 处来设置查询条件。

4.2.2 对象的属性类型

对象的属性类型包括：

1） 字符串类型。

2） 整数型。

3） 日期类型。

4） 布尔类型。

5） Typed Reference。

6） Untyped Reference。

7） Typed Reference 数组。

8） Untyped Reference 数组。

9） referenced_by 关系类型。

4.2.3 条件子句

1. 条件比较类型

“=”“!=”“>”“<”“>=”“<=” 当值存在时，使用这六种操作符可实现比较大小。

IS_NULL 和 IS_NOT_NULL 当值不存在时，使用“IS_NULL”表示，存在时，使用“IS_NOT_NULL”表示。

2. 隐式查询条件和条件名称显示

隐式查询条件和条件名称显示，如图 4.33 所示。

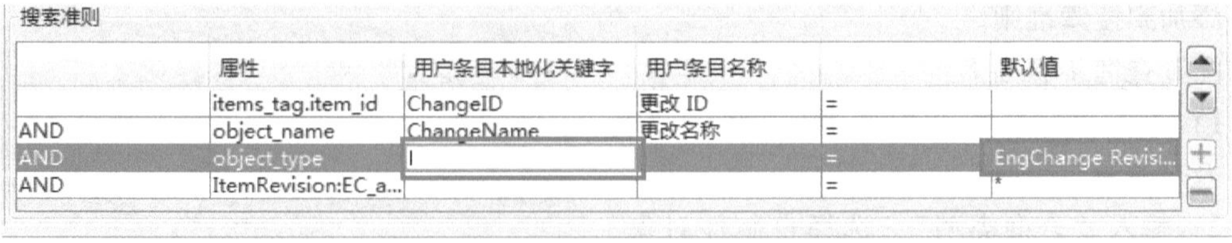

图 4.33 隐式查询条件和条件名称显示

在“条目本地化关键字”一栏中，如果不输入任何值，则表示该条件是隐式的，这时必须指派一个默认值。查询结果始终保证这个条件子句成立。

3. 参数条件和默认值

对于显式条件子句，默认值是激活该查询时查询对话框上出现的默认值。隐式条件子句将不需要输入，同时值只有一个也就是这个默认值。

4. 表达式解释

“items_tag. item_id”中的“.”表示所属关系，左边是所属对象，右边是属性。

“EPMTask：process_stage_list. object_name”中的“：”表示对于 Untyped 类型的 Reference，需要指定类型。冒号左边是作为 Reference 对象关联的类名，右边是 Untyped Reference 属性名称。

“Identifiler<-altid_of. idfr_id”中的“←”表示被一个关系所引用。箭头左边是关系左对象（主对象）的类型，箭头右边是引用属性或关系的类型。

4.2.4 定义查询的一般步骤

1. 确定需要查询的类

原则是最终需要把哪个类作为查询结果，就选择这个类。

2. 选取关键字

原则是把唯一确定一个（一组）结果的关键字加上。这样可以在查询结果中区别不同的结果。比如，用户选用“user_id”，“Item”就选择“item_id”。

3. 选取其他条件

其他条件是对关键字的补充，有可能并不需要，或者这些条件是辅助的。如流程状态等。适当的时候可以让这些辅助条件转变为不需输入类型，即固定条件查询。比如，选择用户名不是 infodba 创建的对象，条件可以设为“！= infodba”。

实例 4-8 通过特定的属性来查询自制件

假设企业要求配置查询，要求能够根据“名称、产品型号、产品代号、物料编码”属性为条件进行查询符合条件的自制件类型零组件，且已知“产品型号、产品代号、物料编码”这些属性位于自制件版本对象上，“名称”属性为自制件名称。分析后实现原理如下：如果要通过零组件版本上的属性查询零组件，则查询目标为零组件，因此搜索类为该自制件零组件。又因为该自制件零组件被自制件零组件版本引用，因此可以通过引用者关系找到自制件版本，找到自制件版本后则可以看到自制件版本上自定义的属性，将其添加为查询条件即可。通过“名称”属性查询自制件对象，由于“名称”属性本身属于自制件对象本身，不需要任何引用关系，直接选择搜索类为自制件后，则可以找到“名称”查询条件，双击即可添加到搜索准则。

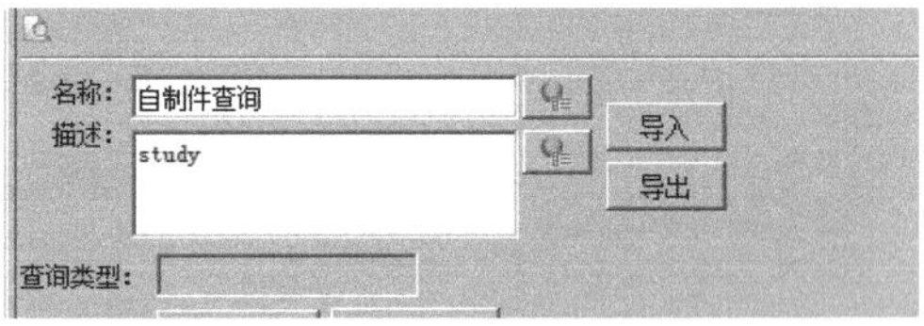

图 4.34 通过特定的属性来查询自制件-1

配置查询步骤如下：

1）单击“打开查询构建器”，输入“名称”及“描述”，如图 4.34 所示。

2）输入“查询类型”，选择自制件对象，此处为自制件对象的真实名称“C8_DesignPart”，选择“显示设置”为“全部属性”，如图 4.35 所示。

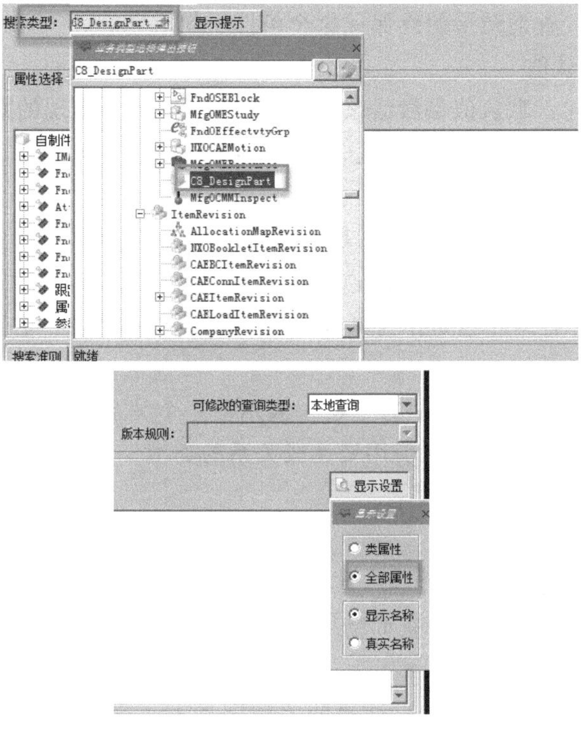

图 4.35 通过特定的属性来查询自制件-2

3）双击“引用者”属性选项，弹出“类型属性选择对话框”，输入搜索类版本“C8_DesignPartRevision”并双击进行选择，如图 4.36 所示。

4）选择后，“类属性选择对话框”将刷新修改，双击选择“零组件［Item］”，如图 4.37 所示。

5）选择后，查询界面视图“引用者”位置将变化，如图 4.38 所示。

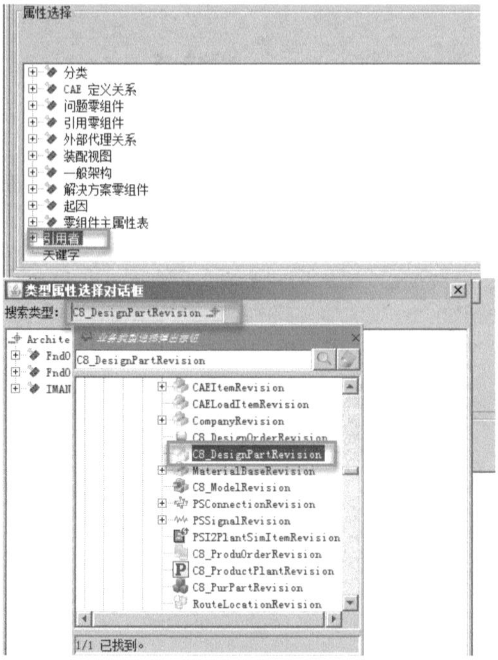

图 4.36　通过特定的属性来查询自制件-3

图 4.37　通过特定的属性来查询自制件-4

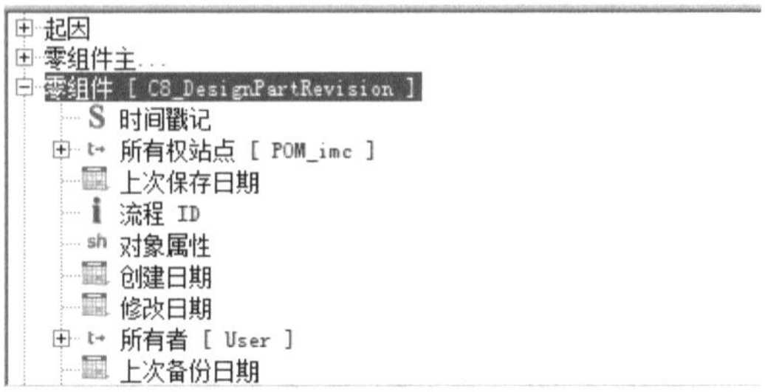

图 4.38　通过特定的属性来查询自制件-5

6）下拉找到符合条件的属性，双击添加到查询准则中，如图 4.39 所示。

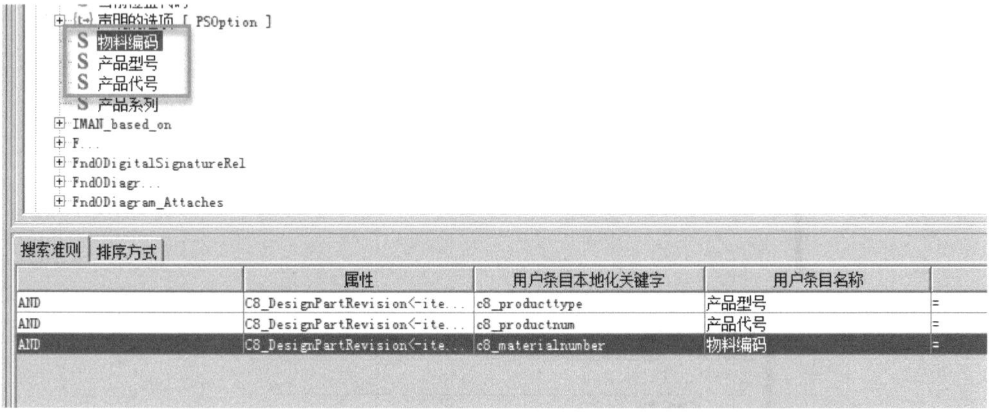

图 4.39　通过特定的属性来查询自制件-6

7）添加自制件本身的“名称”属性到查询准则，单击“创建”按钮即可完成查询创建，如图 4.40 所示。

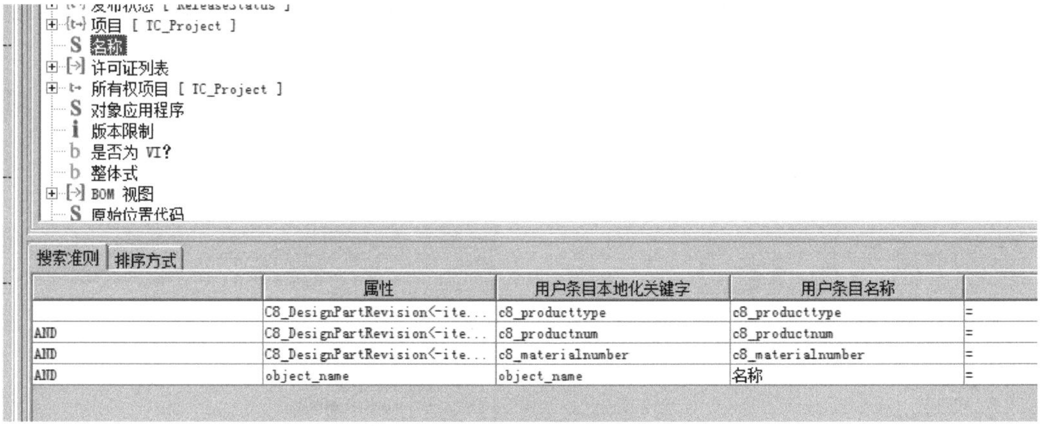

图 4.40　通过特定的属性来查询自制件-7

实例 4-9　基于属性条件的自制件查询验证

步骤如下：

1）通过“高级搜索”功能，找到自己创建的查询“自制件查询”，如图 4.41 所示。

2）输入查询条件，按下<Enter>键进行查询，查询结果显示在右侧“搜索结果”界面，如图 4.42 所示。

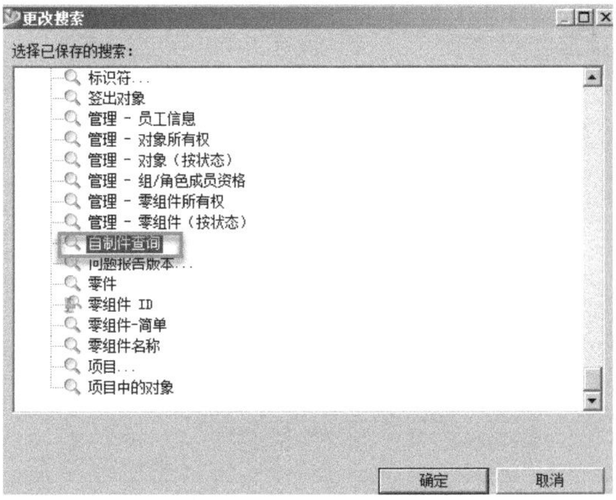

图 4.41　基于属性条件的自制件查询验证-1

实例 4-10　基于主属性表单属性的零组件查询

配置查询的先决条件是当使用者希望配置查询时，必须先要明确本次配置查询最终需要

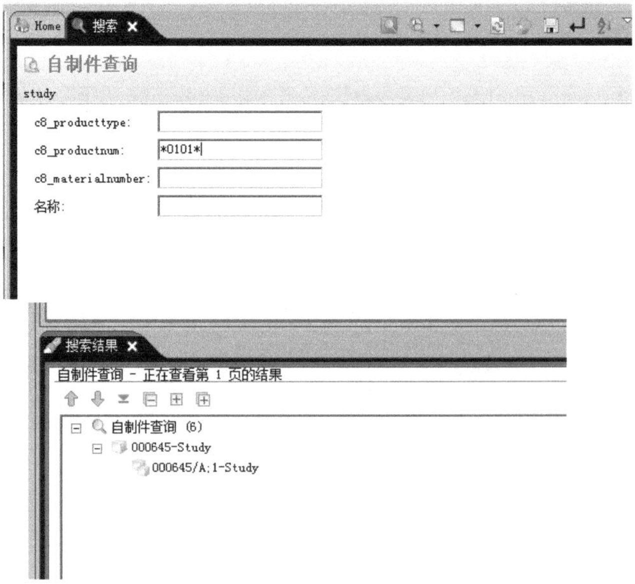

图 4.42　基于属性条件的自制件查询验证-2

查询的业务对象类型，如查询零组件、零组件版本、数据集等。明确查询对象的类型后，根据自己需要的查询条件判断本次的查询条件与最终需要查询的业务对象类型之间的关系，例如以下示例中“creation_date”属于“TR8Part”零组件对象本身，则可以直接添加；“tr8_weight”属性属于“TR8PartRevMasterS”上的属性，如果想利用此属性查找“TR8Part”，则需要找到二者之间的关系，即“TR8Part”通过“IMAN_master_form”关系找“TR8PartRevMasterS 类别”，如此操作即可找到“tr8_weight”属性作为有效查询条件。步骤如下：

1）打开“查询构建器”，输入“名称”及“描述”，如图 4.43 所示。

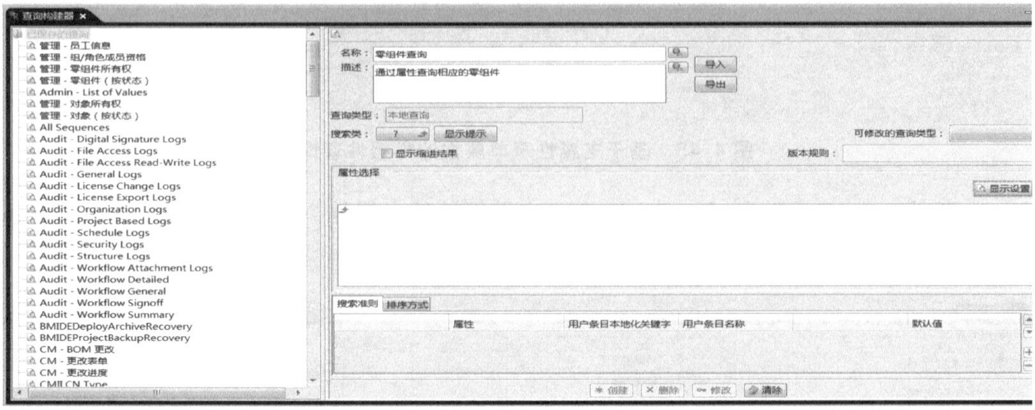

图 4.43 基于主属性表单属性的零组件查询-1

2）单击“搜索类”搜索类： ? 按钮，弹出“类/属性选择弹出窗口”对话框。在此对话框中选择条目，指定所需的查询类，如我们需要查询“TR8Part”，如图 4.44 所示。

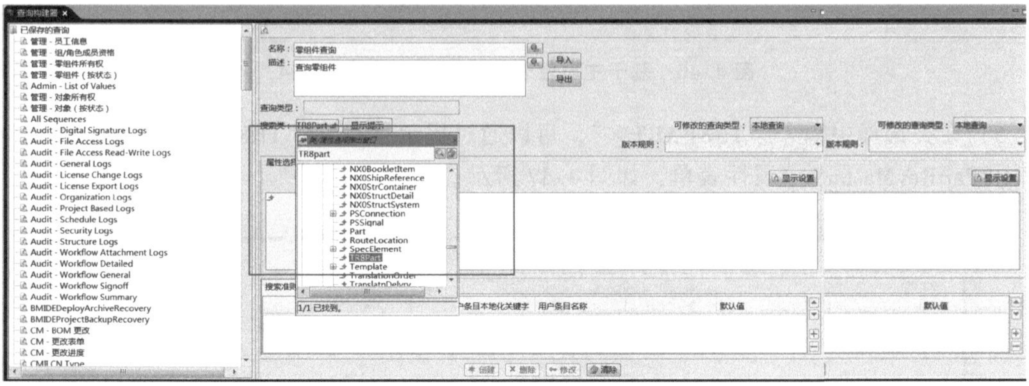

图 4.44 基于主属性表单属性的零组件查询-2

3）找到“TR8Part”后双击选中“TR8Part”为查询类，在属性选择窗口出现“TR8Part”相关属性，选择“TR8Part”相关属性，单击查询准则窗口的“添加”按钮，此条属性就会被添加到查询准则，如图 4.45 所示。

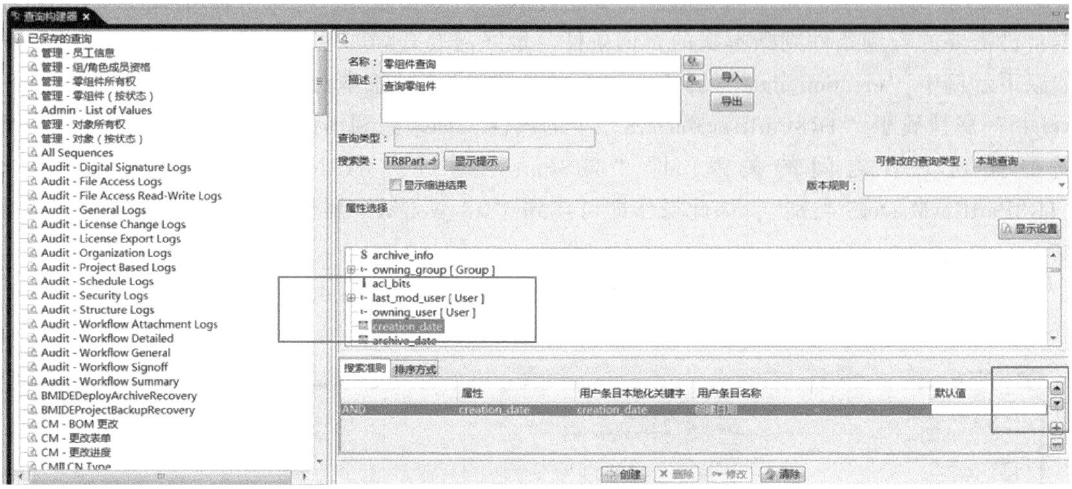

图 4.45　基于主属性表单属性的零组件查询-3

4）找到“IMAN_master_form”，查询对应零组件的主属性，双击“IMAN_master_form”，如图 4.46 所示。

图 4.46　基于主属性表单属性的零组件查询-4

5）在类选择中输入“TR8PART＊”，可以通过提示来找到“TR8Part”的主属性表，双击 TR8PartRevMasterS 主属性表单，如图 4.47 所示。

图 4.47　基于主属性表单属性的零组件查询-5

6）把相应的属性添加到查询准则中，如图 4.48 所示。

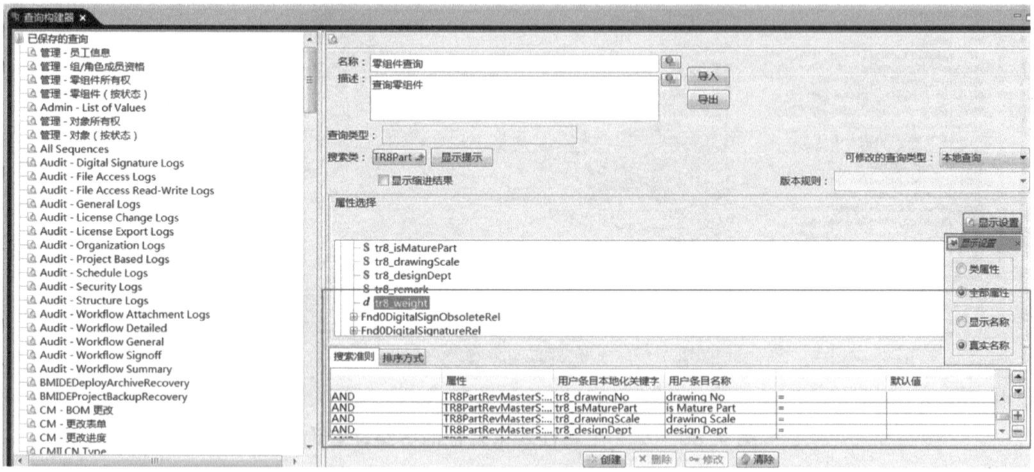

图 4.48 基于主属性表单属性的零组件查询-6

7）把属性添加到查询准则后，可以编辑“用户条目本地化关键字”及调整运算符“=”“>=”“IS_NOT_NULL”等，并添加默认值，如图 4.49 所示。

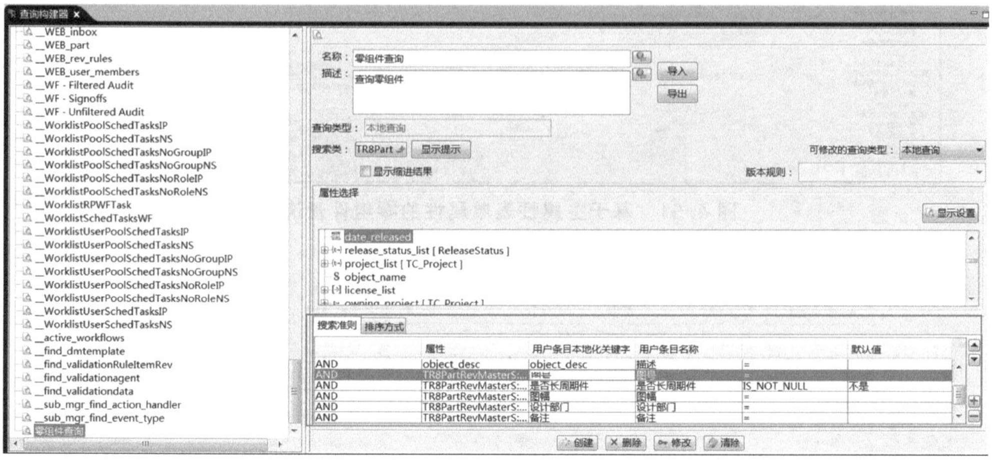

图 4.49 基于主属性表单属性的零组件查询-7

8）完成上述操作后，单击“创建”按钮，此条查询创建完成，如图 4.50 所示。

9）选中需要导出的对象，单击“导出”按钮，弹出“打印”界面，如图 4.51 所示。

10）单击“保存”按钮，选择要保存的目录及文件名，单击“保存”按钮，完成查询的导出，如图 4.52 所示。

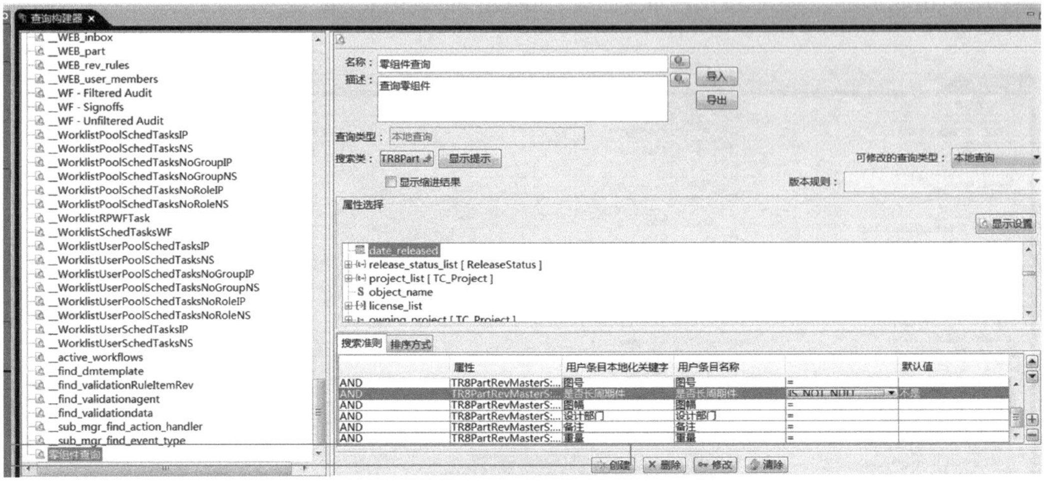

图 4.50　基于主属性表单属性的零组件查询-8

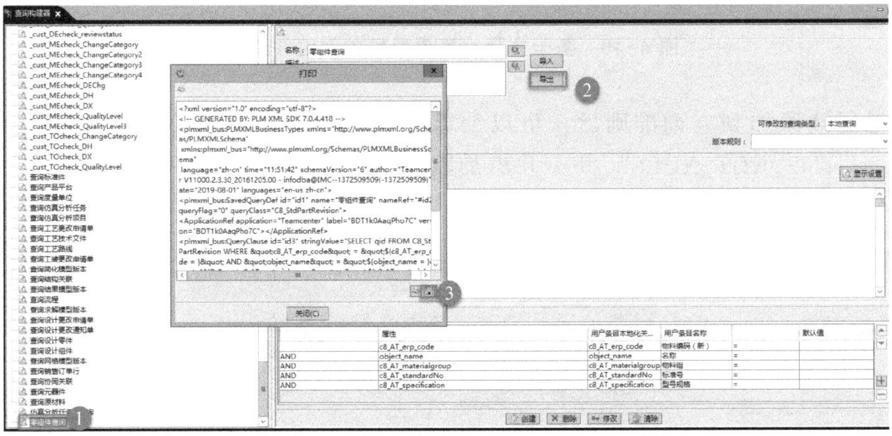

图 4.51　基于主属性表单属性的零组件查询-9

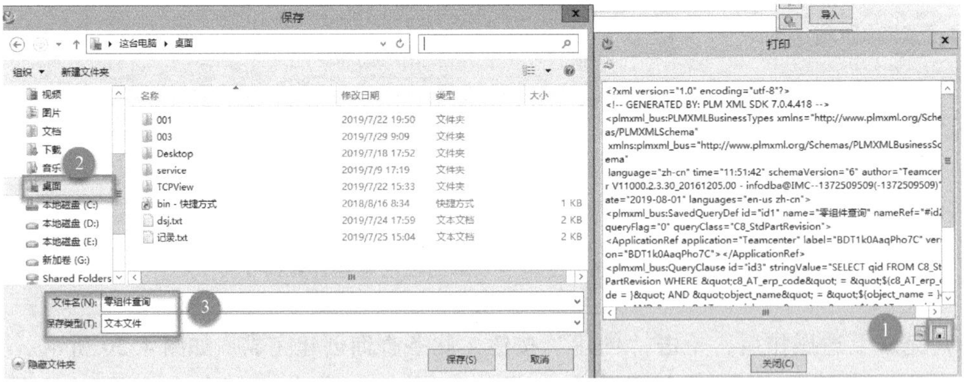

图 4.52　基于主属性表单属性的零组件查询-10

11）单击要修改/删除的查询对象，进入查询编辑界面，选择条目进行修改/删除，如图 4.53 所示。

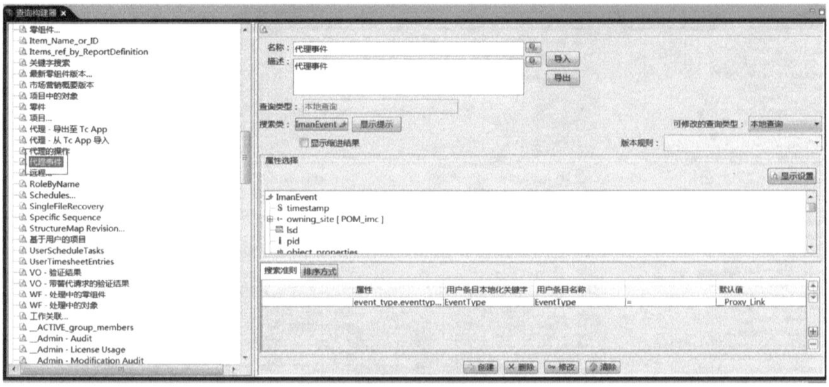

图 4.53 基于主属性表单属性的零组件查询-11

12）单击“导入”按钮，在目录中选择要导入的查询，单击“导入”按钮，如图 4.54 所示。

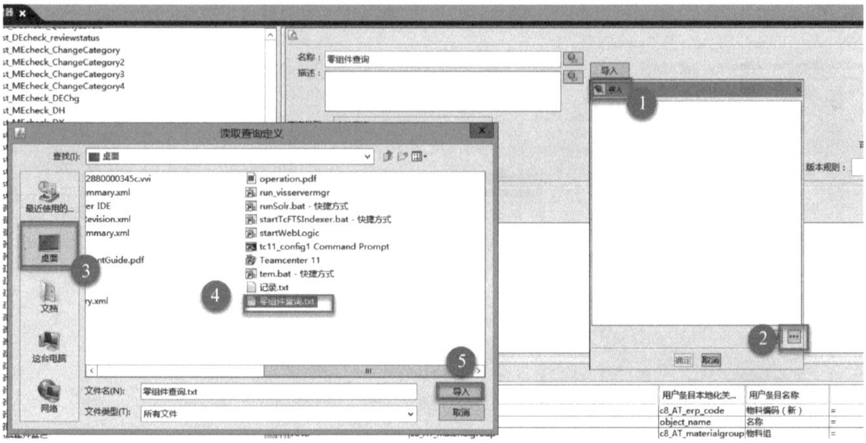

图 4.54 基于主属性表单属性的零组件查询-12

13）单击“确认”按钮，完成查询的导入，如图 4.55 所示。

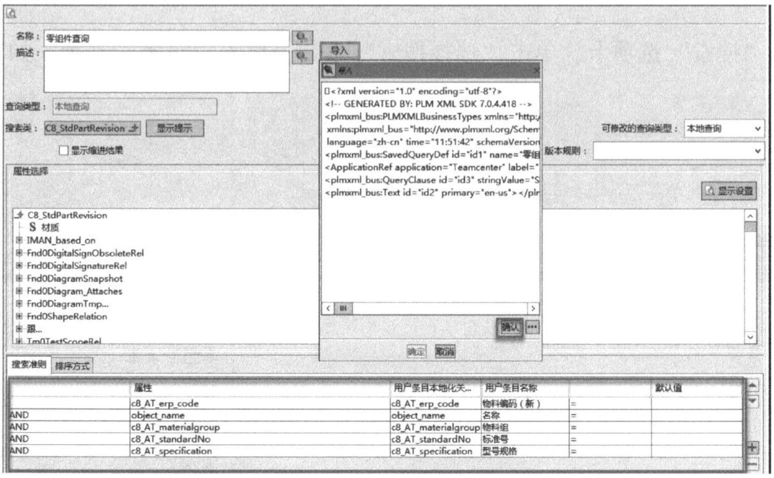

图 4.55 基于主属性表单属性的零组件查询-13

14）单击“创建”按钮，完成查询的导入，如图 4.56 所示。

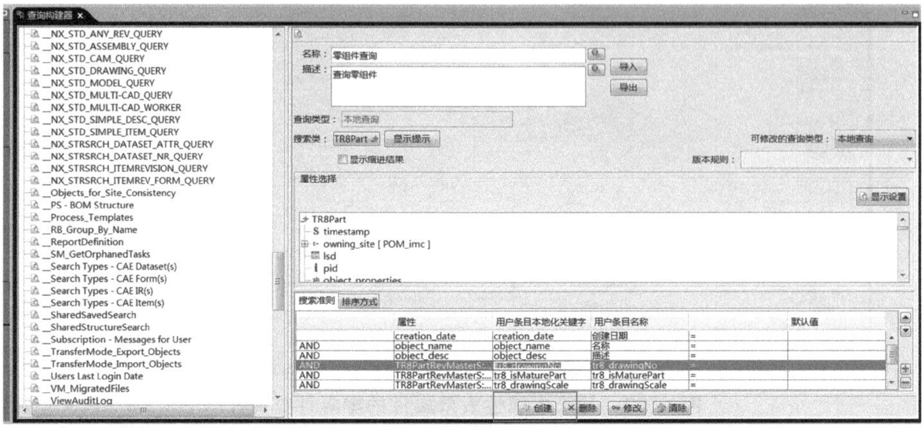

图 4.56　基于主属性表单属性的零组件查询-14

15）在 Teamcenter 中单击“打开搜索视图”按钮，如图 4.57 所示。

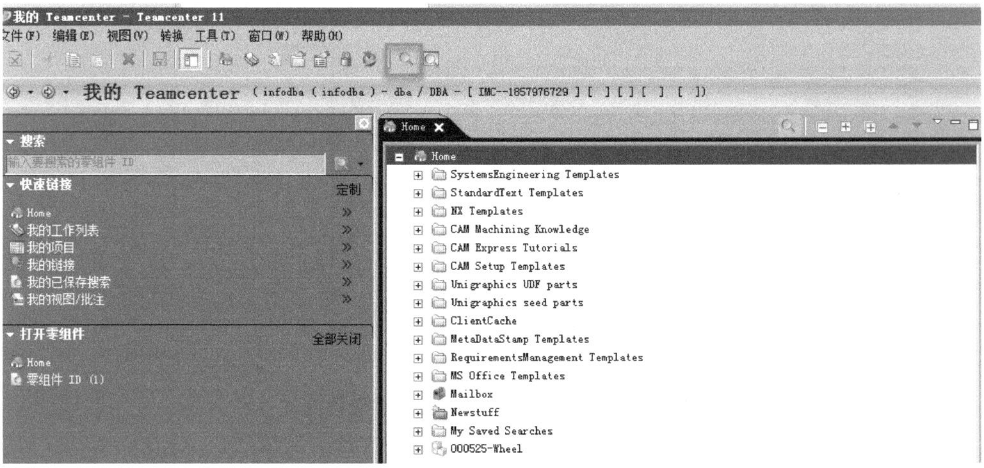

图 4.57　基于主属性表单属性的零组件查询-15

16）进入“搜索”选项卡，单击“选择搜索”按钮，单击“更多”选项，如图 4.58 所示。

图 4.58　基于主属性表单属性的零组件查询-16

17）选择零组件查询，单击“确定”按钮，如图 4.59 所示。

18）在“搜索”选项卡输入查询内容，完成查询，如图 4.60 所示。

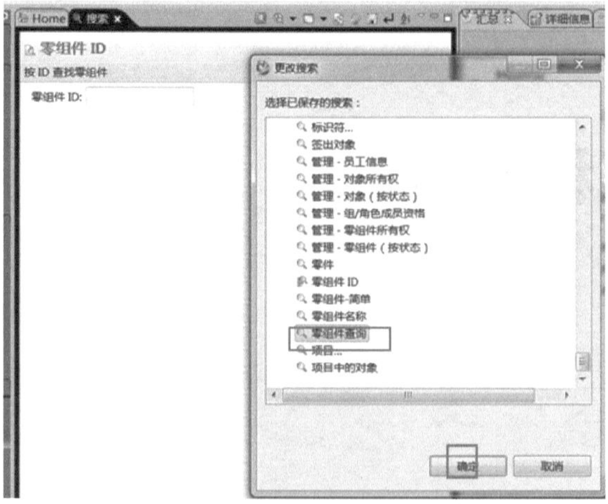

图 4.59　基于主属性表单属性的零组件查询-17

图 4.60　基于主属性表单属性的零组件查询-18

习　　题

1. 简述 Teamcenter 中常用的查询方法。

2. 练习：

（1）查询零组件对象，它的某个零组件版本具有特定描述（object_desc）。

（2）查询零组件版本，它以规范（IMAN_rendering）关系关联的某个数据集具有指定的数据集名称（object_name）和类型（object_type）。

第5章

工作流程管理

5.1 基础概念和原理

工作流程：企业电子档交付物经过审批会签，由一种状态转为另一种状态的过程。

工作流程模板：将电子档的审批会签过程，以工作流程模板的方式固定下来，规范化使用。工作流程和工作流程模板之间的关系如图 5.1 所示。

主要特征：由一个或多个不同任务按一定顺序连接而成。

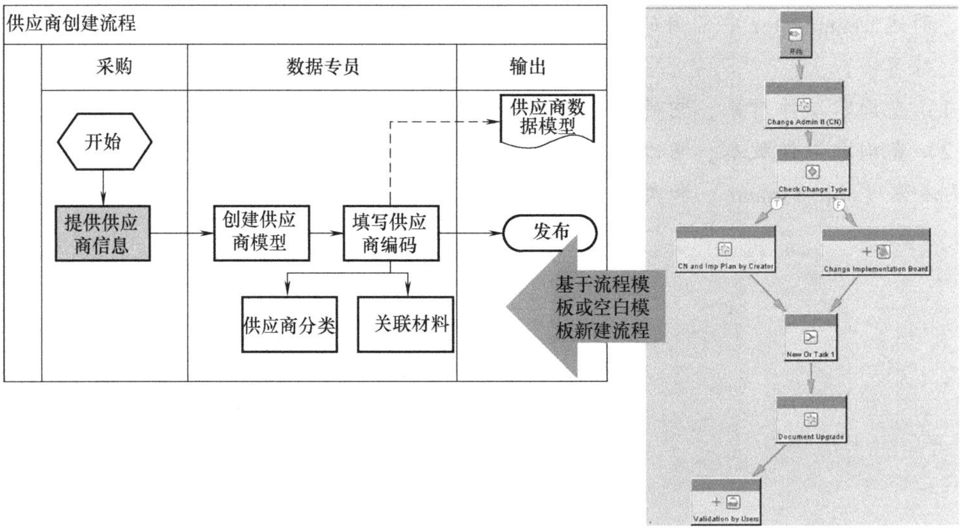

图 5.1　工作流程的概念

5.1.1 工作流程设计器界面

“工作流程设计器” 的界面如图 5.2 所示，其特点如下：

1）提供可视化操作界面。

2）灵活多样的流程任务类型，为工作流程模板提供 13 种任务、8 种状态和 9 种操作类型，可组合成适合各类业务流程需求的流程模板。

3）便捷、灵活的拖拽编辑方式，快速构建流程模板。

4）可导入、导出流程模板，便于流程模板的保存和移植。

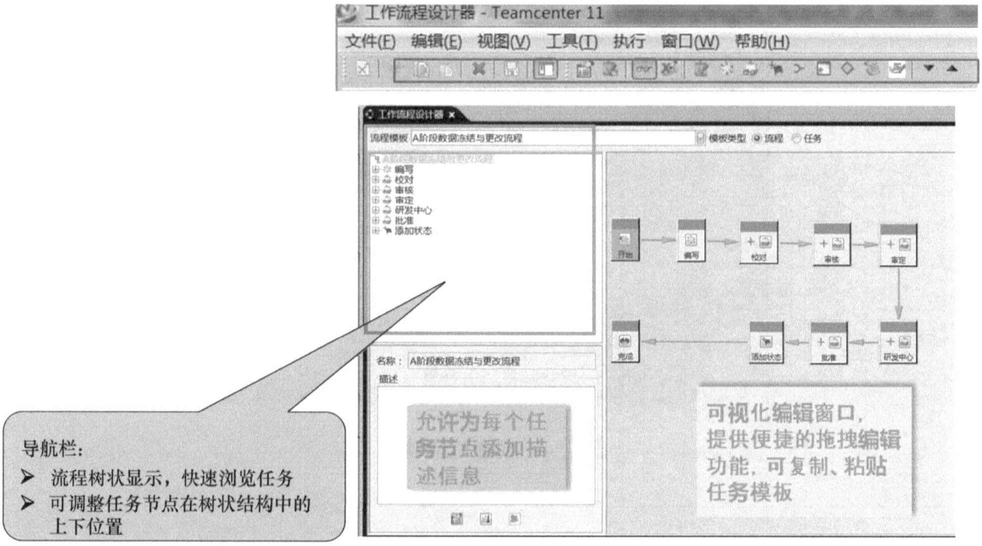

图 5.2　“工作流程设计器”界面

5.1.2　工作流程模板

工作流程设计器提供了多种标准工作流程模板，可基于现有的模板创建新的工作流程模板，如图 5.3 所示。

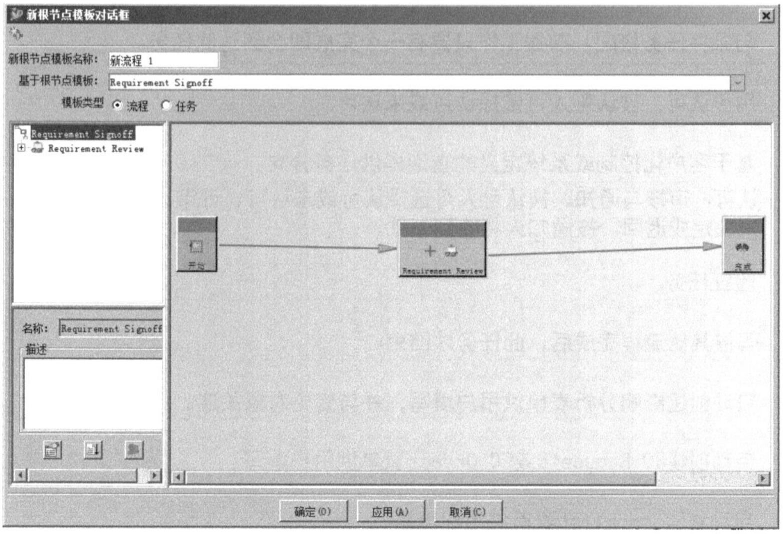

图 5.3　基于已有工作流程模板创建工作流程

模板过滤功能可指定流程模板的对象类型及工作组，如图 5.4 所示。

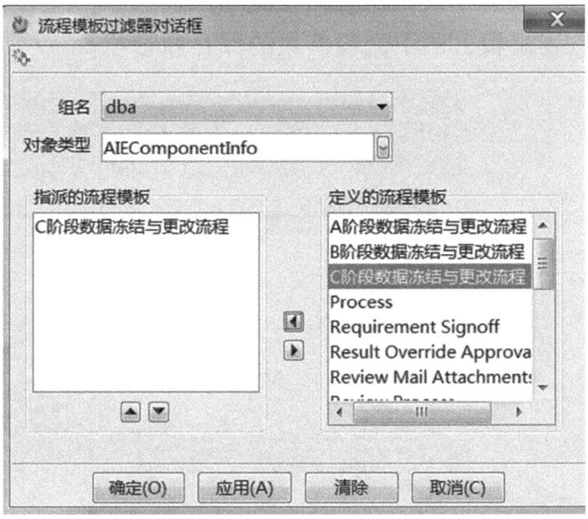

图 5.4 模板过滤功能

5.1.3 任务模板

工作流程设计器为工作流程模板提供 13 种任务类型、8 种状态和 9 种操作类型，可组合成适合各类业务流程需求的流程模板，如图 5.5 所示。

图 5.5 工作流程中的任务类型

5.2　任务操作及规则

每个任务模板都有多种不同操作，针对每个操作都可以添加不同的操作和规则处理程序，如图 5.6 所示。

图 5.6　任务操作及规则定义

5.2.1　工作流程模板的定义

通过“任务属性对话框”编辑 Teamcenter 提供的原始任务模板，建立适合业务流程需求的任务节点，如图 5.7 所示。

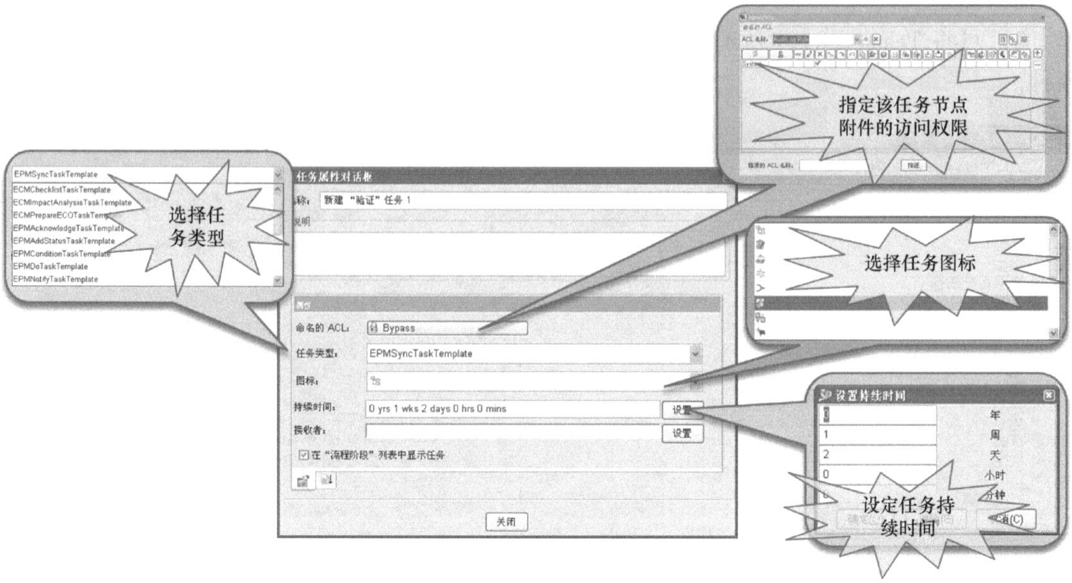

图 5.7　任务属性定义

5.2.2　路径

Teamcenter 提供多种路径选择，如图 5.8 所示。路径包括：

1）成功路径，允许任务依次执行。

2）失败路径，允许设置因任务无法完成、拒绝、代码错误等产生的流程回路。

3）条件路径，允许根据各种条件设置满足条件的输出结果。

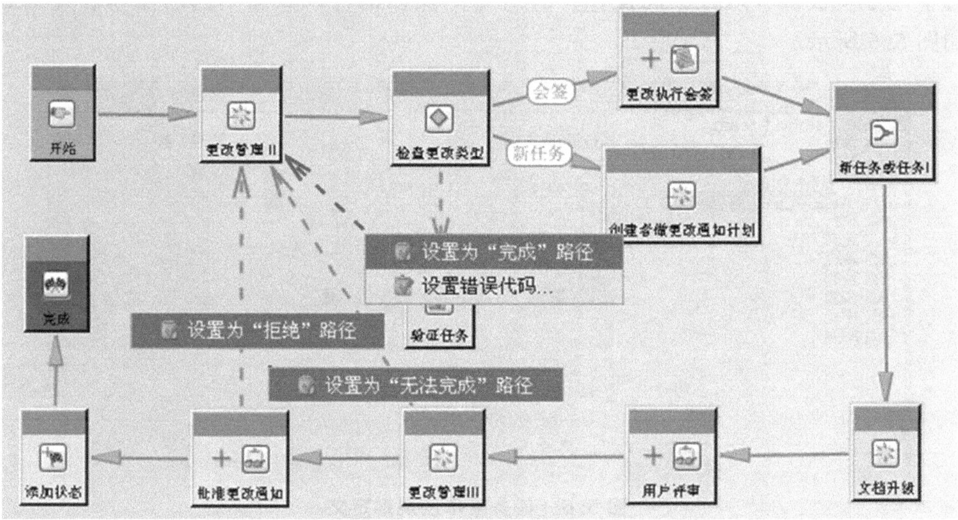

图 5.8　工作流程的路径

基于条件的工作流程路径，如图 5.9 所示。条件任务的路径具有如下特点：

1）为条件任务提供多种选择路径，对应四种输出结果，“真”“假”“无法完成”及“自定义结果”。

2）可将 Teamcenter 中所有查询条件作为任务条件，用户可根据业务需求自定义查询条件。

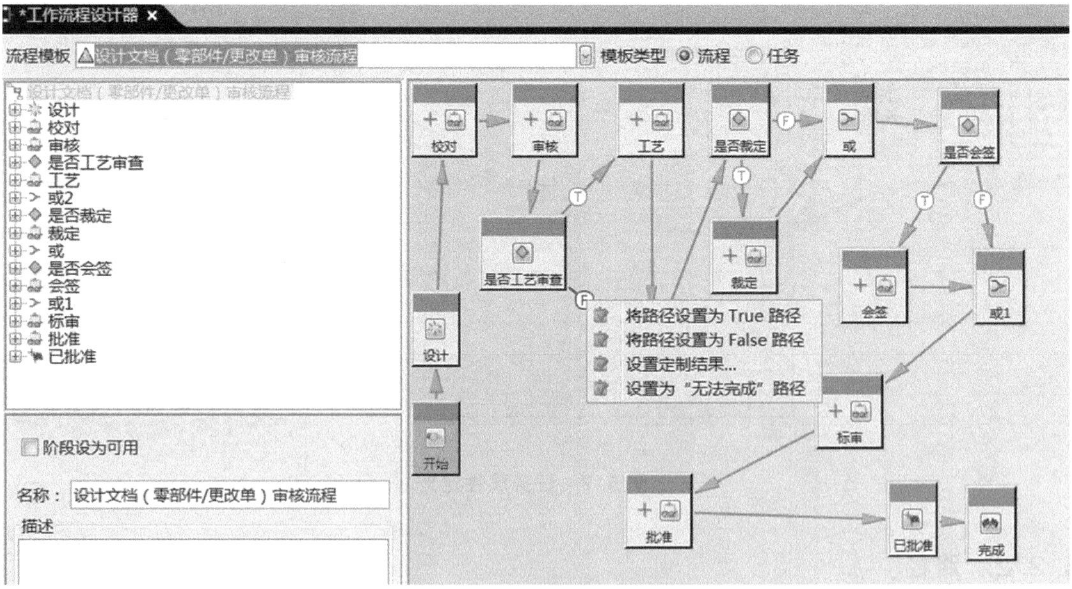

图 5.9　设置工作流程路径

5.3　示例

企业要求定制流程，流程名称为“图样审批流程”，该流程包含三个节点：第一个节点为 Do 类型节点，名称为“编制”；第二个节点为审核类型节点，名称为“校对”；第三个节点为审核类型节点，名称为“审核”。要求用户完成编校审三个节点审批后能够自动转化成发布状态，则配置步骤如下：

1）单击打开“工作流程设计器”，单击菜单栏“文件”→“新建根节点模板”，如图 5.10 所示。

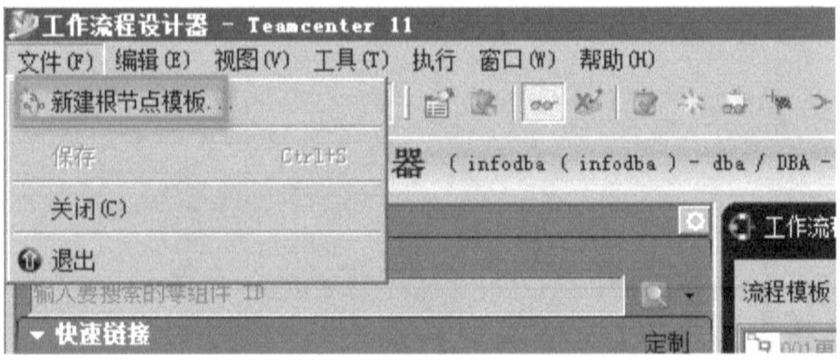

图 5.10　新建工作流程-1

2）输入“新根节点模板名称”为“图样审批流程”，选择“基于根节点模板”类型，这里我们使用空模板，单击“确定”按钮，如图 5.11 所示。

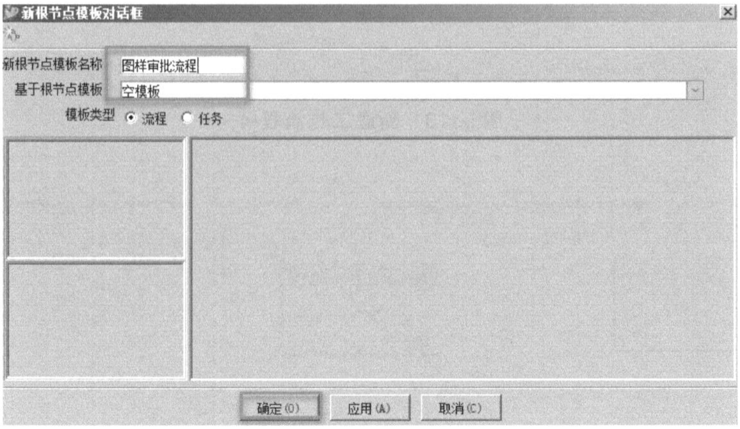

图 5.11　新建工作流程-2

3）根据需要添加 Do 节点、审核节点等。选中要添加的节点，在流程框架空表位置中双击，完成节点的添加。例如选择 Do 节点并双击进行添加节点操作，如图 5.12、图 5.13 所示。

4）同理，完成审核类型节点“校对”“批准”的添加，同时添加状态节点，如图 5.14 所示。

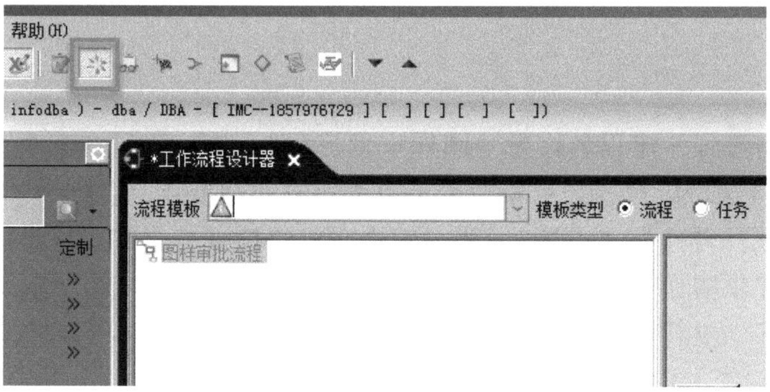

图 5.12　新建工作流程-3

图 5.13　新建工作流程-4

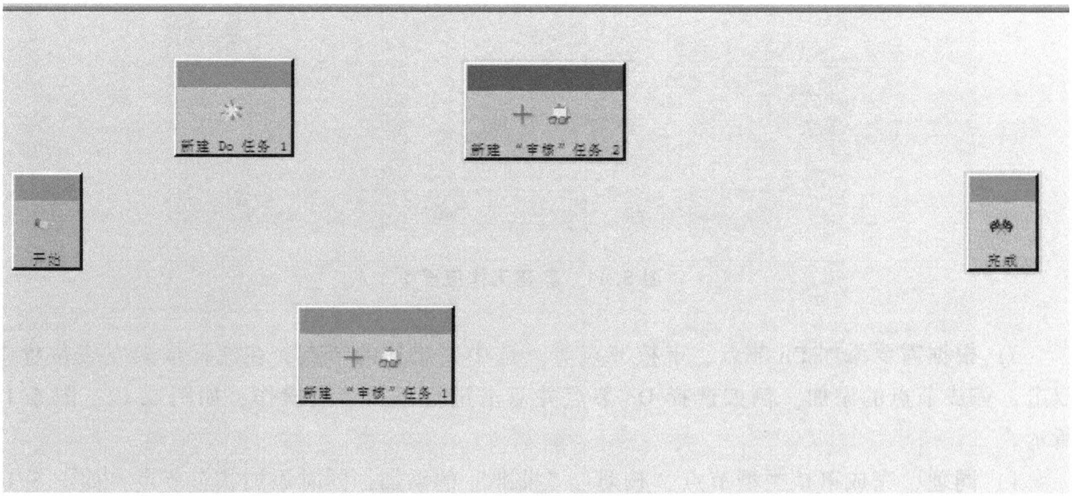

图 5.14　新建工作流程-5

5）完成添加后，对各个节点进行命名，选中未命名的节点，在左侧写入名称并按<Enter>键即可，如图 5.15 所示。

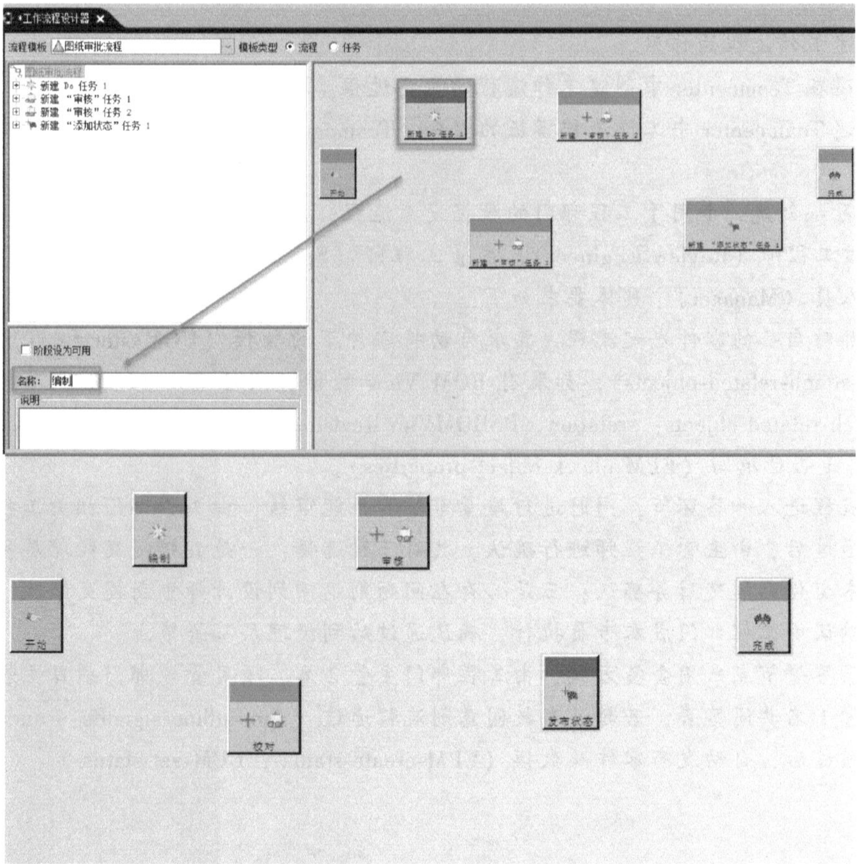

图 5.15　新建工作流程-6

6）设置流程路径，按住鼠标左键从前一个节点拖拽到后一个节点完成连接，如图 5.16 所示。

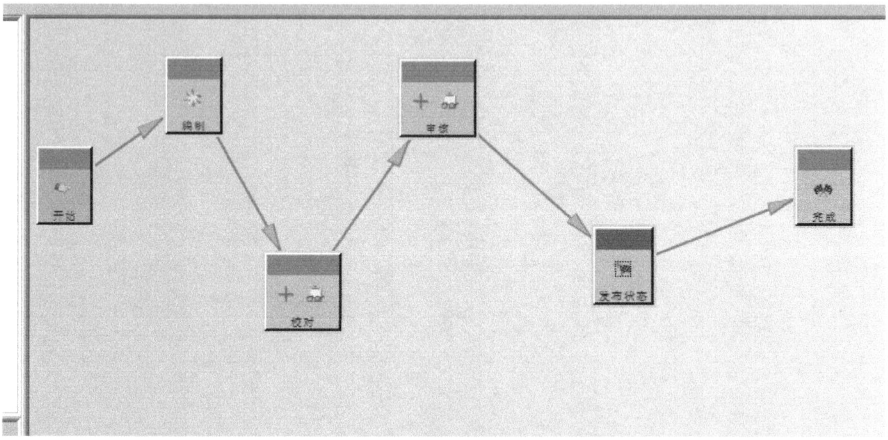

图 5.16　新建工作流程-7

习　题

1. 简述工作流程的作用。

2. 简述在 Teamcenter 中创建工作流程的主要过程。

3. 简述 Teamcenter 中工作流程模板的概念，Teamcenter 中有几种工作流程模板，简述其功能。

4. 练习：创建一个用于工程部门的数据发布流程，角色包含流程发起者设计师（Designer）、审核工程师（Review Engineer）、主管工程师（Sponsor）、成本控制专员（CostDBA）和经理层人员（Manager），具体要求如下：

设计师对自己的零件发起流程，要求自动将零件下的数模（UGMaster 和 JT）挂到流程中（EPM-attach-related-objects）；如果有 BOM View 的话，则还需加入装配结构 BOM View（EPM-attach-related-objects：-relation，PSBOMViewRevision）；自动检查零件版本描述（object_desc）是否已填写（EPM-check-object-properties）。

随后流程进入并签环节，同时进行质量审核和性能审核，由工程部门相关工程师执行。

并签通过后，由主管工程师进行确认，共有三种选择：一是直接提交经理层签署；二是若涉及成本变化则提交财务确认；三是若存在问题则退回到设计师重新提交修改。

财务确认由工程部门成本专员执行，确认通过后到经理层签署节点。

经理层签署节点采用会签方式，由工程部门主管 2 名、项目管理部门项目主管 1 名、试验部门主管 1 名共同签署，若超过半数同意则流程通过（epm-adhoc-signoffs：-quorum）。

会签通过后，自动发布零件及数模（EPM-create-status ，EPM-set-status ）。

第 6 章

首选项管理/Teamcenter环境定制与设置

6.1 首选项的概念

首选项是存储于数据库内的特殊环境变量，它们会被 Teamcenter 的应用程序读取。tc_preferences. xm 文件用于存放首选项。

注意：首选项是配置于数据库的变量，它是 Teamcenter 初始化要读取的参数。首选项根据其技术要求进行分类，只有系统管理员才可以浏览和编辑所有的首选项，用户可以查找数据库的首选项，并进行修改、删除或添加首选项操作。配置常用首选项示例见表 6.1。

表 6.1　配置常用首选项示例

首选项	目录	默认值	描述
Incremental _ Change _ Management	Product Structure. PSE. Display	false	打开或关闭增量更改功能
ICS_classifiable_types	Classification	Item Item Revision	Teamcenter 中用于分类的列表
QRY_dataset_display_option	General	1	确定查询结果,返回最新版本
QRYColumnsShownPref	Interface. Rich Client	任意有效的查询名称	确定查询功能中可选的查询
PSE_default_view_type	Product Structure. PSE. Behavior	view	打开 PSE 或在多 BOM 视图中粘贴零件至装配时的缺省 BOM 视图
TC_config_rule_name	Product Structure. PSE. Behavior	Latest Working	设置 BOM 视图中所用的缺省版本规则
TC_auto_login	Interface. Rich Client	true	使用操作系统用户名和口令登陆 Teamcenter
AE_dataset_default_keep_limit	Interface. Rich Client	3	设置老版本数据集的数量

当用户使用首选项时，用户就要考虑其影响范围：User、Role、Group、Site、All。

首选项以 XML 字符串存入数据库特定的表中，首选项的范围决定了首选项存放在哪个表中。Site 表中的数据在服务器启动时被加载，而其他表的数据在用户登录时才加载。首选项的范围也决定了系统查找首选项及其值的次序。

User：系统以 user、role、group、overlay、site 次序查找首选项。

Role：系统以 role、group、overlay、site 次序查找首选项，若用户在运行时修改组或角色的设置，相应的首选项会被加载。

Group：系统以 group、overlay、site 次序查找首选项，若用户在运行时修改组或角色的设置，相应的首选项就会被加载。

Site：系统以 overlay、site 次序查找首选项。

All：系统以环境变量、user、role、group、overlay、site 次序查找首选项。

6.2 编辑/创建首选项

步骤如下：

1）单击菜单栏中“编辑”→“选项…”，进入“选项”管理界面，如图 6.1、图 6.2 所示。

图 6.1　编辑菜单界面

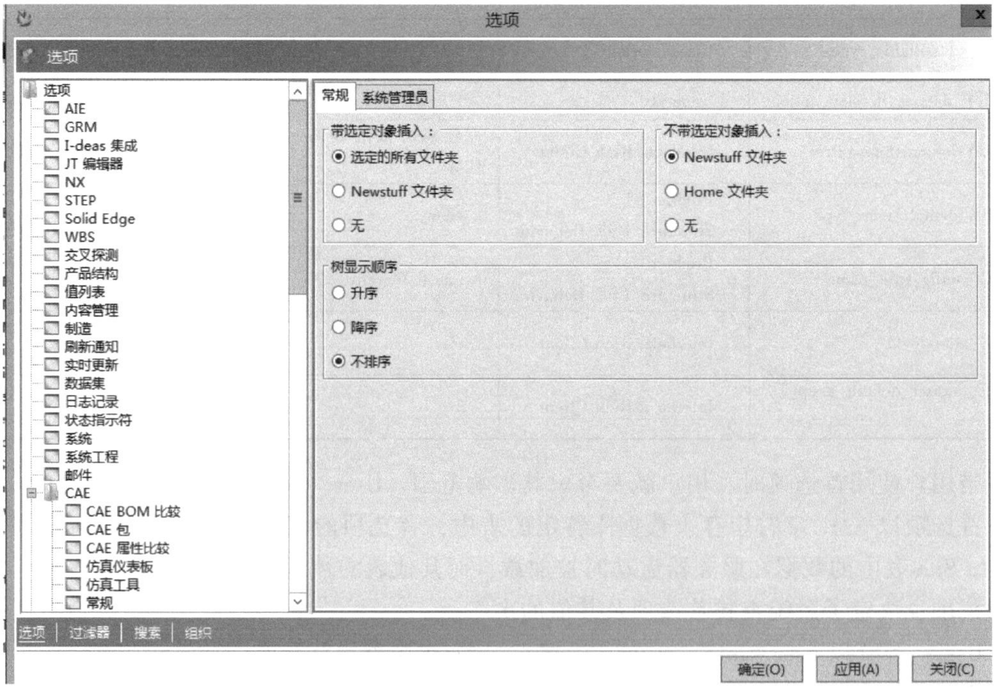

图 6.2　“选项”管理界面

2）单击“过滤器”或者“搜索”标签，查看首选项，如图 6.3 所示。

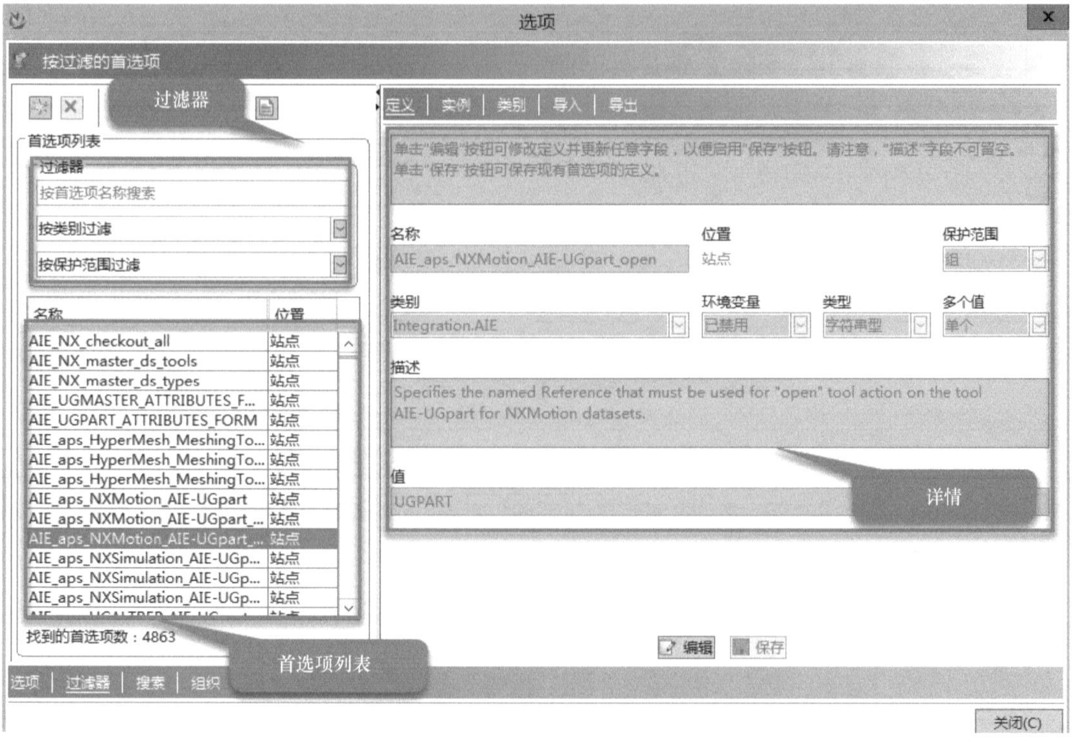

图 6.3　查看首选项

3）单击“新建”按钮，新建首选项，弹出创建界面后输入首选项详情信息，如图 6.4、图 6.5 所示。

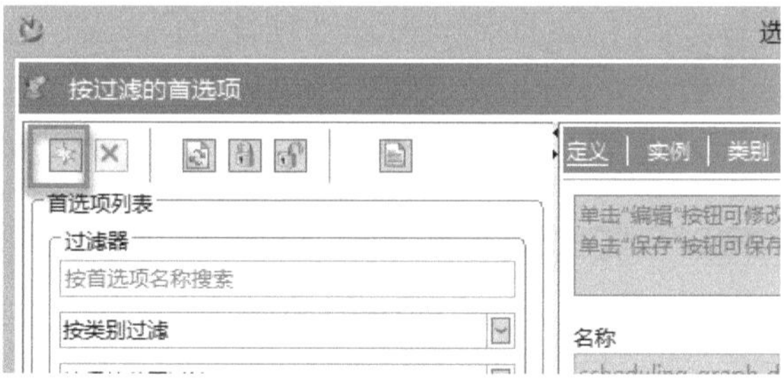

图 6.4　新建首选项-1

4）单击“保存”按钮，完成首选项的创建，如图 6.6 所示。

图 6.5　新建首选项-2

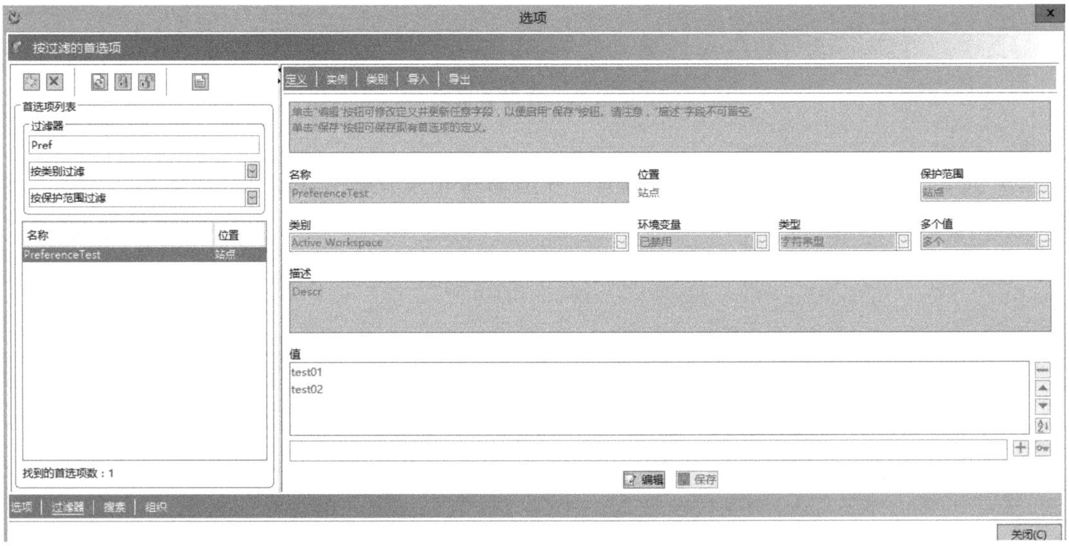

图 6.6　新建首选项-3

5）如果需要编辑权限内的首选项，则通过“过滤器”或者“搜索”标签搜索到要编写的首选项并单击“编辑”按钮，如图 6.7 所示。

6）通过单击“添加”“移除”“修改”按钮对首选项值进行操作，如图 6.8 所示。

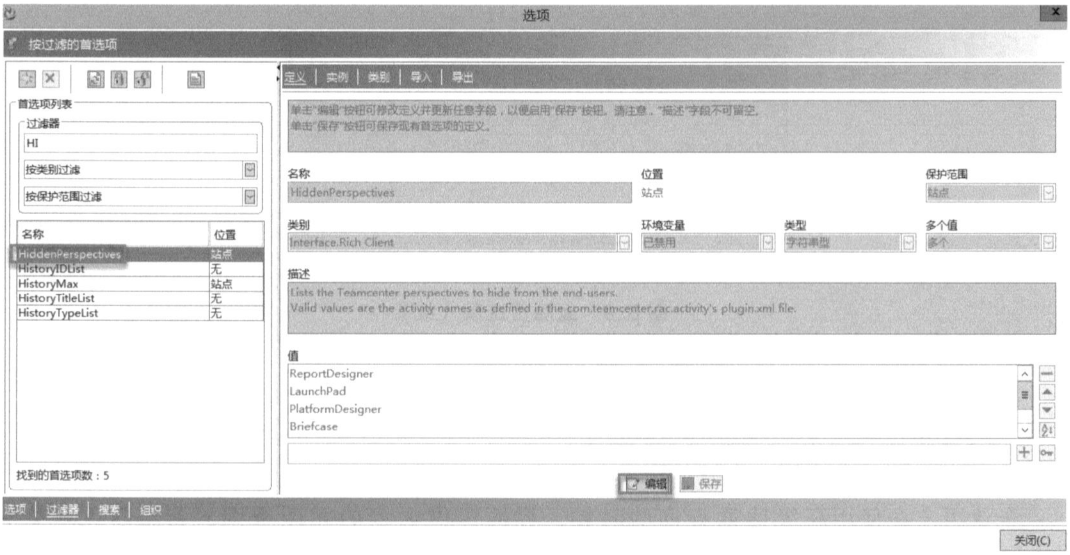

图 6.7　编辑首选项-1

图 6.8　编辑首选项-2

7）如果需要删除权限以内的首选项，则通过“过滤器”或者“搜索”标签搜索到要编写的首选项单击“删除”按钮，如图 6.9 所示。

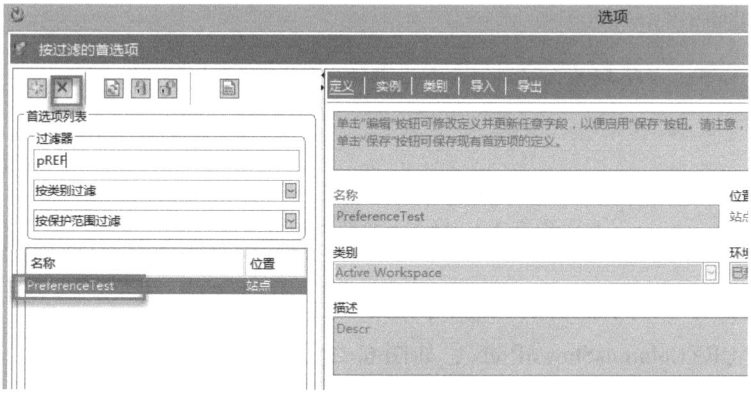

图 6.9　删除首选项

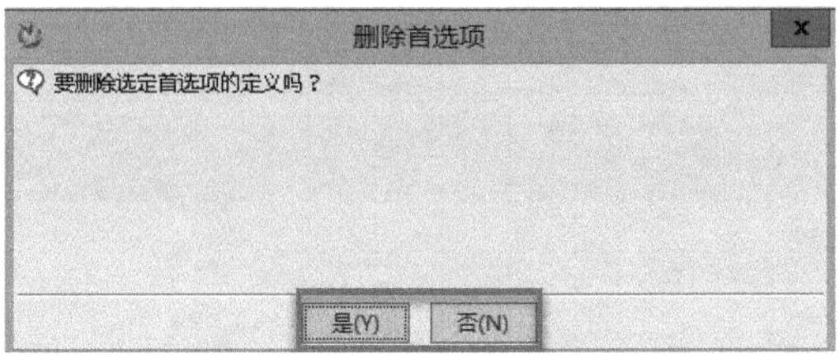

图 6.9　删除首选项（续）

6.3　示例

企业用户在使用高级搜索查询的时候，界面提供太多的无用查询，希望将无用查询隐藏掉，只显示用户需要的查询，这可以通过修改控制此处界面的首选项值实现。步骤如下：

1）启动 Teamcenter 客户端，使用 infodba 账户登录。

2）进入“选项”界面，选择过滤器，如图 6.10 所示。

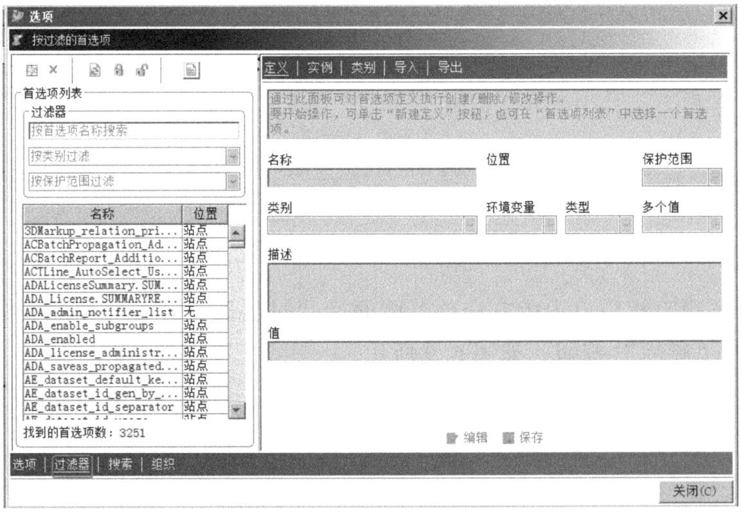

图 6.10　修改一个站点的首选项-1

3）在“过滤器”文本框输入“qry”，如图 6.11 所示。

4）选择“QRYColumnsShownPref”，如图 6.12 所示。

5）单击“编辑”按钮，如图 6.13 所示。

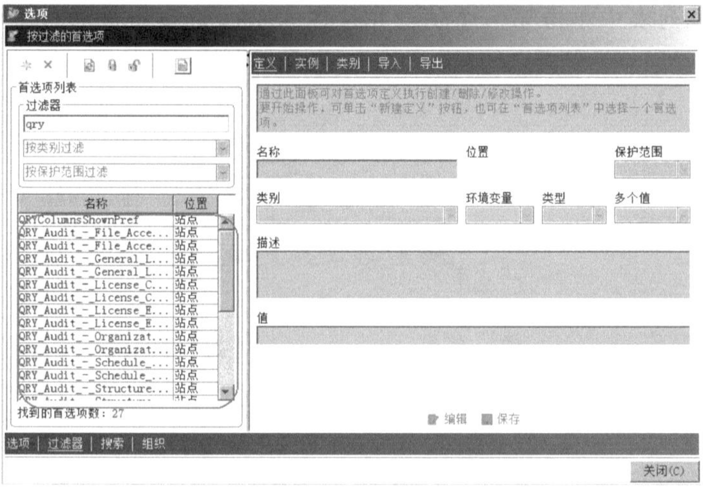

图 6.11 修改一个站点的首选项-2

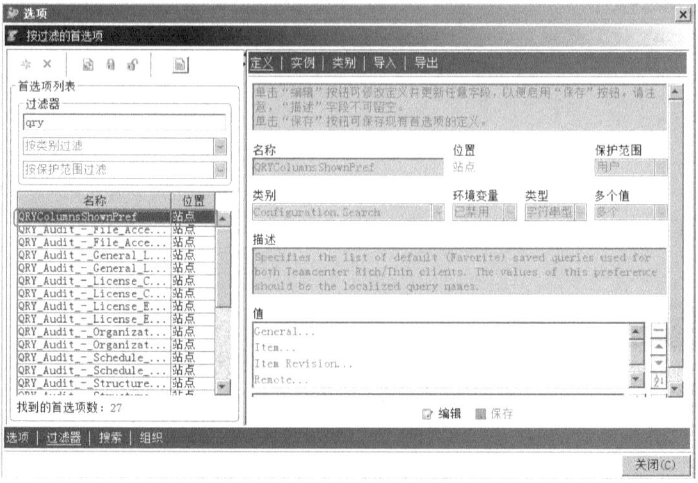

图 6.12 修改一个站点的首选项-3

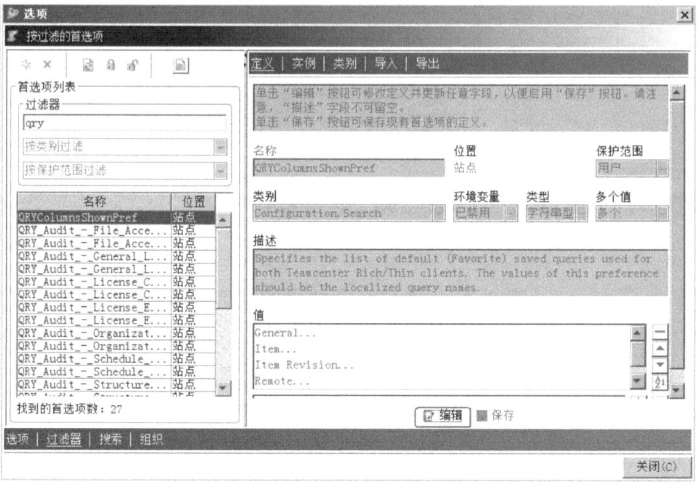

图 6.13 修改一个站点的首选项-4

6）在“值”列表中单击第一个值，并按住<Shift>键单击最后一个值进行全选，如图 6.14 所示。

图 6.14　修改一个站点的首选项-5

7）单击“移除”按钮，如图 6.15 所示。

图 6.15　修改一个站点的首选项-6

8）在“值”列表下框中，输入“Item ID”，按<Enter>键（也可以单击“添加”按钮），如图 6.16 所示。

9）同理，添加“Item Name”，如图 6.17 所示。

10）单击“保存”按钮，完成对首选项的修改，如图 6.18 所示。

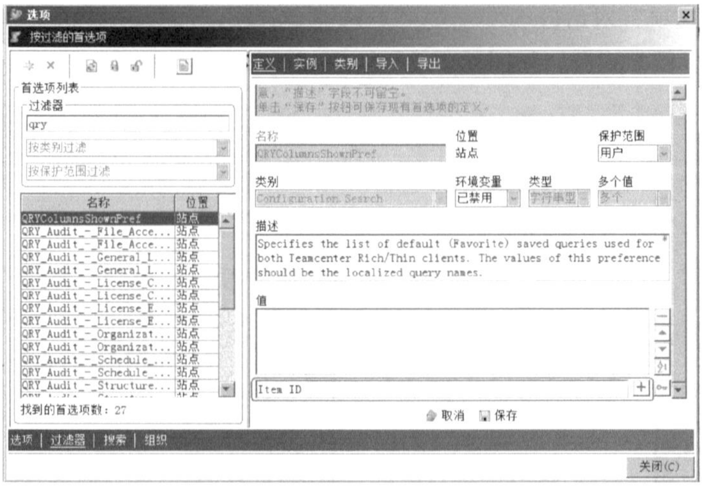

图 6.16　修改一个站点的首选项-7

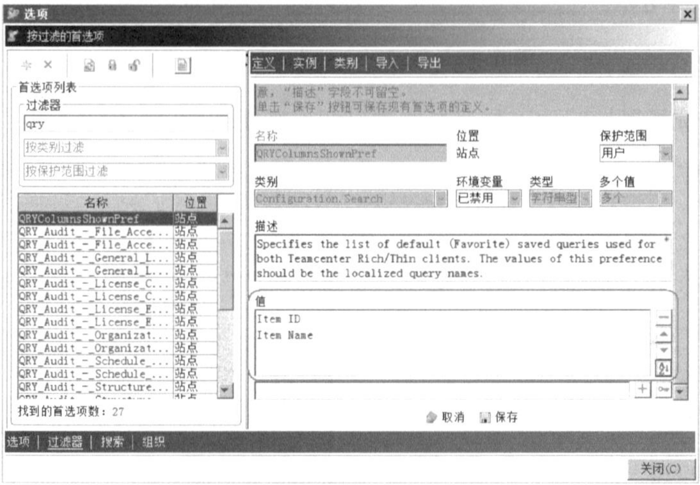

图 6.17　修改一个站点的首选项-8

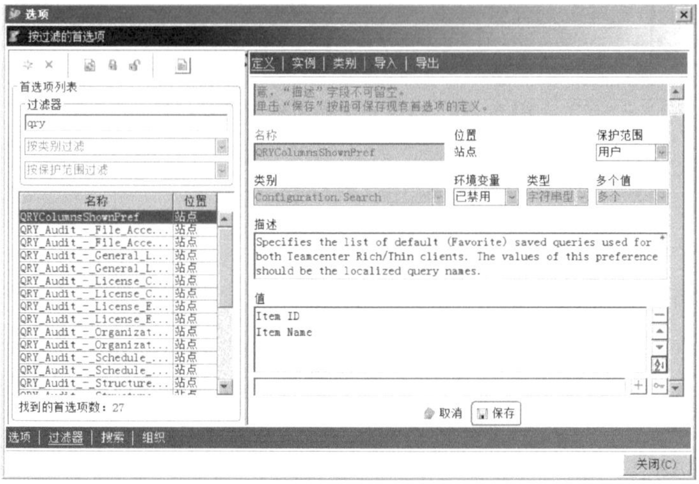

图 6.18　修改一个站点的首选项-9

11）关闭“选项”对话框。

12）单击打开搜索视图，如图 6.19 所示。

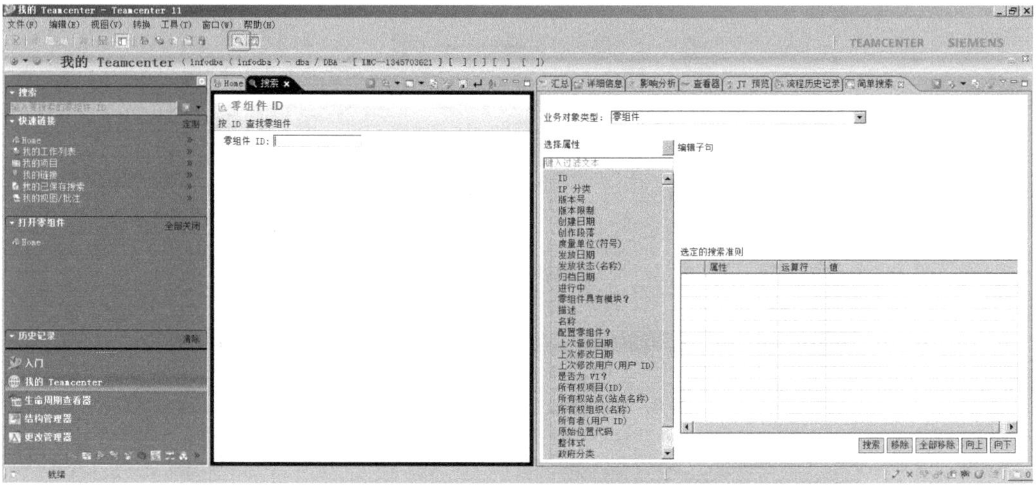

图 6.19　修改一个站点的首选项-10

13）单击“选择属性”的下拉菜单查看结果，如图 6.20 所示。

图 6.20　修改一个站点的首选项-11

习　　题

1. 简述首选项的作用。

2. 练习：

（1）请通过首选项控制分类对象 Item 只能够允许对 Item Revision 进行分类，而不能对 Item 进行分类。

（2）请将 IMAN_Specification 关系的数据集以伪文件夹的方式显示在 Item Revision 下。

第7章

数据模型定制化

7.1 PLM中的数据建模

7.1.1 面向对象的建模方法

客观世界的事物是复杂的，在信息系统开发过程中，一般用面向对象的方法来分析客观世界中的事物。该方法把每一个现实事物都抽象为对象，每个对象都有自己的特征和活动。复杂对象可以由简单对象以一定的联系组合而成，简单对象及由简单对象联系组合而成的复杂对象就是我们要认识、分析、描述的目标。认识、分析客观事物的过程也就是建立、描述对象模型的过程，应该遵循先需求分析，再概念结构设计和逻辑结构设计的思路。

面向对象的建模方法是目前使用最多的方法。该方法认为世界是由对象组成的，任何给出的业务功能都是由一整套协作的对象来支持实现的。强调尽可能符合人们认识和改造世界的实践思维方式，用该思维方式建立的系统逻辑模型就是问题域和现实世界的完整、直接、有效的映射，也就是使描述问题的问题空间（也称为问题域）与实现解法的解空间（也称为求解域）在结构上尽可能保持一致。面向对象方法通过引入类、继承、多态等特性解决了结构化方法可重用性、扩展性等方面的问题。

面向对象的建模方法中的类充分体现了数据抽象的概念，即对现实世界中的事物进行抽象封装。对系统功能的修改一般只会涉及属性或者方法的修改，并不会涉及太多模块，从而可以保证修改之后的系统功能的稳定性，因此与传统的面向结构化的方法相比，面向对象技术具有以下优势：

1）符合现实的一致性。人们对现实的理解往往是某个事物具有某些属性，该事物可以进行某些操作。通过引入面向对象，人们对系统的理解和对现实的理解可保持一致，更加符合人们的思维习惯。

2）系统更加灵活。对现实世界的事物进行抽象封装成类，采用继承和多态的方式可以扩展系统功能，并且可提高系统的灵活性。通过将某些类定义为公共类，供其他系统使用，可提高重用性。

3）系统稳定性好。由于对系统功能的更改往往只涉及某些类，这只是局部的修改，因此系统的稳定性更好。开发者在开发初期可能会考虑不充分，采用面向对象，不会造成系统的崩溃，可以提高系统扩展性。系统功能的扩展采用多态和继承的方式，系统会更加稳定。

软件工程学家 Coad/Yourdon（科德/尤登）认为面向对象=对象+类+继承+消息。由此可以得出面向对象建模方法里面的典型概念，包括对象、类、消息、封装、继承、多态等。

（1）对象　对象是现实世界的物理实体或者概念化的抽象实体。它包括实体的属性和实体的操作。例如，一个鼠标是对象，鼠标包括齿轮格式、是否是滑动鼠标等属性，同时它还具有移动等操作。对象是构成系统的最小单元。

（2）类　类是具有相同属性和相同操作的对象的集合，是抽象数据类型的实现。对象与类之间的关系在于，类是对象的抽象，而对象是类在现实世界中的实例。

（3）消息　对象之间进行通信的结构称为消息。在对象的操作中，当发送消息给某个对象时，消息包含接收对象去执行某种操作的信息。一个消息应该包括消息名、接收消息的对象标识和参数。

（4）继承　继承指子类（即派生类）可以自动拥有父类（即基类）的全部属性和方法。子类往往是某种具有特殊属性或方法的父类。继承包括单重继承和多重继承。单重继承指的是一个子类只能有一个父类；多重继承指一个子类可以有多个父类，一般是通过继承一个父类和实现多个接口来实现多重继承的。

（5）多态　多态是指相同的操作、函数或过程可作用于多种类型的对象上并获得不同的结果。不同的对象收到同一消息产生不同的结果，这种现象称为多态。其实现形式包括覆盖和重载。覆盖是指子类可以完全覆盖父类的某个方法，从而实现自己的功能；重载是指一个类中可以定义多个同名的方法，通过返回值、参数的类型及参数个数的差别，在运行时动态调用相匹配的方法。

（6）封装　封装是指把对象属性和操作结合在一起，构成独立的单元，它的内部信息对外部是隐蔽的，不允许外界直接存取，只能通过有限的接口与对象发生联系。面向对象的类是封装良好的模块。类定义将用户可见的外部接口与用户不可见的内部进行显式分开，其内部实现按其具体定义的作用域被保护起来。作用域包括公有、私有和受保护三种。

7.1.2　PLM 中的数据模型

产品研发过程中会产生多种类型的数据和活动，如设计模型、设计报告、试验活动、试验件等。通过对象类型的扩展定义，实现对各种研发活动及研发交付物的个性化定制。通过属性定义可以丰富 PLM 系统存储数据的信息，使用户不需要查看具体的数据文件即可得知数据的关键信息，例如项目文件类型中的项目阶段、质保等级、项目阶段等属性，以及锻造类对象中的锻造压力、热处理要求等属性。同时这些属性也可作为系统检索时的关键字，可更方便地获得想要的数据信息。

此外，通过合理的关系定义，将产品全生命周期中所涉及专业的全部数据有机地结合在一起。结合结构化对象模型（BOM）的应用，一方面可以完整地描述企业产品全生命周期中涉及的数据及其相互关系，还可以让使用者通过各种数据关系轻松查找到想要的数据。

市面上大部分的 PLM 系统中的数据模型采用对象结构。PLM 系统中提供基础的数据模型结构，数据模型的构成要素包括数据对象、主属性表、版本、表单、BOM 视图、数据集、引用关系和伪文件夹等。通过合理的使用和配置这些模型元素，可以满足企业产品的实际数据管理要求，并避免系统应用扩展时数据模型不适用的问题，以及系统升级时数据模型扩展的问题。

7.2 Teamcenter 系统中的数据模型及相关概念

7.2.1 Teamcenter 中已定义的数据模型

Teamcenter 对产品数据的管理采用面向对象的技术，使用业务对象表示产品数据模型。业务对象指单独的依据项目业务数据需要自定义的对象，如标准件、自制件、需求文档、UG Master 数据集等。这些所有的单独数据模型汇总起来统称为业务对象。

业务对象分为主要业务对象和次要业务对象。主要业务对象有关联的存储类，这个类的名称是与主要业务对象相同的。次要业务对象则使用其上级业务对象存储类。当我们添加一个主要业务对象时，就会同时创建一个相应的类来保存数据的主要业务对象。通常情况下，大多数由我们自定义的业务对象都是次要业务对象。Teamcenter 中预定义的数据对象见表 7.1。

表 7.1 Teamcenter 中预定义的数据对象

对象	描述
文件夹	文件夹是用于组织产品信息的数据对象。文件夹可包含任何其他数据对象，包括其他文件夹
零组件和零组件版本	零组件和零组件版本是 Teamcenter 中用于管理信息的基本对象。零组件可以是产品、零件或组件的单个零件或结构。零组件可以包含其他数据对象，包括其他零组件和文件夹。零组件版本用于管理对产品信息的更改（修订）
关系	关系关联对象。例如，数据集（次要业务对象）使用关系对象（如规格关系）与零组件版本（主要业务对象）相关联。次要业务对象的含义因关联而异
关系属性	关系属性将记录特定于使用对象的关联的信息。根据关系业务对象属性，可以创建对象之间的关系、修改关系的属性、删除关系以及创建已保存的查询。管理员可创建与定制属性，以应用于系统内的关系业务对象。单个零组件可与多个零组件进行关联。对象按关系进行关联，关系的含义可能会因关联而异
数据集	数据集是管理由其他软件应用程序创建的数据文件的数据对象。每个数据集至少引用两个其他对象。其包含一列数据集进行操作的工具的数据集类型，以及用于创建或修改数据集的工具。每个数据集可管理多个操作系统文件。操作系统文件的每个类型称为命名的引用
数据集关系	数据集通常与零件和装配零组件及零组件版本关联，且 Teamcenter 中的装配可以拥有多个相关的数据集。例如，除其他关系外，装配还可以具有以下任何数据集关系： 1）需求准则通过需求关系进行关联。例如，准则指定了最大重量或特定尺寸，但并不指定如何构造装配 2）设计说明通过规格关系进行关联。这些数据集描述用于满足需求的方法、设计、流程或过程 3）测试规划通过附加关系进行关联。测试规划在装配投入生产之前指定了要对该装配执行的测试的详细信息 4）装配说明通过附加关系进行关联。这些说明介绍了如何装配组件以创建零件 5）CAD 零件通过“IMAN_Drawing”关系进行关联。这些数据集由 CAD 工具（如 NX）创建 6）三维可视化模型通过三维批注关系进行关联。这些文件通常在第三方 CAD 工具（如 NX）中创建
表单和主属性表单	表单和主属性表单是在预定义模板中显示指定产品信息（属性）的数据对象。表单经常用于创建现有硬拷贝表单的数字副本。主属性表单用于标准格式显示特定的产品信息

（续）

对象	描　述
BOM 视图和 BOM 视图版本	BOM 视图用于管理零组件的产品结构信息。BOM 视图版本用于管理零组件版本的产品结构
信封	信封为用于代表从其他 Teamcenter 用户发送给其他用户的 Teamcenter 邮件消息的对象。信封可用于向其他 Teamcenter 用户发送对象引用和简单文本消息

如图 7.1 所示，这些数据模型的父对象都是“WorkspaceObject”，而“WorkspaceObject”的父对象是“POM_application_object”，“POM_application_object”的父对象是“POM_obeject”。“POM_object”是所有数据模型的根对象。除了系统自带的数据模型外，可在已有的数据模型进行二次开发，创建新的数据模型，来对企业中的所有事务进行建模，以保证准确性和一致性。比如，可以基于零组件（Item）来创建一个锻造零组件的数据模型，并在锻造零组件中定义定制化的属性和规则。在 Teamcenter 的运行时流程中使用的业务对象保存在“RuntimeBusinessObject”文件夹下，如图 7.1 所示。

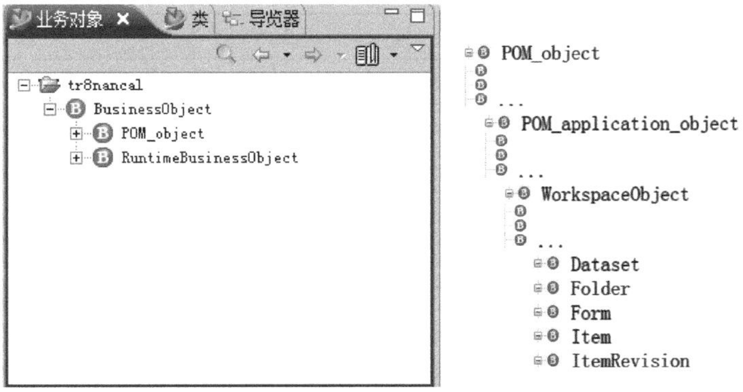

图 7.1　Teamcenter 中的数据模型示例

7.2.2　业务对象持久化管理

永久对象管理器（Persistent Object Manager，POM）是业务对象和关系数据库管理系统（Relationship Database Managemont System，RDMS）之间的接口。POM 通过从现有类和属性定义的继承来提供类的定义，操控内存中的对象，支持在基础 RDBMS 中的保存和检索，支持各应用程序同时访问相同数据，保护多个应用程序使用的数据不被删除，还支持属于对象的访问控制表。

POM 定义了一个架构（模式），用于管理数据库和运行中的 Teamcenter 会话中的 Teamcenter 数据模型。POM 对象模型与业务对象模型不同。POM 是持久的或物理的对象模型，与 Teamcenter 呈现给用户的逻辑对象模型不同。POM 位于 Teamcenter 与数据库之间。因此，POM 需要执行许多任务，比如管理对持久数据的并发访问，以避免多个用户覆盖彼此的更改。关于 POM，记住以下几个基本概念：每个 POM 类在数据库中均表示为一个表；POM 类的每个实例均由类表中的一行表示；每个类属性均由类表中的一列表示；由多个类派生出的对象连接所有的派生来源类的表。

7.2.3　类

类也称为持久对象模型（POM_object），永久表示数据模型 Schema。所谓 Schema，就是用于描述和规范 XML 文档的逻辑结构的一种语言，用于验证 XML 文件逻辑结构的正确性。

除了由其他应用程序创建的文档、零件模型等文件之外（如 NX 建立的零件三维模型文件），Teamcenter 中的零组件、零组件版本、BOM 等对象都是持久地保存在关系数据数据库中，如 Oracle 或 SQL Server 数据库。通过 POM，在 Teamcenter 中类是业务对象的永久表示形式，即用于存储相对应的业务对象。业务对象的属性是通过类进行管理的。每个类将映射到一个与类具有相同名称的主业务对象（业务对象表示我们希望管理的不同类型的对象，例如项目、数据集、表单、文件夹等）。

当我们创建了一个主业务对象后，会自动创建一个与之相对应的类，其名称与业务对象是相同的。同样地，如果我们创建了一个类，则会创建出一个相应的主业务对象。以下类我们是不能自动创建的：应用程序接口、数据集、表单、零组件、零组件版本和结构关联，这些类都是由相应的主业务对象自动创建而成的。

图 7.2 所示为 Teamcenter“类”视图的缩略图。

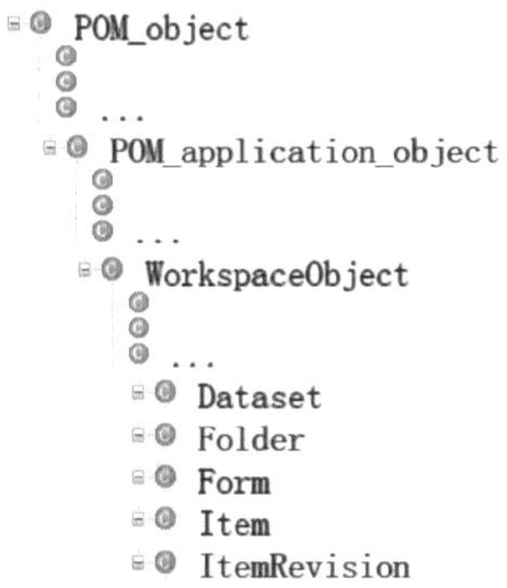

图 7.2　Teamcenter“类”视图的缩略图

7.2.4　属性

属性可以理解成数据对象模型的成员变量，可包含名称、编号、描述等信息，如图 7.3 所示。

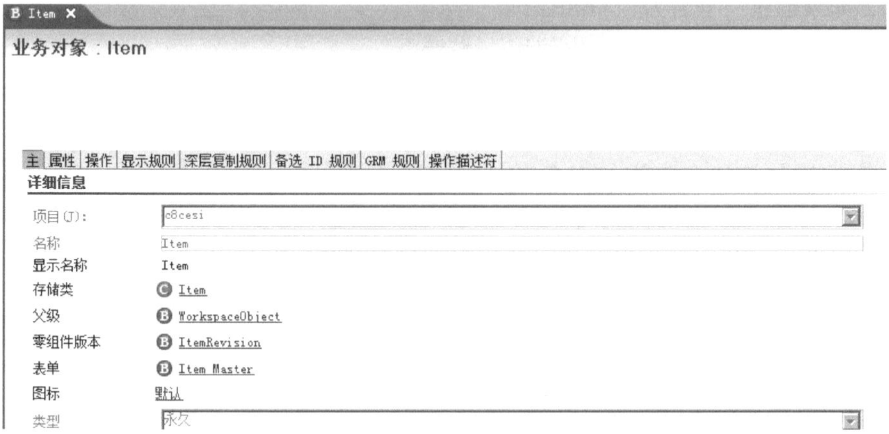

图 7.3　Item 对象

永久属性：业务对象将从其永久存储类派生属性。

运行时属性：将在每次显示属性时派生。其数据派生自未存储在 Teamcenter 数据库中的一条或多条系统信息（如日期或时间）。

复合属性：可以显示为其他对象上的属性值，即通过创建复合属性可以自动将 B 对象

上的 B_1 属性获取到 A 对象上的 A_1 属性位置处。

关系属性：用于定义对象之间关系的属性。例如，数据集可以将规范、要求或引用关系等附加到零组件版本上。

7.2.5　命名对象

在创建新的数据模型对象时，Teamcenter 会要求给对象名称添加前缀，以此区分此对象归属于具体的哪个模板。可以在创建模板项目时使用前缀框设置前缀。设置之后，无论何时在该项目中创建新对象，都将为所有对象的名称添加相同的前缀。

例如，如果创建项目时将前缀设置为“TR8”，则在创建新的零组件类时，可以将它命名为“TR8Part”，防止在未来版本中将对象命名为与 Teamcenter 对象相同的名称时发生的命名冲突，如图 7.4 所示。

在创建对象时，业务建模器将执行验证以确保其名称的唯一性。不允许创建相同的重复名称对象。

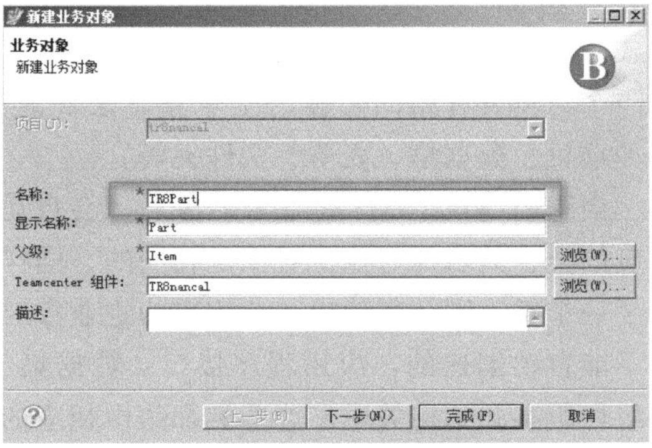

图 7.4　命名对象

7.2.6　显示名称

显示名称是在用户界面客户端中数据模型对象显示的名称。可以设置定制对象的显示名称，也可以替代 COTS（Customer Order Traeking System，用户订单跟踪系统）Teamcenter 对象的显示名称。

例如，如果创建一个名为“TR8Part”的新零件业务，可以在创建对话框中使用显示名称框将显示名称设置为“Part”，也可以通过打开新业务对象，并单击本地化表右侧的添加按钮，来添加对象的其他语言显示名称（如中文），如图 7.5 所示。

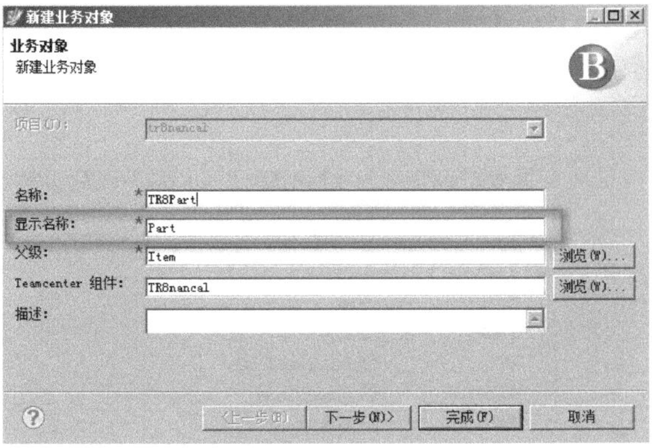

图 7.5　定义显示名称

7.2.7　UML 图表

业务建模器 UML 图表可用于快速了解业务对象及其关联的类，如图 7.6 所示。

UML（Unified Modeling Language，统一建模语言）编辑器以图形格式显示业务对象、类及它们之间的关系。要访问 UML 编辑器，应右击业务对象视图中的业务对象或类视图中的类，并选择“在 UML 编辑器中打开”。业务对象或类将出现在 UML 编辑器中。

要使用编辑器中显示的业务对象或类，应右击此对象，并从菜单中进行选择。也可以使用编辑器右侧的调色板。UML 编辑器允许用户以图形方式查看和更改业务对象和类的数据模型。可直接在 UML 编辑器中完成多种数据模型扩展工作。

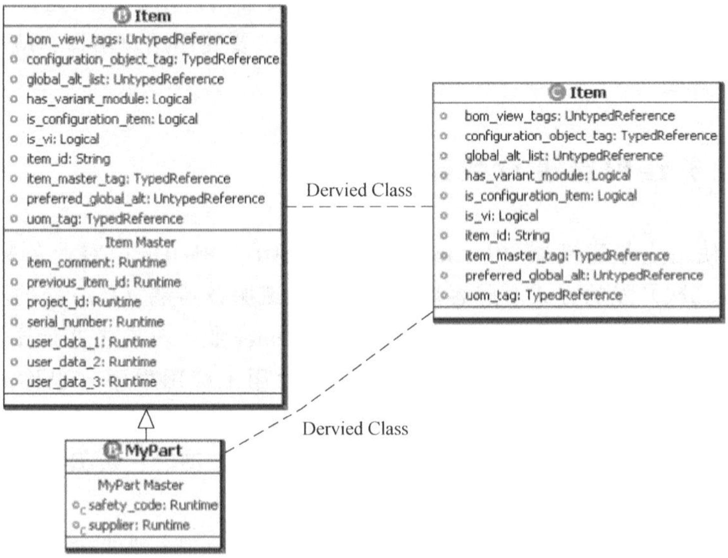

图 7.6 业务对象的 UML 图

注意："业务对象" B 显示其属性，还选择性地显示其关联表单的属性。主表单组过滤器可用于隐藏关联的表单属性。绿色符号表示对象是定制对象。定制表示此对象是由用户定义并拥有的。每个业务对象都存有属性数据的关联类。此关联类上的属性显示为业务对象上的属性。

7.2.8 数据模型扩展

通过数据模型扩展可对数据模型进行定制扩展操作或者修改原有的默认扩展操作，如新建命名规则、新建值列表（List of Value，LOV）、新建 BOM 结构注释等，如图 7.7 所示。

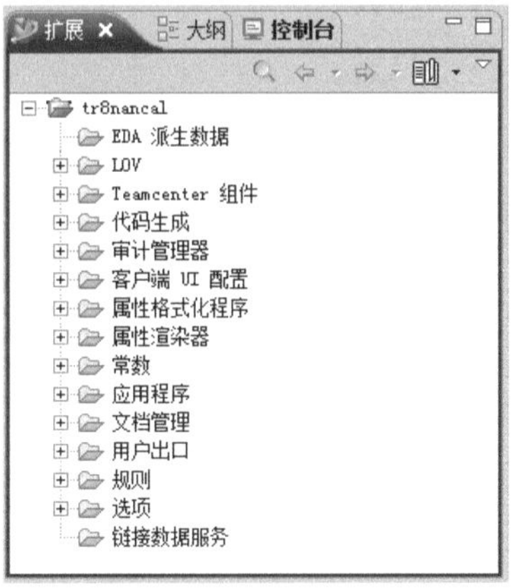

图 7.7 数据模型扩展视图

可以从以下几个方面对数据模型进行扩展：

1）应用程序。在类上使用应用程序以指出胖客户端应用程序可以在该类上添加或编辑属性。

2）代码生成。此文件夹包含用于软件开发的对象，如数据类型、库和发行版本。

3）常数。常数是可重用的值，它们提供了可以在整个系统中使用的一致定义。

4）LOV。LOV 定义了某个值的取值范围。它们通常由最终用户从文本框末端的菜单进行访问。如果希望某个零件的颜色属性的取值范围是黄色、蓝色、黑色、白色，则可建立一个颜色 LOV，在进行产品建模时，从该 LOV 中选择一种颜色。

5）选项。选项是一些杂项对象，如更改请求、度量单位、注释等。

6）规则。规则定义了业务规则，其规定了如何处理对象，包括如何命名、可对其进行何种操作等等。创建规则也称为业务建模。

7）用户出口。用户出口用于添加基本的操作扩展规则。用户出口是服务器中的一些位置，可以通过将扩展附加到用户出口以添加其他行为。要使用用户出口，应右击用户出口并选择“打开扩展规则”。

7.3　利用业务建模器进行数据建模

Teamcenter 使用业务建模器（Business Modeler IDE，BMIDE）对业务数据模型进行扩展，并且支持以二次开发的方式对胖客户端（Java）或服务器端（C++）的功能进行扩展。

业务建模器（图 7.8）是一个用于在默认 Teamcenter 业务对象之外新开发定制化业务对象的工具。业务对象被收集到模板中，这些模版包含用于应用程序（也称为解决方案）的数据模型。例如，“foundation_ template. xml”文件包含用于基础解决方案（即基础 Teamcenter 应用程序）的数据模型。使用业务建模器创建数据模型时，数据模型将累积到其自身的模板中。

开发数据模型时，可以将它部署到测试服务器上以验证其行为是否与预期一致。完成测试之后，将数据模型打包到一个模板中，并使用 Teamcenter 环境管理器（Teamcenter Environment Manager，TEM）安装到生产服务器中。

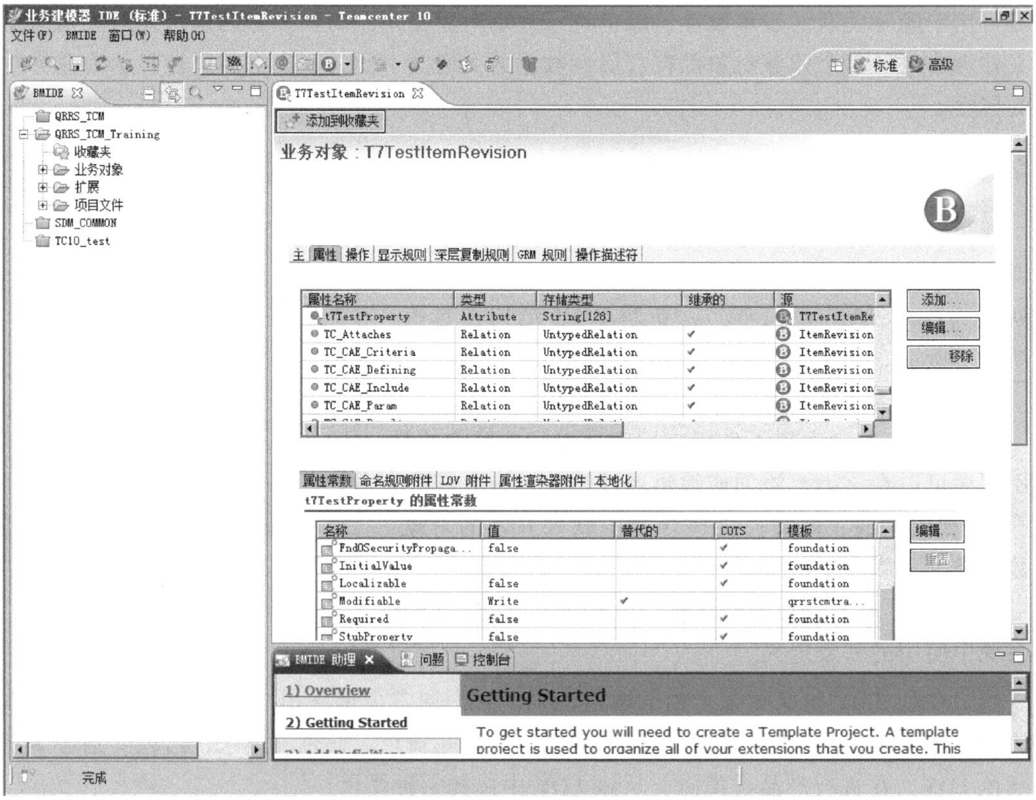

图 7.8　业务建模器

案例：Teamcenter 工程师在企业方案完成的基础上，通过阅读企业方案文件，得出以下结论：该企业需要将产品区分为“标准件”“自制件”“外购件”“装配部件”四大类。此工程师就需要在业务建模器中先新建项目工程包，此工程包为业务建模器工具默认工具包，其中包含了封装好的默认业务对象，但是不包括需要定制的“标准件”“自制件”“外购件”“装配部件”四大类业务对象。因此此工程师还需要以默认项目包的默认业务对象为基础新建自定义的业务对象，比如“标准件”“自制件”“外购件”“装配部件”，完成后还可以根据需要在此自定义业务对象上新建自定义属性字段。如图 7.9、图 7.10 所示，基于默认封装的业务对象 Item，新建自定义业务对象“自制件”。

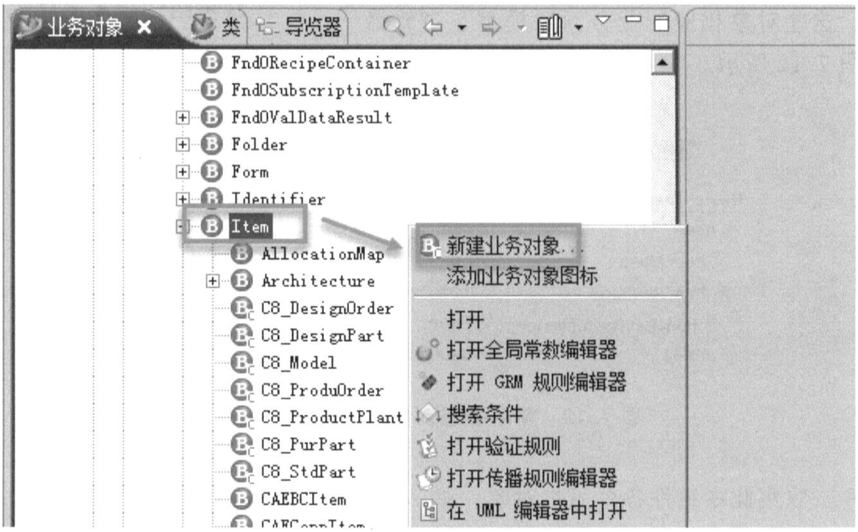

图 7.9　新建自定义业务对象“自制件”-1

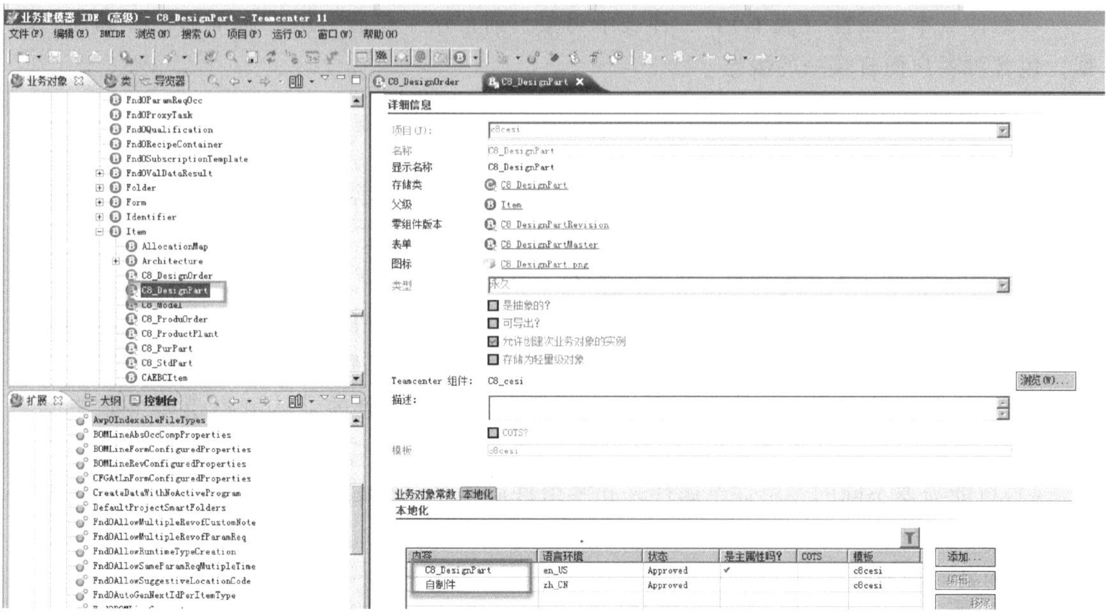

图 7.10　新建自定义业务对象“自制件”-2

7.4 零组件（Item）建模

7.4.1 基础概念和原理

1. 零组件（Item）的结构

任何零组件的基本结构都至少包含如图 7.11 所示的对象，这些对象相应的业务对象模型、逻辑数据模型如图 7.12 所示。

- **零组件**
  - **零组件主属性（表单）**
  - **零组件版本**
    - **零组件版本主属性（表单）**

图 7.11 零组件的基本结构

基本零组件结构 Basic item structure	业务对象模型 Business object model	逻辑数据模型 Logical data model
Item	Item	Item
Item Master	Form	POM_object
Item Revision	Item Revision	Item Revision
Item Revision Master	Form	POM_object
File	Dataset	Dataset

图 7.12 零件-业务对象-数据模型的关系

零组件：收集此零组件各个版本对象，如 A 版本、B 版本等等。

零组件主属性（表单）：一种表单对象，通常用于扩展零组件的已存储属性数据，包含对客户而言唯一的数据。

零组件版本：收集适用于零组件的单个版本的数据。

零组件版本主属性（表单）：一种表单对象，通常用于扩展零组件版本的已存储属性数据，包含对客户而言唯一的数据。

2. 扩展零组件业务对象

要扩展零组件业务对象的原因包括：

1）通过提供更多类型的零组件业务对象，可有效地对数据进行分类，使用户能够更方便地查找数据，以及了解系统内不同数据之间的差别。例如，自制件零组件、标准件零组件、外购件零组件、工艺零组件、工序零组件、工步零组件等。

2）通过扩展零组件对象，可以定制一类具有定制化配置的新零组件业务对象。例如，可以在新的扩展零组件对象中实现命名约定规则、深层复制规则等定制化。

3）相比其他关联而言，针对一种类型的零组件业务对象的默认流程模型关联更容易实施。

4）可能需要不同的零组件主属性表和零组件版本主属性表的表单设计。扩展的零组件业务对象可以具有唯一且不同的主属性表单定义。

3. 业务对象属性

业务对象属性包含名称、编号、描述等信息。除派生自永久存储类的属性之外，业务对象还可具有其他属性，如运行时属性、复合属性和关系属性等，见表 7.2。

表 7.2　业务对象的属性类型说明

属性类型	描　述
属性	简单值(如整数、字符串或日期)。值作为特性存储在数据库中,并映射到属性
复合	虽然属性显示为来自某个类型,就好像它是该类型的属性,但是它实际上位于另一个类型中。虽然运行时属性可用于显示此类属性,但它们要求定制代码以进行此操作。复合属性可用于创建此类属性,并且不需要定制代码
引用	对另一对象的引用。此引用作为引用特性存储在数据库中,并映射到属性
关系	对 ImanRelation 业务对象的次要对象的引用。此引用作为引用类型存储在数据库中,并从该 ImanRelation 业务对象进行派生
运行时属性	在运行时定义并附加到类型的属性。运行时属性不会直接映射到永久特性、引用或关系。运行时属性将从存储在 Teamcenter 数据库外部的一条或多条系统信息(如日期和时间)派生数据。运行时属性还可以用于将一个类型的属性显示为另一个类型的属性

字符串型永久属性的对话框，如图 7.13 所示。

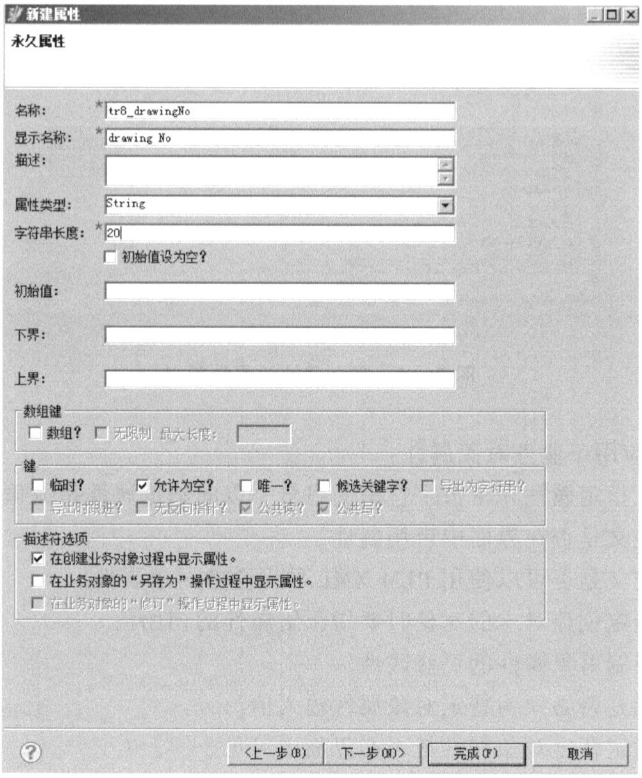

图 7.13　创建永久属性

字符串型永久属性对话框中的设置:

1) 名称。希望在数据库中出现的属性名称。此名称不能包含空格。系统会自动将模板中的一个前缀附加到名称。

2）显示名称。希望在用户界面中显示的名称。

3）属性类型。选择属性的存储类型，如字符串型。

4）字符串长度。如果属性是字符串型，则输入属性的字符串长度。

5）键。如果保持选中允许为空，则将允许属性为空值。

4. 属性常数

属性常数能够控制业务对象属性是否可修改、是否可见、是否已启用、是否可导出或是否必需。在父业务对象上定义的属性常数将由子业务对象继承，如图 7.14 所示。

图 7.14　定义属性的属性常数

以下常数可以应用于业务对象属性：

1）复杂属性。指定属性和常数字符串的组合，以向选定属性指派值。

2）已启用。定义是否在界面中启用属性。

3）可导出。定义是否可以使用 PLM XML 导出业务对象属性。

4）初始值。指定创建对应的对象时要指派给属性的初始值。

5）可修改。限制对象属性的可修改性。

6）必需。指示是否必须为特定对象属性输入值。

7）可见的。指定特定对象属性是否在界面中可见。

7.4.2　示例

1. 创建零组件 Item

步骤如下：

1）在“业务对象”选项卡，单击“查找业务对象”按钮，如图 7.15 所示。

2）输入关键字“item”，选择“Item”，单击“确定”按钮，如图 7.16 所示。

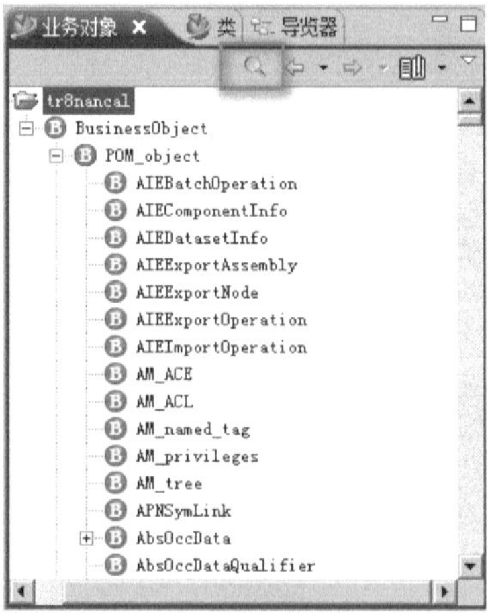

图 7.15　创建零组件（Item）-1

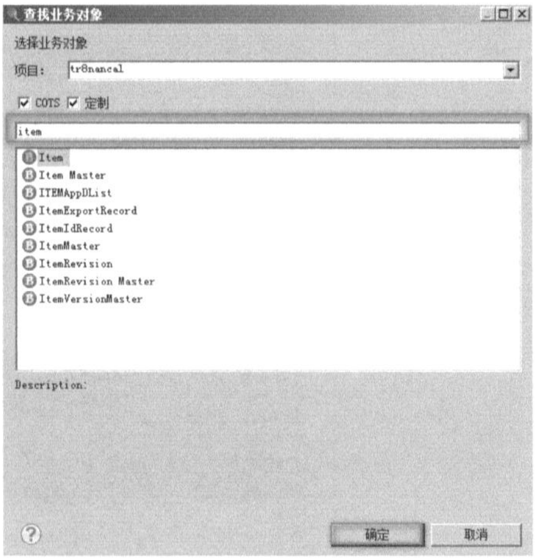

图 7.16　创建零组件（Item）-2

3）选择“Item”，如图 7.17 所示。

4）右击“Item”，选择“新建业务对象…”，如图 7.18 所示。

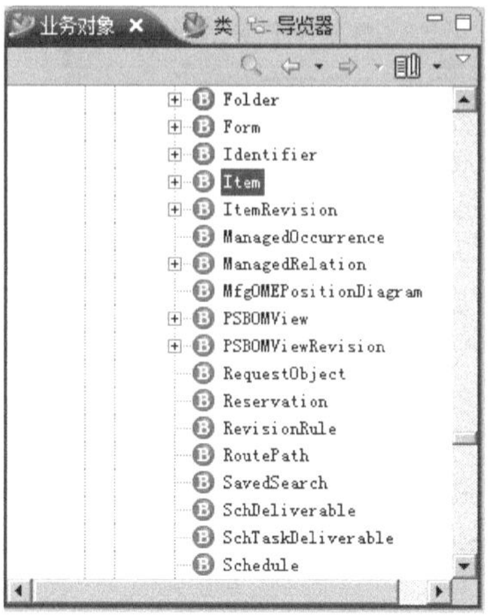

图 7.17　创建零组件（Item）-3

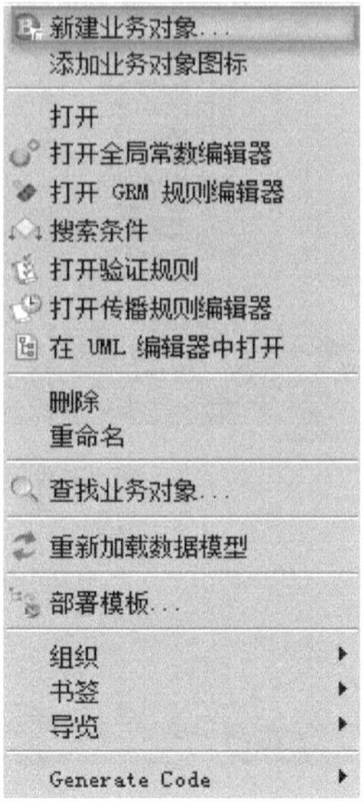

图 7.18　创建零组件（Item）-4

5）输入名称，单击“完成”按钮，如图 7.19 所示。

6）零组件（Item）创建完成，如图 7.20 所示。

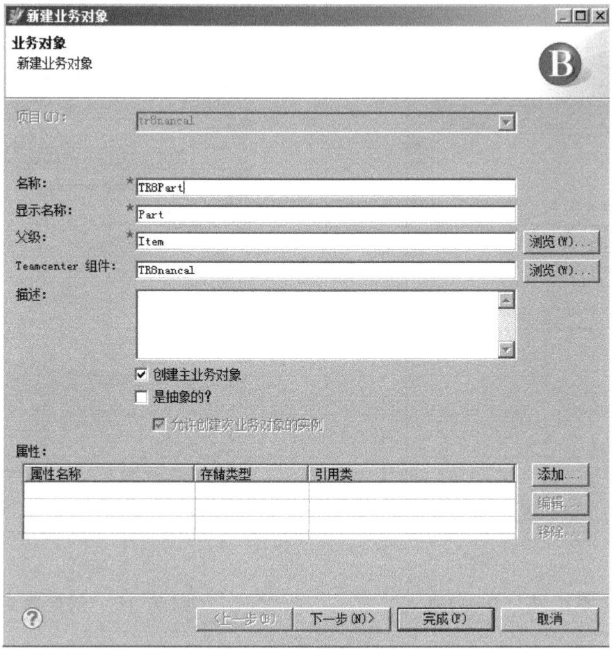

图 7.19　创建零组件（Item）-5

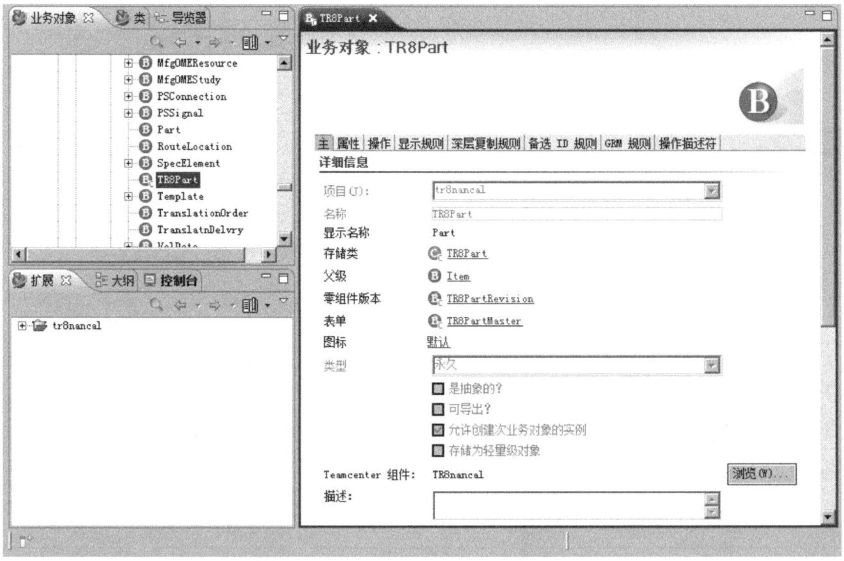

图 7.20　创建零组件（Item）-6

2. 创建零组件版本主表单属性

步骤如下：

1）选择“属性”标签，单击“添加”按钮，如图 7.21 所示。

2）选择“永久”，单击“下一步”按钮，如图 7.22 所示。

图 7.21 创建零组件版本主表单属性-1

3）输入名称，选择类型，单击“完成”按钮，如图 7.23 所示。

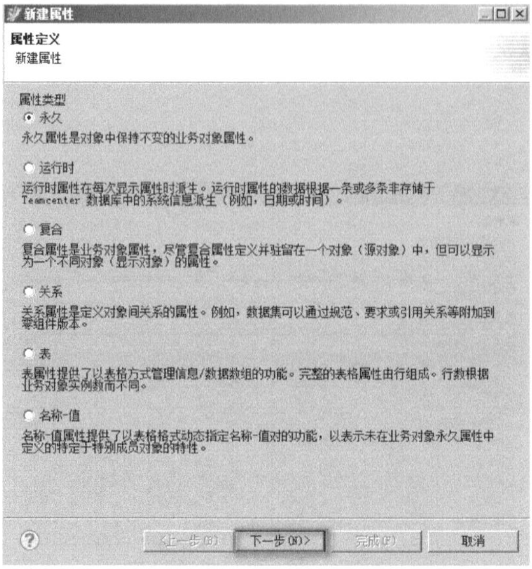

图 7.22 创建零组件版本主表单属性-2

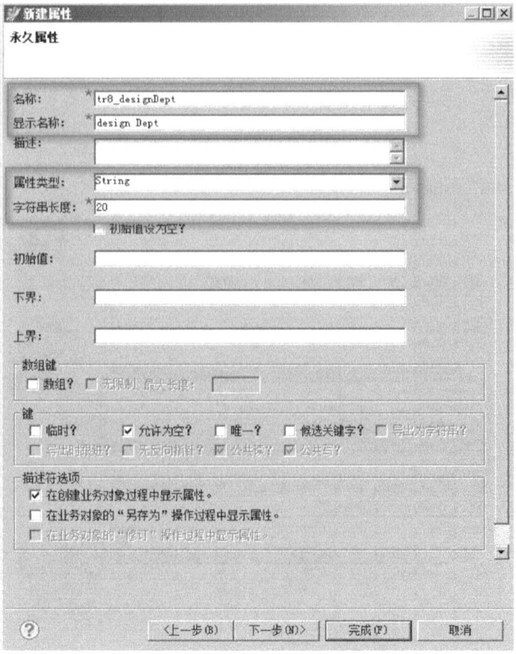

图 7.23 创建零组件版本主表单属性-3

4）属性创建完成，如图 7.24 所示。

3. 属性本地化设置

步骤如下：

1）选择“属性”标签，单击“本地化”选项，如图 7.25 所示。

2）单击“添加…”按钮，如图 7.26 所示。

3）输入本地化内容，单击“完成”按钮，如图 7.27 所示。

图 7.24　创建零组件版本主表单属性-4

图 7.25　属性本地化-1

图 7.26　属性本地化-2

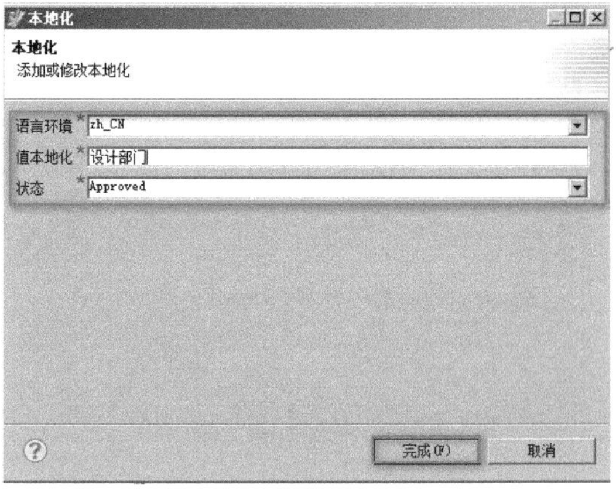

图 7.27　属性本地化-3

4）属性本地化设置完成，如图 7.28 所示。

4. 属性常数设置

步骤如下：

1）选择“属性常数”标签，如图 7.29 所示。

2）选择“Required”属性（该属性必填），单击“编辑…”按钮，如图 7.30 所示。

3）勾选“值”复选框，如图 7.31 所示。

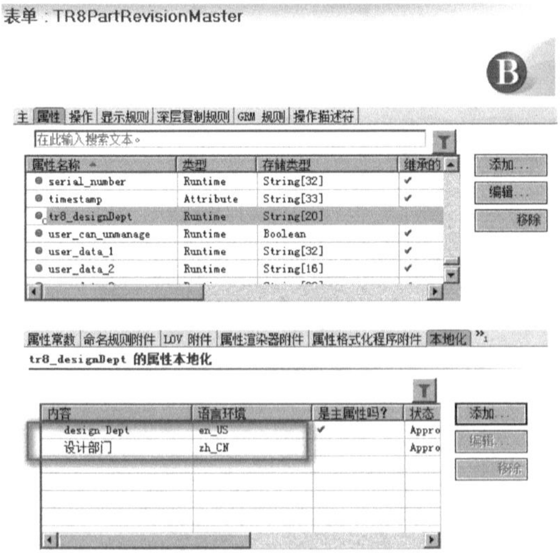

图 7.28　属性本地化-4

图 7.29　属性常数设置-1

图 7.30　属性常数设置-2

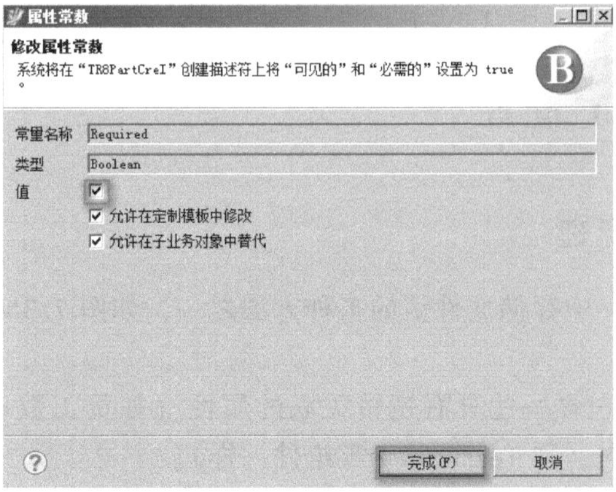

图 7.31　属性常数设置-3

4）单击“确定”按钮，如图 7.32 所示。

5）单击“完成”按钮，如图 7.33 所示。

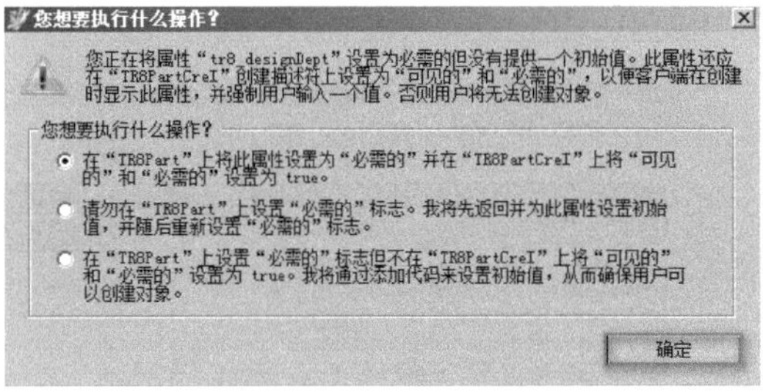

图 7.32　属性常数设置-4

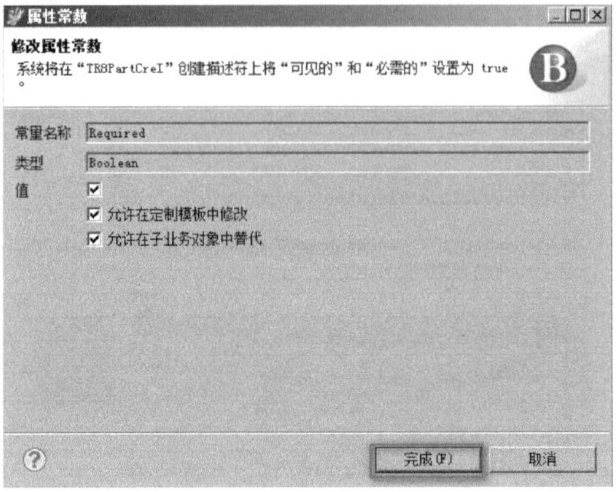

图 7.33　属性常数设置-5

6）属性常数设置完成，如图 7.34 所示。

图 7.34　属性常数设置-6

7.5　表单（Form）配置

7.5.1　基础概念和原理

表单是在 Teamcenter 中存储属性值的多种方法之一，如图 7.35 所示。

注意：

1）Teamcenter 表单包含一些具有逻辑关联的属性（如员工数据、更改数据等），但是这些属性不需要多个版本（和 Teamcenter 零组件一样）。

2）可以使用 Teamcenter 表单来存储那些间接关联到 Teamcenter 零组件的属性，如可以将此表单以附件形式关联到此零组件并在此表单上记录与此零组件相关联的属性字段。

3）一个零组件可以包含多个具有不同用途的表单。

4）可以通过访问规则控制表单显示。

7.5.2　示例

1. 创建表单（Form）

步骤如下：

1）在“业务对象”选项卡中，单击“查找业务对象”按钮，如图 7.36 所示。

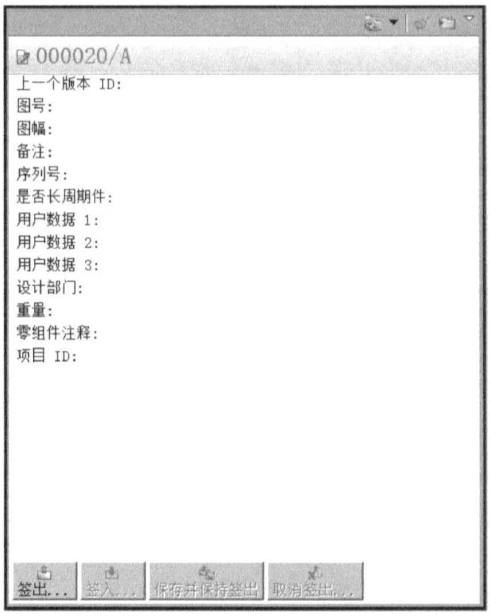

图 7.35　表单的属性

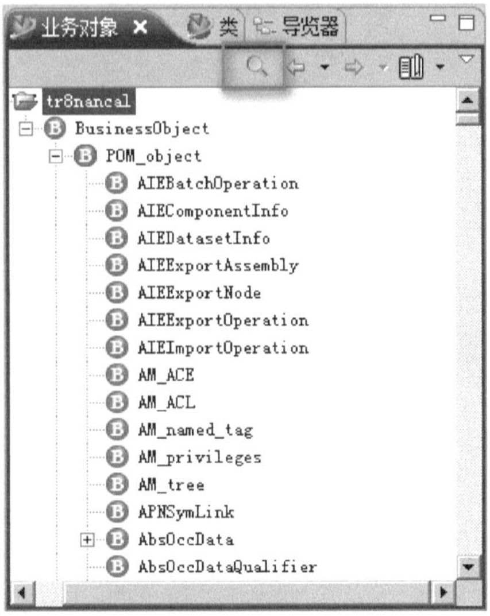

图 7.36　创建表单-1

2）输入关键字“Form”，选择“Form”选项，单击“确定”按钮，如图 7.37 所示。

3）选择“Form”，如图 7.38 所示。

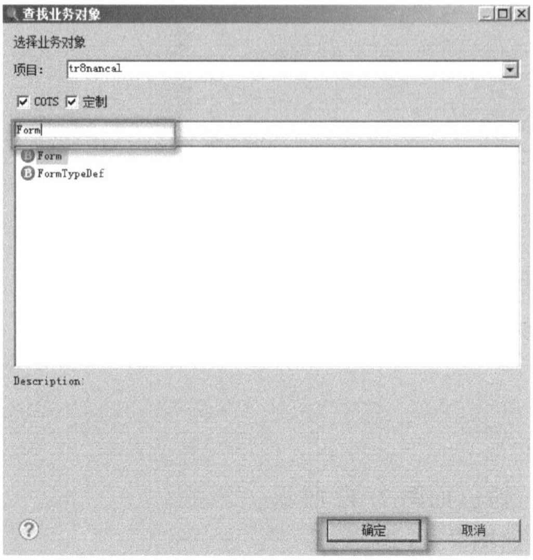

图 7.37　创建表单-2

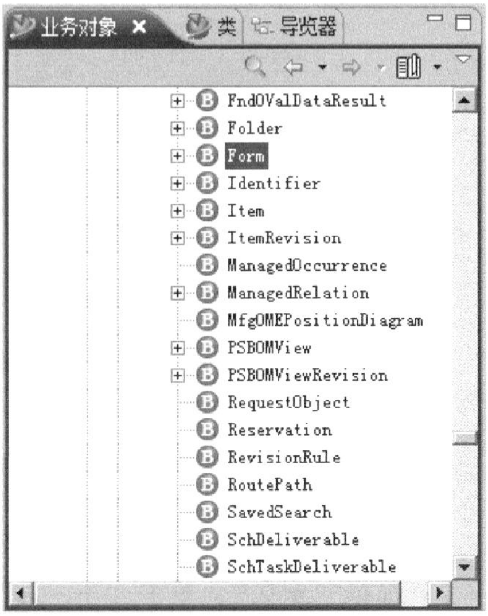

图 7.38　创建表单-3

4）右击“Form”，选择“新建业务对象…”，如图 7.39 所示。

5）输入名称，单击“完成”按钮，如图 7.40 所示。

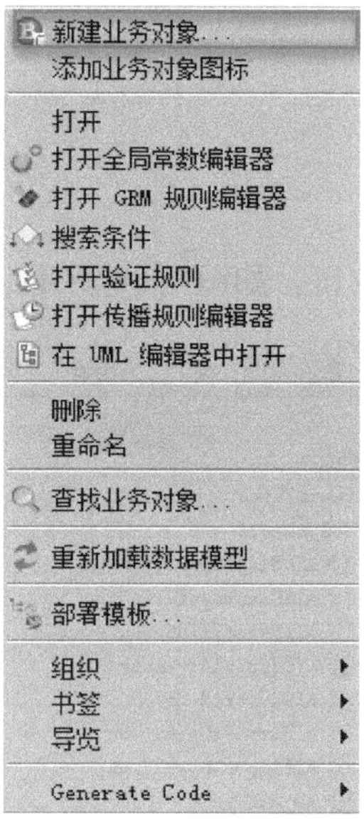

图 7.39 创建表单-4

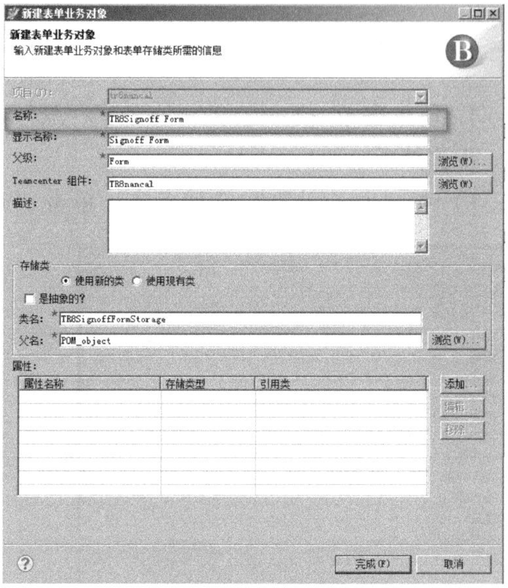

图 7.40 创建表单-5

6）表单创建完成，如图 7.41 所示。

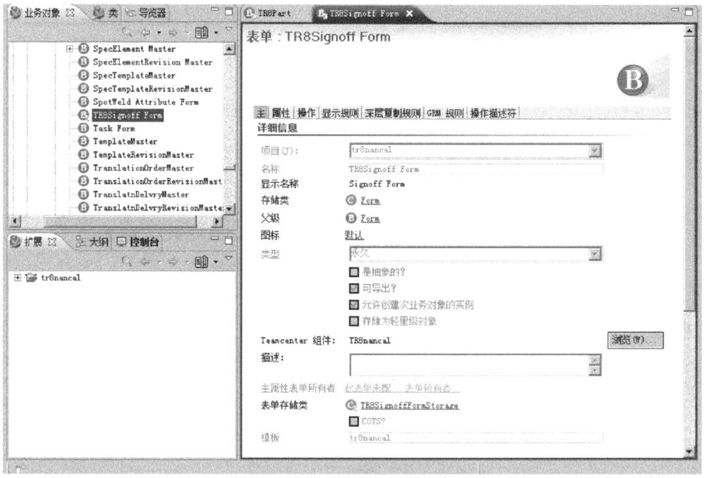

图 7.41 创建表单-6

2. 创建表单属性

步骤如下：

1）选择“属性”标签，单击“添加…”按钮，如图 7.42 所示。

2）选择“永久”，单击“下一步”按钮，如图 7.43 所示。

3）输入名称，选择类型，单击“完成”按钮，如图 7.44 所示。

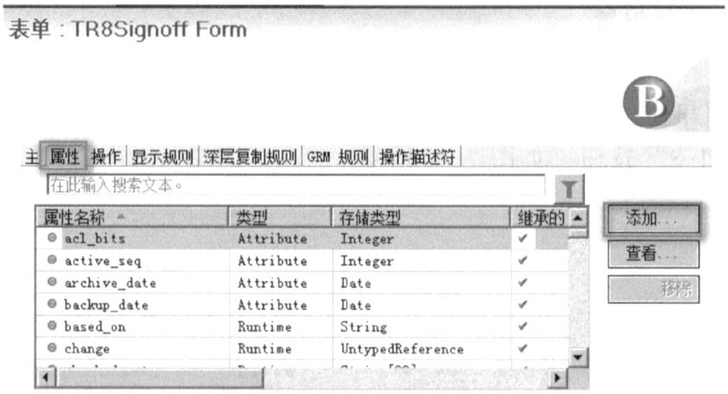

图 7.42　创建表单属性-1

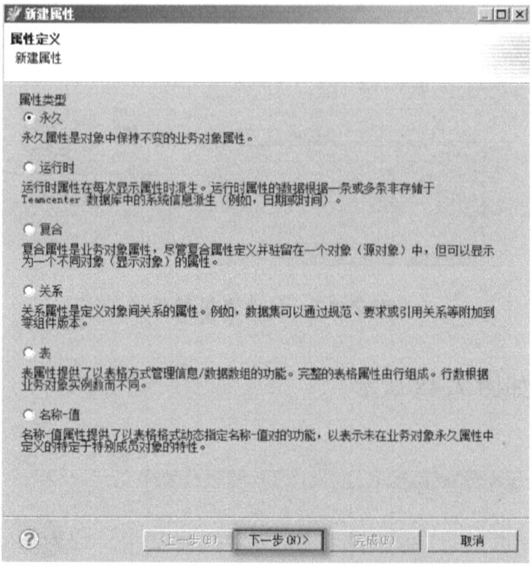

图 7.43　创建表单属性-2

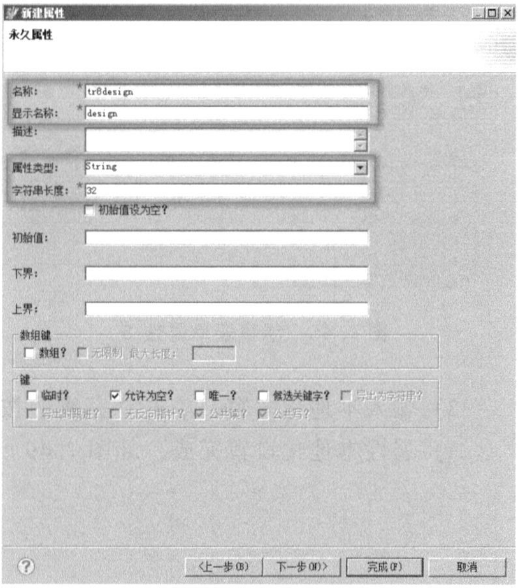

图 7.44　创建表单属性-3

4）属性创建完成，如图 7.45 所示。

图 7.45　创建表单属性-4

3. 表单属性本地化设置

步骤如下：

1）选择属性，单击“本地化”选项，如图 7.46 所示。

2）单击“添加…”按钮，如图 7.47 所示。

图 7.46　创建表单属性-5

图 7.47　创建表单属性-6

3）输入本地化内容，单击“完成”按钮，如图 7.48 所示。

4）属性本地化设置完成，如图 7.49 所示。

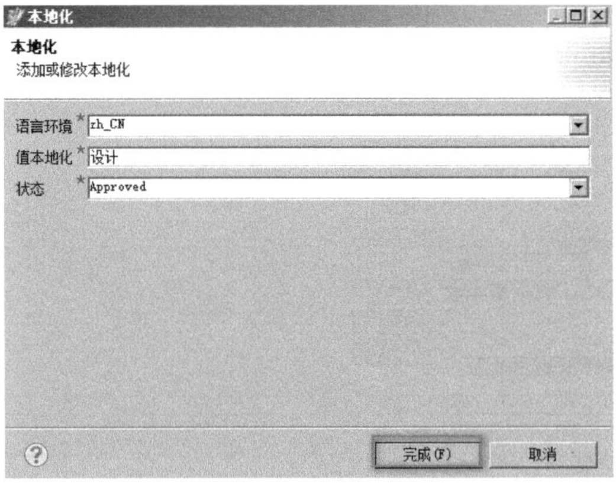

图 7.48　创建表单属性-7

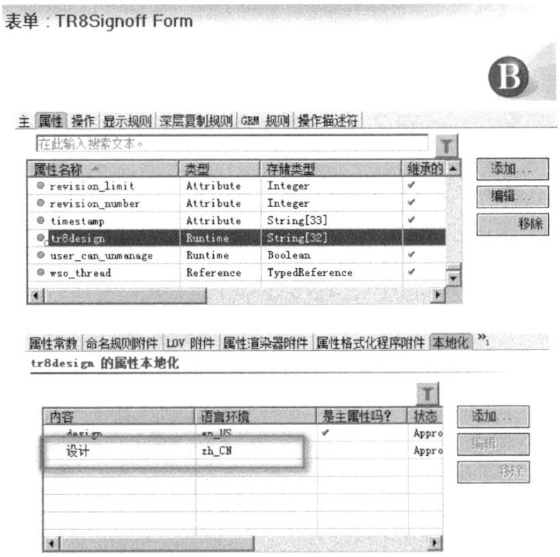

图 7.49　创建表单属性-8

4. 表单属性常数设置

步骤如下：

1）选择“属性常数”选项，如图 7.50 所示。

2）选择“Required”选项（该属性必填），单击“编辑…”按钮，如图 7.51 所示。

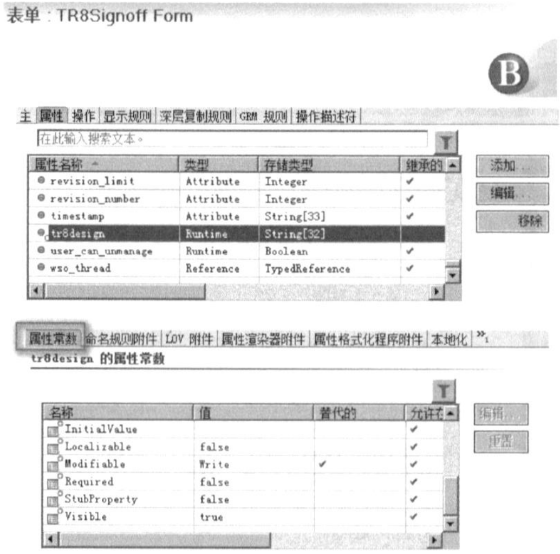

图 7.50　创建表单属性-9

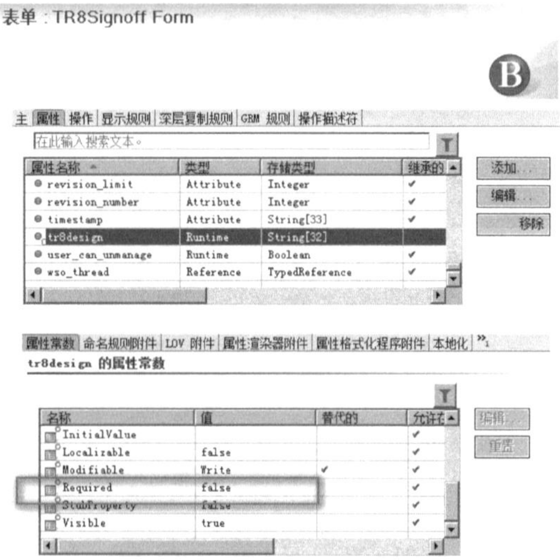

图 7.51　创建表单属性-10

3）勾选“值”复选框，单击“完成”按钮，如图 7.52 所示。

4）属性常数设置完成，如图 7.53 所示。

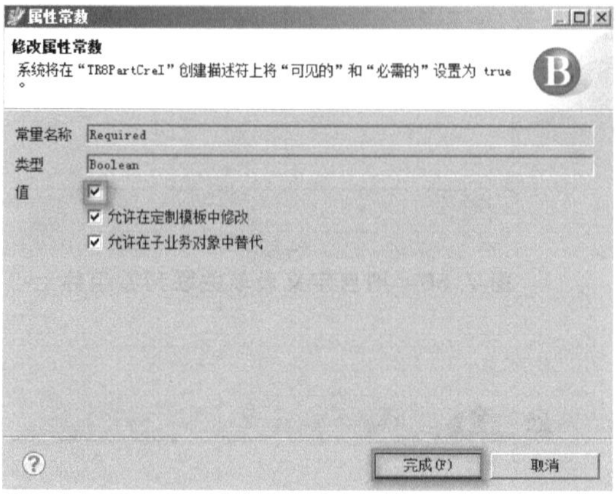

图 7.52　创建表单属性-11

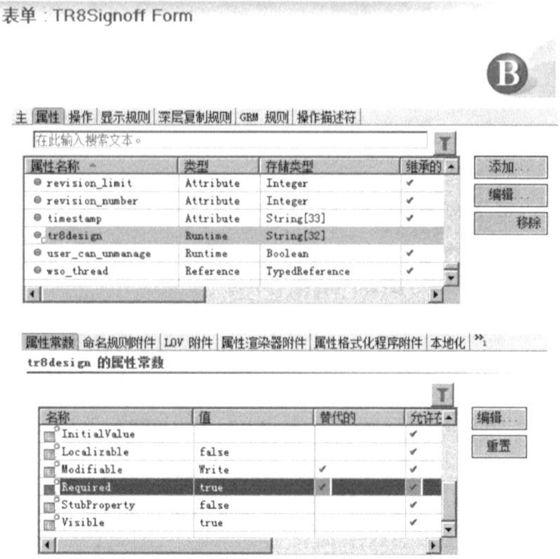

图 7.53　创建表单属性-12

5. 把表单关联到零组件上

在创建完成零组件后，可以通过新建的方法将自定义表单或者系统默认表单添加到零组件/零组件版本中。以下将以系统默认表单创建到零组件上为例，步骤如下：

1）选择零组件对象，单击“文件”→“新建”→“表单…”，如图 7.54 所示。

2）选择需要的表单类型，单击“下一步”按钮，输入名称及描述等信息确认完成，如果是自定义表单，则包含其他自定义的属性，如图 7.55、图 7.56 所示。

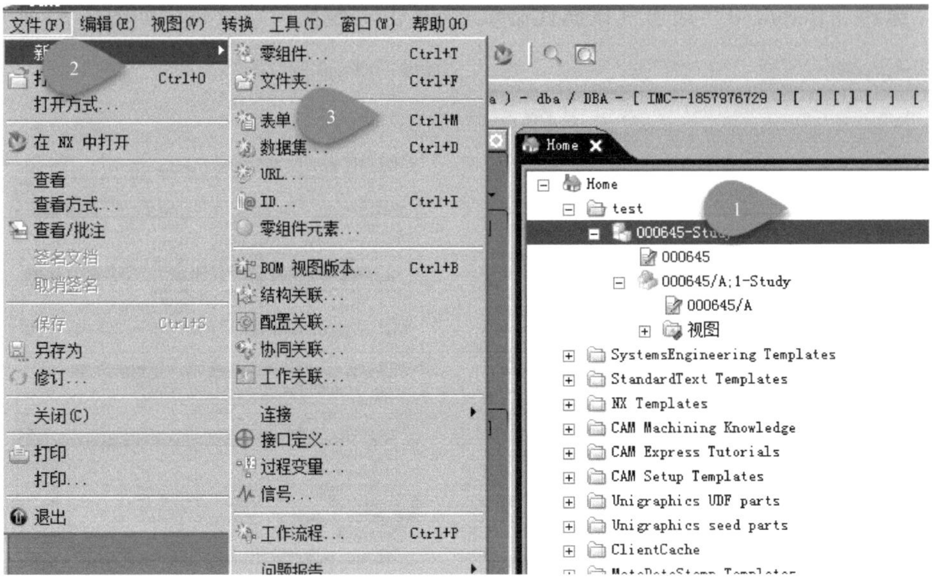

图 7.54　把自定义表单关联到零组件上-1

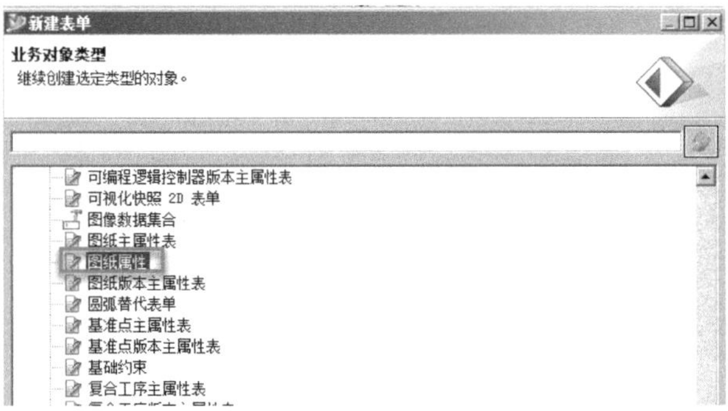

图 7.55　把自定义表单关联到零组件上-2

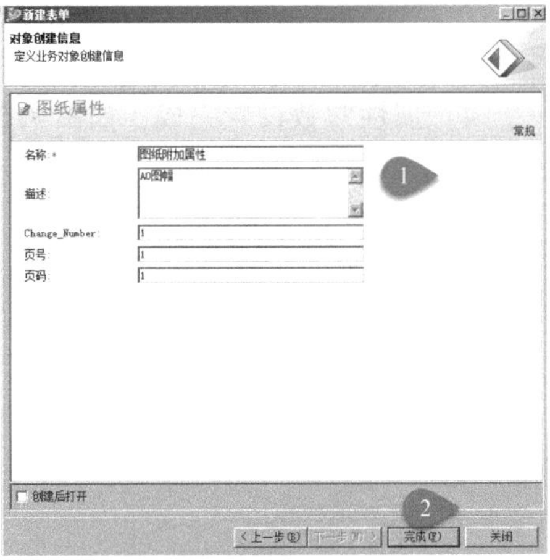

图 7.56　把自定义表单关联到零组件上-3

3）关联完成，如图 7.57 所示。

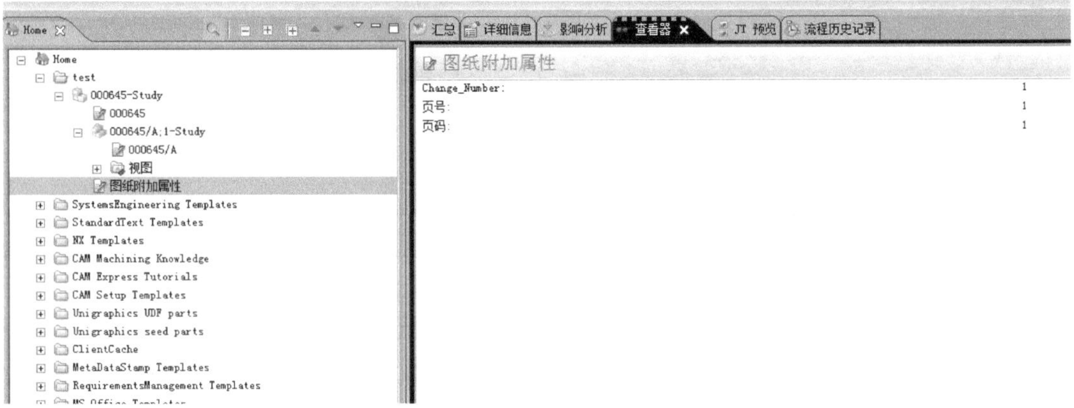

图 7.57　把自定义表单关联到零组件上-4

7.6　值列表（LOV）配置

7.6.1　基础概念和原理

1. 值列表简介

值列表是可以附加到某个属性，用于限制某个属性的取值列表，附加后用户可通过下拉框来选择值列表中的某个值来填写到此属性值位置。单击“LOV”按钮，“值列表”对话框随即出现以供选择，如图 7.58 所示。

扩展视图中的“LOV”文件夹用于处理值列表。创建值列表后，必须将其附加到业务对象的属性，如图 7.59 所示。

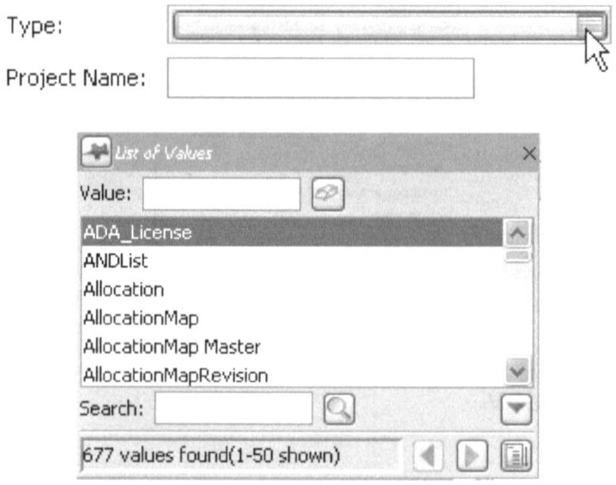

图 7.58　LOV 示例

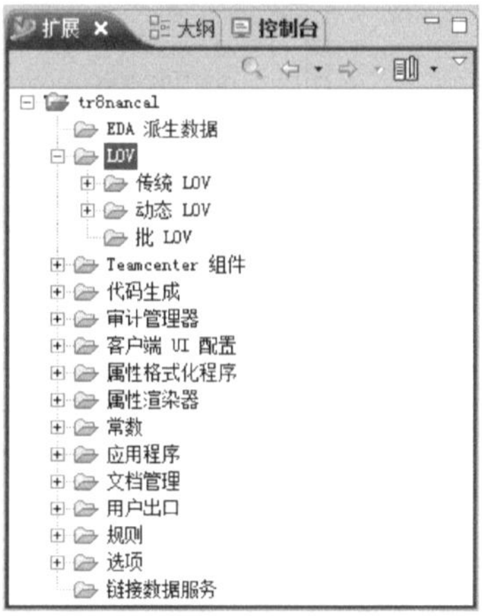

图 7.59　扩展视图中的“LOV”文件夹

2. 值列表类型

有五种类型的值列表：

（1）传统 LOV　将 LOV 值存储在模板中。

（2）级联 LOV　允许对列表进行分组并以层次结构的形式显示列表。这尤其适用于包含分组值的长列表，并且允许最终用户以分组方式在列表中选择值。例如新建级联 LOV，假设将此 LOV 附加到唯一属性“城市”下，则选择此属性值的时候先选择“Califomia/Florida/New York”，选择后才能在此“城市”属性处选择“Califomia/Florida/New York”下的子值，如图 7.60 所示。

（3）相互依赖 LOV　相互依赖 LOV 类似于级联 LOV，因为它们都允许对列表进行分组并以层次结构形式显示列表。例如新建相互依赖 LOV，并将此 LOV 的父值与子值分别附加到 User Data 1 与 User Data 2 两个属性上，则当 User Data 1 位置处选择父值后，User Data 2 处只能选择 User Data 1 处父值下的子值，如图 7.61 所示。

（4）动态 LOV　通过查询数据库动态读取 LOV 值。例如，通过新建动态 LOV，此 LOV 值自动获取组织 A 下的成员工号信息，则当此组织 A 下新增成员的时候，此 LOV 值自动添加新成员工号信息。

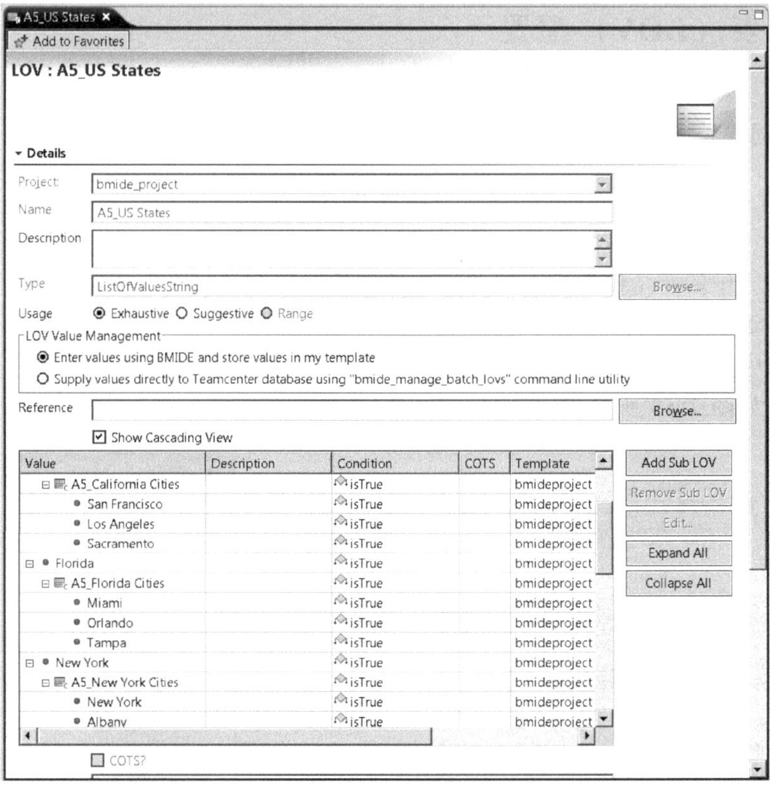

图 7.60　级联 LOV

（5）批 LOV　将 LOV 值存储在 Teamcenter 数据库中，而不是存储在模板中。可以通过编辑 XML 文件并运行 “bmide_manage_batch_lovs” 命令更新数据库中 LOV 值。注意：批 LOV 在项目上不常用，仅了解即可。

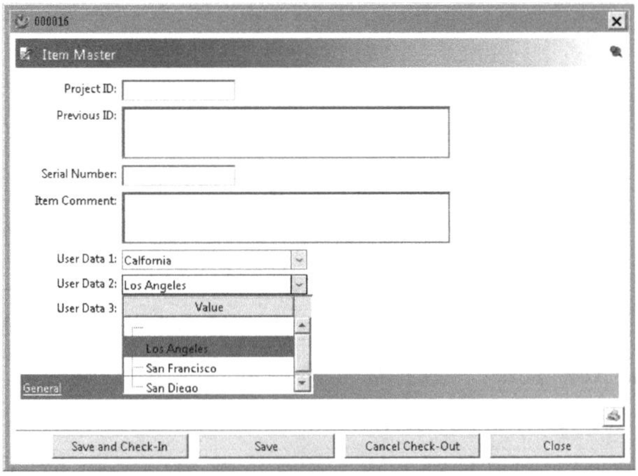

图 7.61　相互依赖的 LOV 示例

7.6.2　示例

创建 LOV 通常遵循如下步骤：新建 LOV→添加 LOV 值→本地化 LOV 值→附加 LOV 到对象属性，以此实现编辑对象上的属性的时候才能选择此 LOV 值。

1. 创建 LOV

步骤如下：

1）在“扩展”选项卡，选择“传统 LOV”，如图 7.62 所示。

2）右击“传统 LOV”，选择“新建传统 LOV…”，如图 7.63 所示。

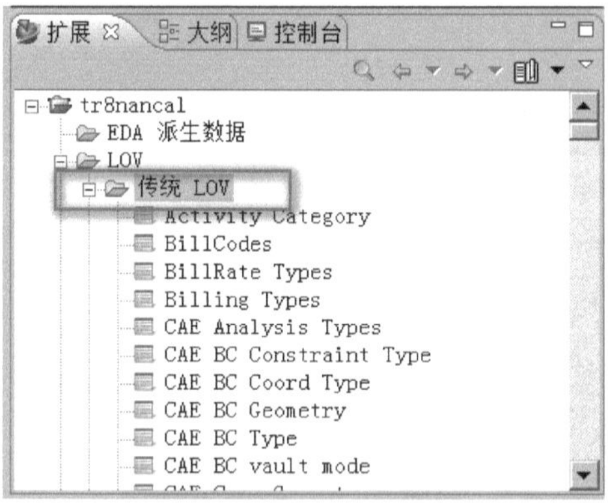

图 7.62　创建 LOV-1

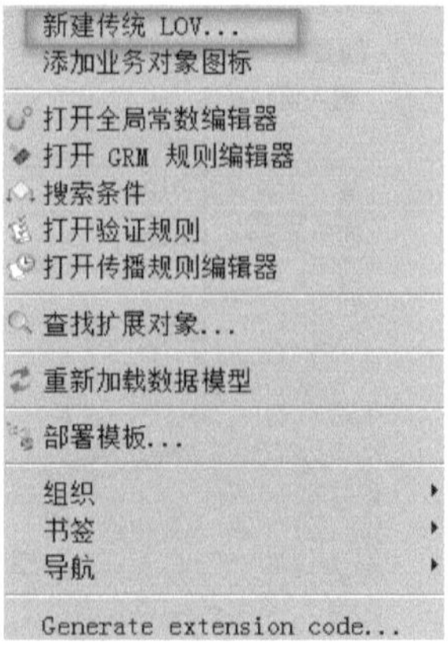

图 7.63　创建 LOV-2

3）输入名称，单击“添加…”按钮，如图 7.64 所示。

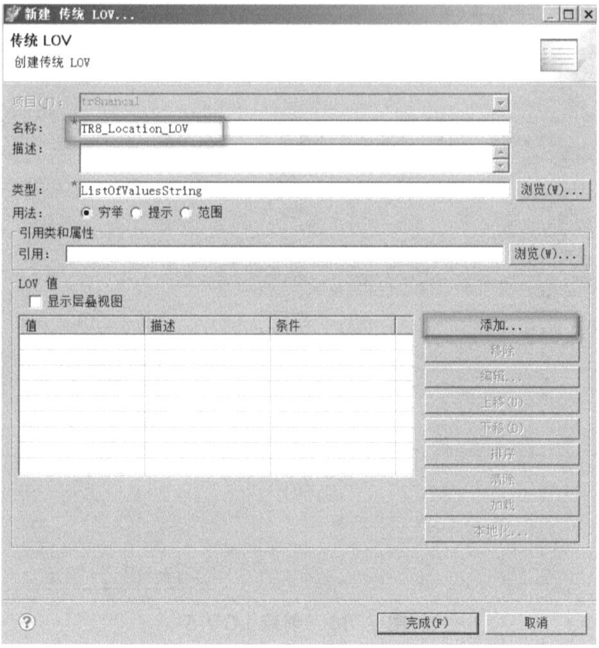

图 7.64　创建 LOV-3

穷举：表示列表中包含所有可能的选择。

提示：表示列表中包含建议的选择，用户还可以根据需要输入自己的值。

范围：表示列表在数值范围之内。

4）输入值，单击“完成”按钮，如图 7.65 所示。

5）选择值，单击“本地化…”按钮，如图 7.66 所示。

6）单击“添加…”按钮，如图 7.67 所示。

图 7.65　创建 LOV-4

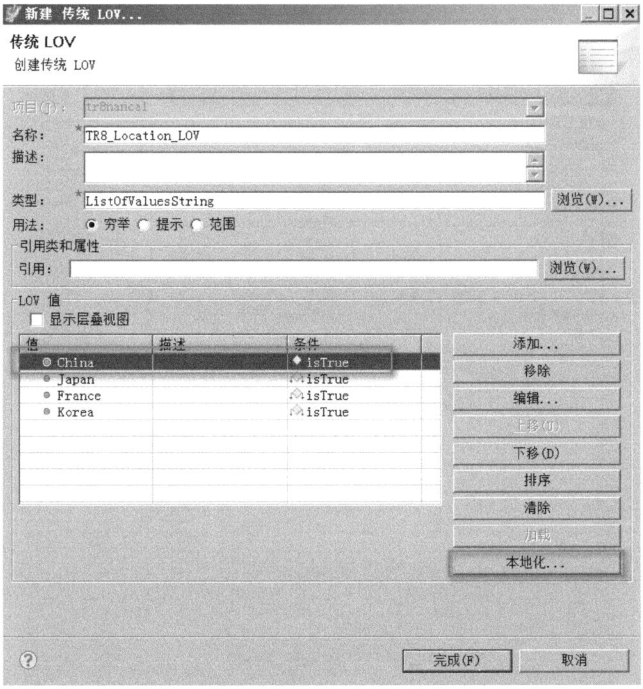

图 7.66　创建 LOV-5

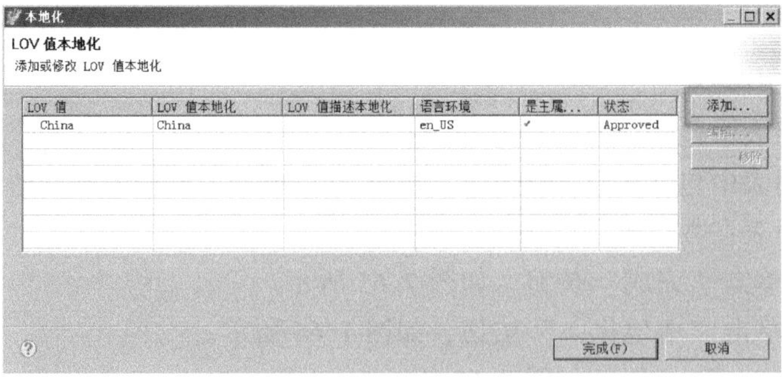

图 7.67　创建 LOV-6

7）输入本地化信息，单击“完成”按钮，如图 7.68 所示。

图 7.68　创建 LOV-7

8）选择属性，单击“LOV 附件”选项，将此 LOV 附加到具体的属性上，以此实现编辑此属性的时候可以选择此 LOV 值，如图 7.69 所示。

图 7.69　创建 LOV-8

9）单击“添加…”按钮，如图 7.70 所示。

图 7.70　创建 LOV-9

10）单击“浏览…”按钮，找到之前创建的 LOV，如图 7.71 所示。

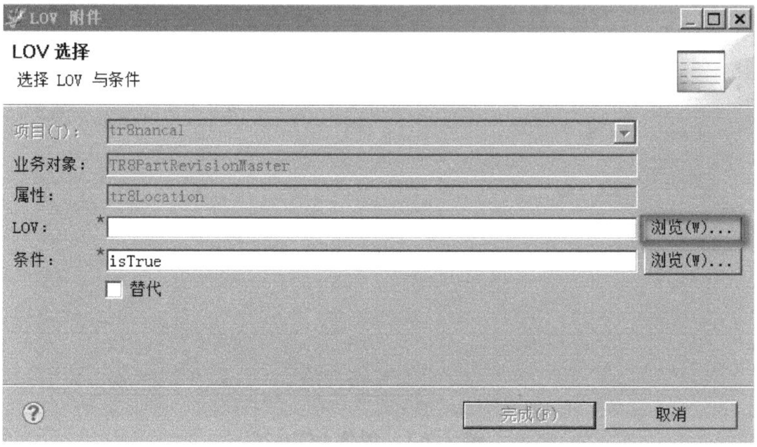

图 7.71　创建 LOV-10

11）选择相应的 LOV，单击“确定”按钮，如图 7.72 所示。

12）完成附加，如图 7.73 所示。

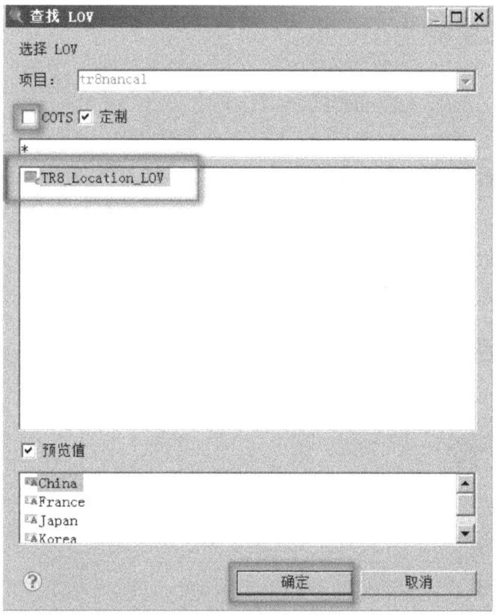

图 7.72　创建 LOV-11

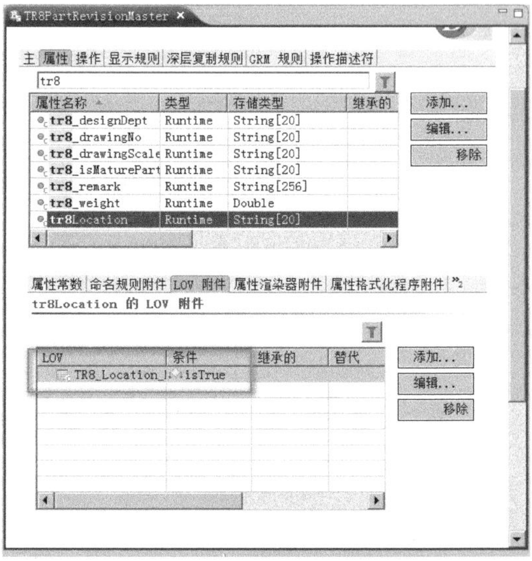

图 7.73　创建 LOV-12

完成以上操作后，即可创建当编辑名为“tr8Location”的属性的时候可以选择的名为“TR8_Location LOV”的值。

2. 创建级联 LOV

步骤如下：

1）新建 LOV，如图 7.74 所示。

2）选择已有的 LOV，勾选“显示层叠视图”复选框，只有勾选此复选框才会在右侧使能“添加子 LOV”选项，如图 7.75 所示。

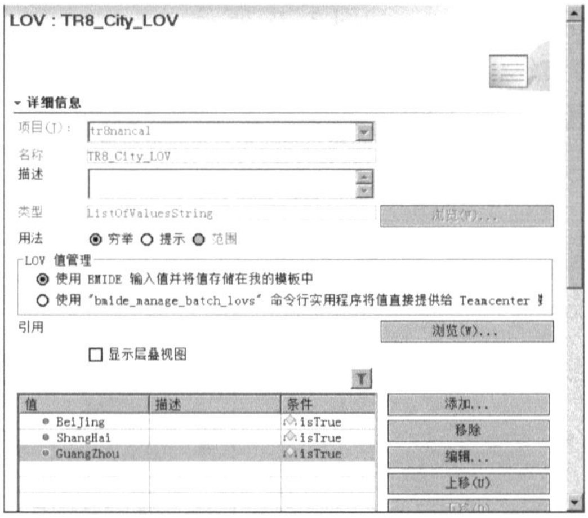

图 7.74　创建级联 LOV-1

3）选择值，单击“添加子 LOV”按钮，如图 7.76 所示。

图 7.75　创建级联 LOV-2

图 7.76　创建级联 LOV-3

4）单击“浏览…”按钮，如图 7.77 所示。

图 7.77　创建级联 LOV-4

5）选择值，单击“确定”按钮，如图 7.78 所示。

6）完成级联 LOV 的创建，如图 7.79 所示。

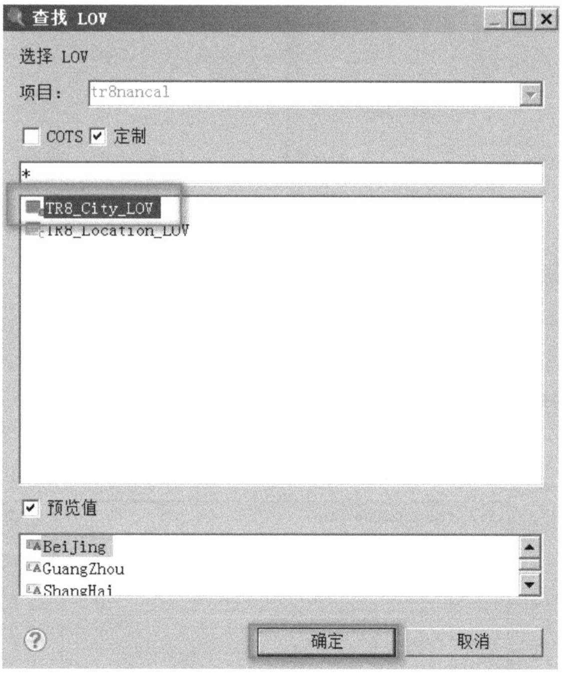

图 7.78　创建级联 LOV-5

图 7.79　创建级联 LOV-6

完成此操作后，当选择“China”的时候，则自动过滤只能选择“China”下的城市“BeiJing/ShangHai/GuangZhou”。

7.7　关系配置

7.7.1　基础概念和原理

用户在 Teamcenter 中创建的数据对象将使用关系相互关联，这些对象在业务建模器内被定义为关系业务对象。

注意：

1）可用关系是“IMANRelation”业务对象的子级。

2）添加新的关系业务对象后，创建 GRM（General Relationship Management，一般关系管理）规则以使用此新关系关联零组件。

3）可以使用一般关系管理规则来限制可粘贴到其他对象的对象。

4）可使用新关系定义两个对象之间的路径的复合属性，即通过此关系将对象 A 上的属性“属性 1”复合到对象 B 的属性“属性 2”上。

5）可以在定义深层复制规则时，使其包含新关系的规则。

7.7.2　示例

此示例实现将自定义关系“TR8MatureRel”与零组件或者版本进行关联，最终实现可以将其他业务对象能够通过“TR8MatureRel”关系挂载到零组件或者版本下。实现思路：新建关系对象→添加此关系到具体零组件或者版本对象。

1. 创建关系对象

步骤如下：

1）在“业务对象”选项卡，单击“查找业务对象”按钮，如图7.80所示。

2）输入关键字“imanrelation”，选择“ImanRelation”选项，单击“确定”按钮，如图7.81所示。

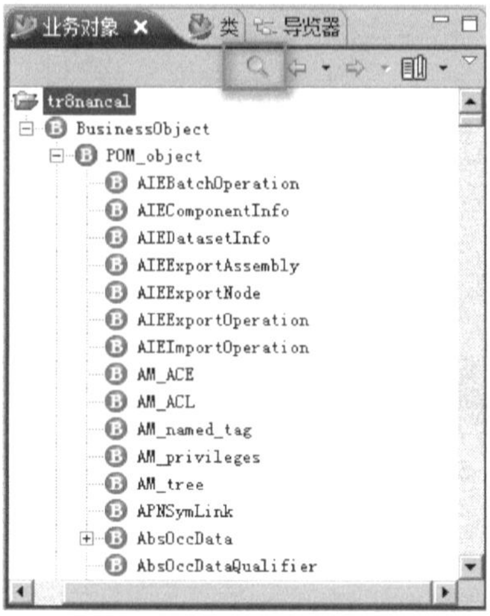

图7.80　创建关系对象-1

图7.81　创建关系对象-2

3）选择“ImanRelation”，如图7.82所示。

4）右击“ImanRelation”选项，选择“新建业务对象…”，如图7.83所示。

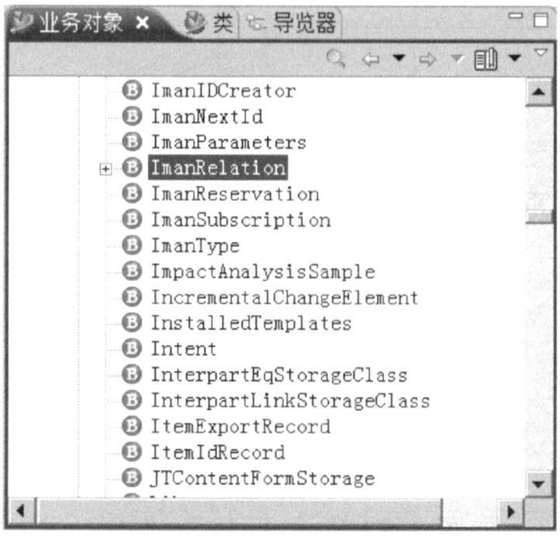

图7.82　创建关系对象-3

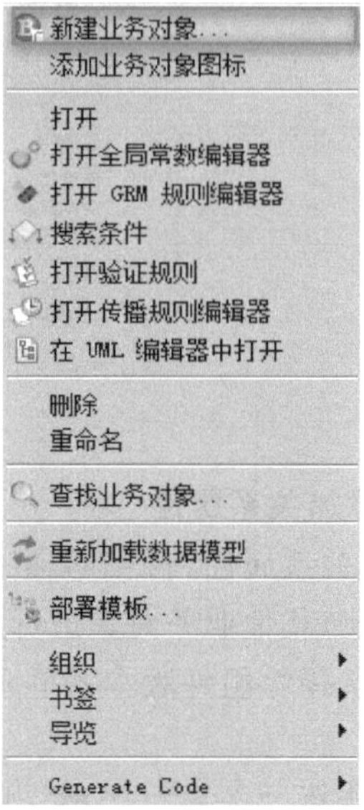

图7.83　创建关系对象-4

5）输入名称，单击“完成”按钮，如图 7.84 所示。

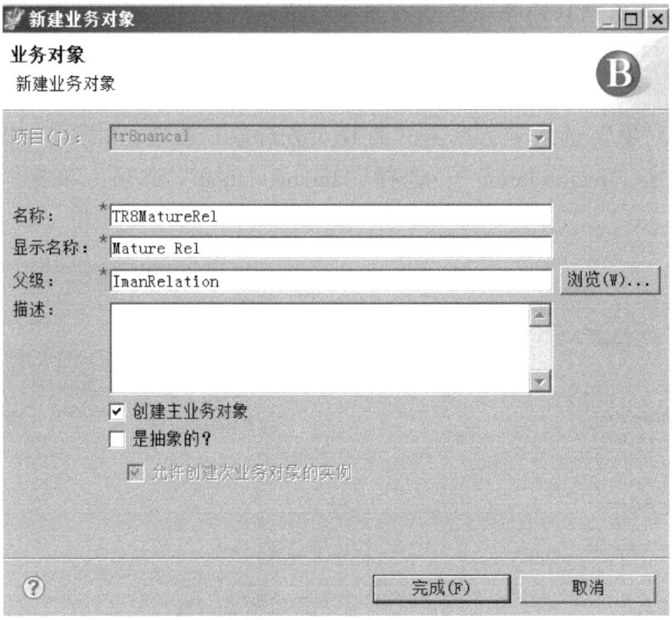

图 7.84　创建关系对象-5

6）关系对象创建完成，如图 7.85 所示。

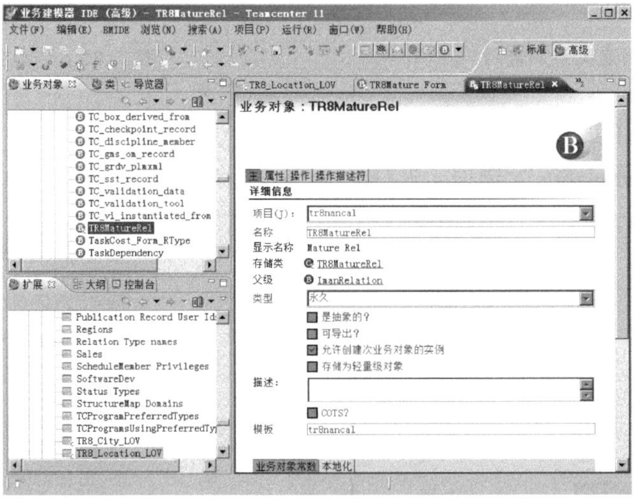

图 7.85　创建关系对象-6

2. 添加关系属性

添加关系属性到某个类型的零组件或者版本，实现某个类型的零组件或者版本可以支持以该关系与其他业务对象进行关联，步骤如下：

1）选择零组件版本表单对象，单击“属性”标签，单击“添加…”按钮，如图 7.86 所示。

2）选择“关系”类型，单击“下一步”按钮，如图 7.87 所示。

3）单击“浏览…”按钮，如图 7.88 所示。

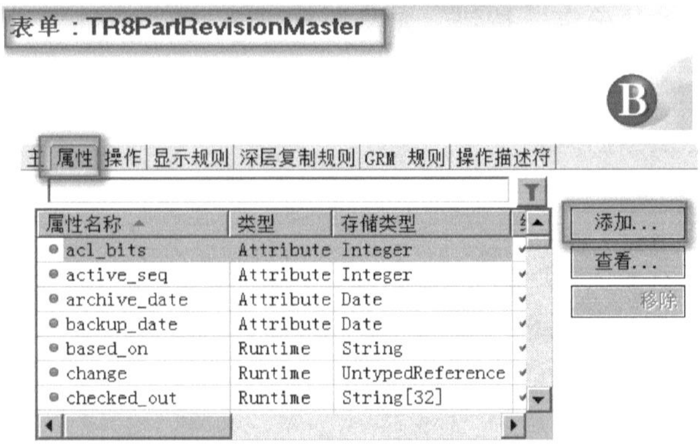

图 7.86 添加关系属性-1

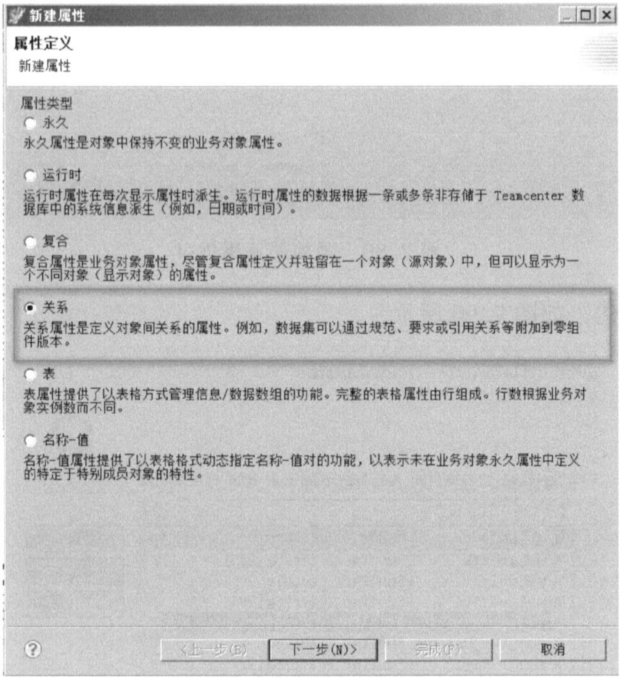

图 7.87 添加关系属性-2

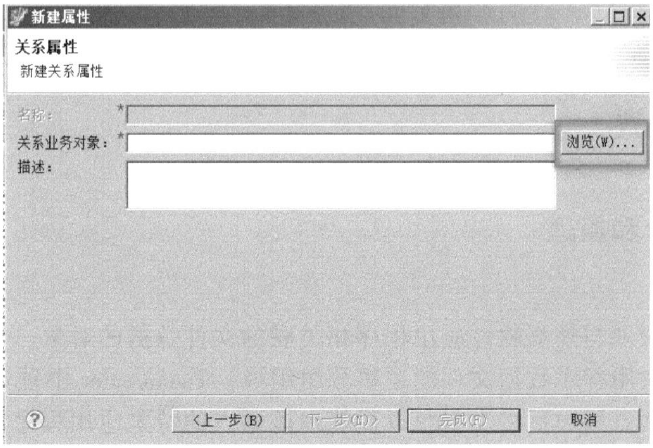

图 7.88 添加关系属性-3

4）选择关系，单击“确定”按钮，如图 7.89 所示。

图 7.89　添加关系属性-4

5）完成关系创建，如图 7.90 所示。

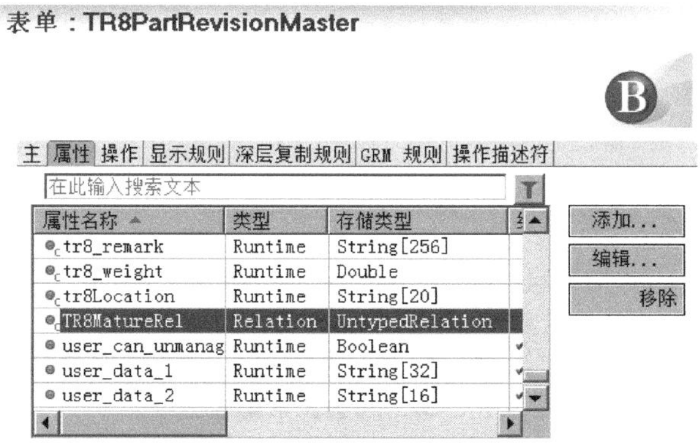

图 7.90　添加关系属性-5

7.8　数据集配置

7.8.1　基础概念和原理

1. 数据集

数据集是用于管理与外部软件应用程序相关联的文件数据的对象。数据集通常由单个应用程序数据文件或应用程序数据文件的逻辑分组组成。Teamcenter 中预定义了许多类型的数据集。但是需要为站点添加更多类型，以便管理该站点的特定应用程序数据文件，以及与这些文件关联的软件应用程序。MSExcelX 数据集在业务建模器定义的示例如图 7.91 所示。

图 7.91　业务建模器中 MSExcelX 数据集示例

2. 工具

工具描述了以特定方式运行的软件应用程序。通过指定工作站上软件应用程序的“MIME/类型”定义，Teamcenter 通过工具定义实现与应用程序的关联。工具由数据集业务对象使用，如图 7.92 所示。

图 7.92　MSExcelX 的工具类型示例

3. 命名的引用

命名的引用是附加到数据集对象的一个或多个文件。单个数据集对象可能有一个或多个命名的引用。要从 Teamcenter 胖客户端查看命名的引用，应在我的 Teamcenter 中选择数据集，然后选择“查看”→“命名的引用”，或者右击数据集并选择“命名的引用”，如图 7.93 所示。

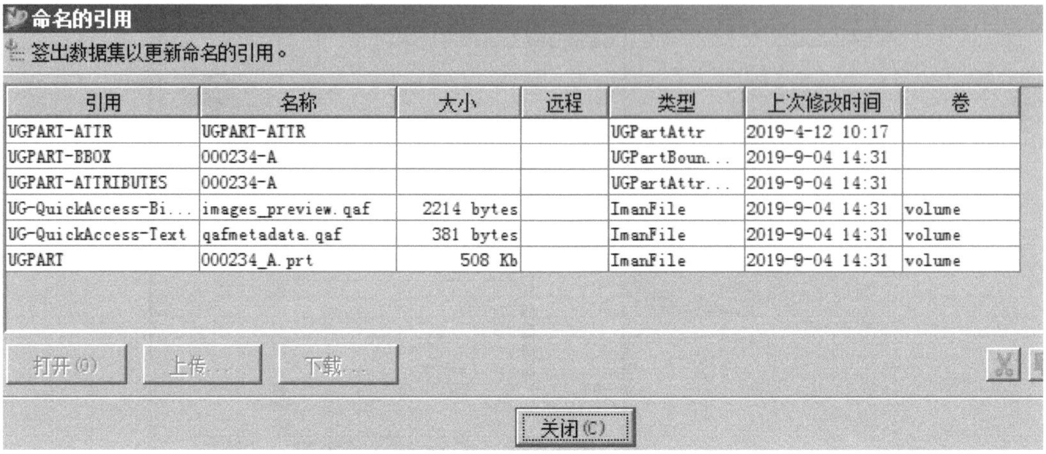

图 7.93　数据集中命名的引用示例

7.8.2　示例

工具与数据集通常一起配置使用，建议每个数据集对应一个工具，因此新建数据集后往往都会定义一个工具去打开、查看此数据集。

1. 创建工具

步骤如下：

1）在“扩展”选项卡，单击“选项”，选择“工具”文件夹，如图 7.94 所示。

2）右击选择“新建工具…”选项，如图 7.95 所示。

图 7.94　创建工具-1

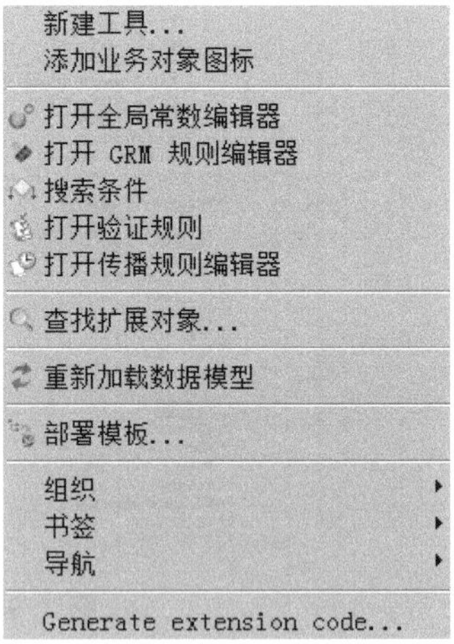

图 7.95　创建工具-2

3）输入新工具对象的名称和描述，单击“下一步”按钮，如图 7.96 所示。

4）输入应用程序关联种类的“MIME/类型”。例如，对于“Acrobat”，输入“application/acrobat”，对于“Microsoft Word”，则输入“application/msword”。Windows 系统不需要

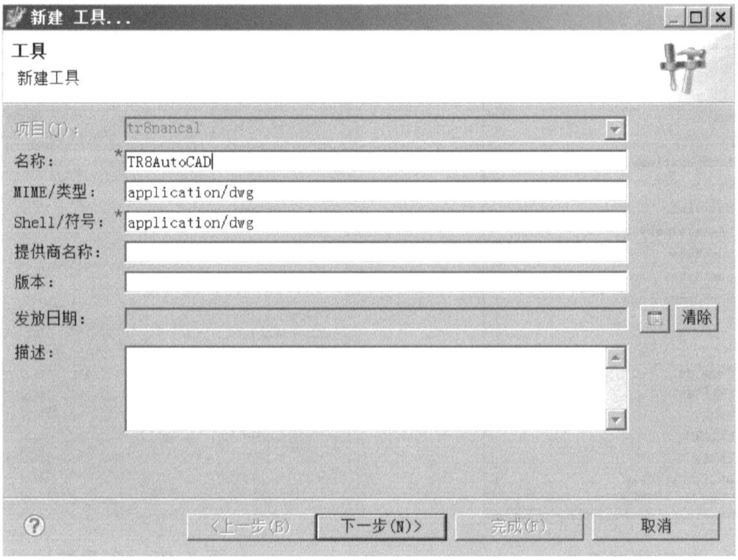

图 7.96　创建工具-3

此设置，因为 Windows 系统会使用文件扩展名确定“MIME/类型”。

5）输入完整路径的“Shell/符号”和要在 shell 中运行的程序名称。例如，对于“Microsoft Word”，输入“$ TC_BIN/msword”。“输入”和“输出”添加“BINARY”，单击“完成”按钮，如图 7.97 所示。

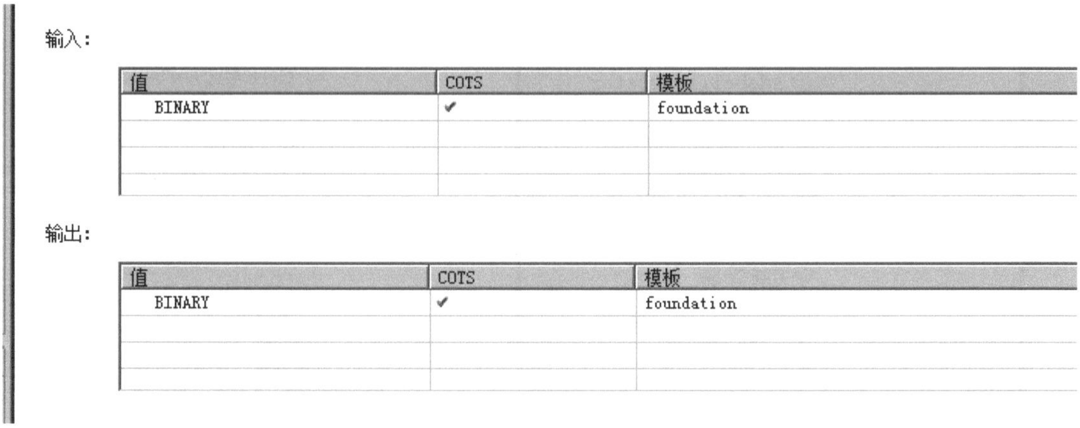

图 7.97　创建工具-4

2. 创建数据集对象

基于已创建的工具，可创建新数据集对象类型，步骤如下：

1）在“业务对象”选项卡，单击“查找业务对象”按钮，如图 7.98 所示。

2）输入关键字“Dataset”，选择“Dataset”，单击“确定”按钮，如图 7.99 所示。

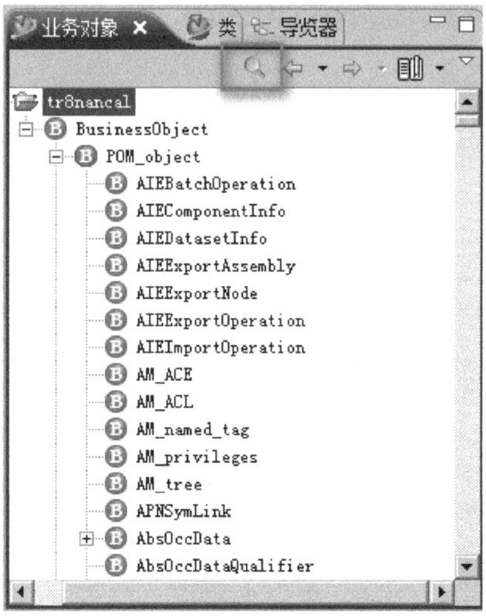

图 7.98　创建数据集-1

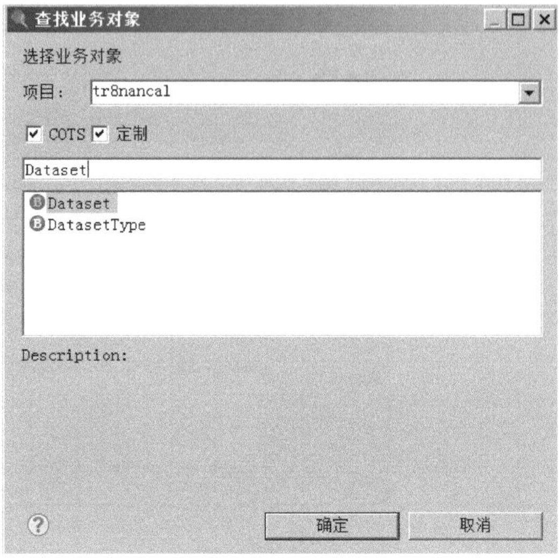

图 7.99　创建数据集-2

3）选择“Dataset”，如图 7.100 所示。

4）右击“Dataset”并选择“新建业务对象…”选项，如图 7.101 所示。

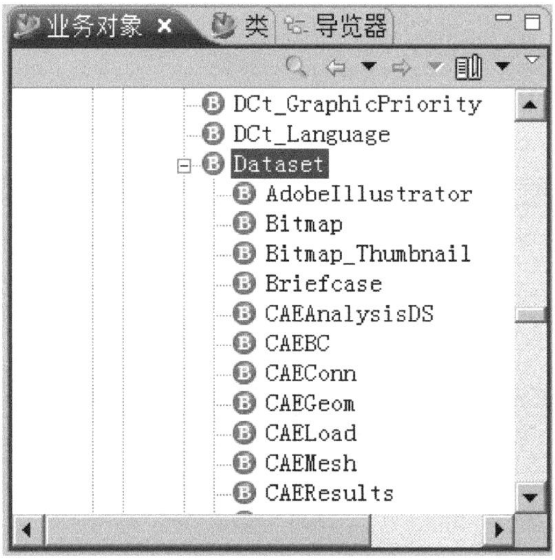

图 7.100　创建数据集-3

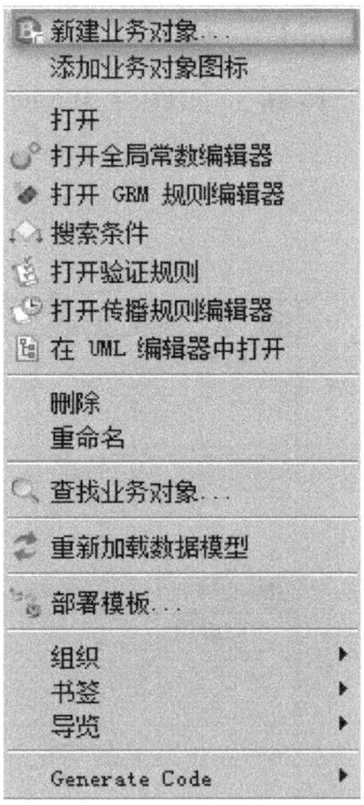

图 7.101　创建数据集-4

5）输入名称，单击“添加…”按钮，如图 7.102 所示。

6）选择 Tool 对象，单击“确定”按钮，如图 7.103 所示。

7）添加数据集引用：“TR8Autocad”，如图 7.104 所示。

对于引用，输入此文件引用的唯一名称；对于文件类型，输入文件扩展名（如 txt、pdf、doc 等）；对于格式，选择文件是 BINARY、ITEM，还是 TXT。

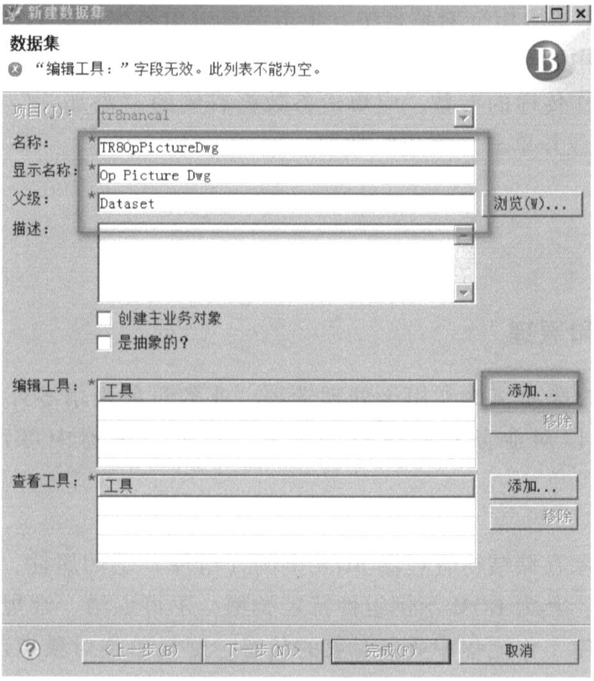

图 7.102　创建数据集-5

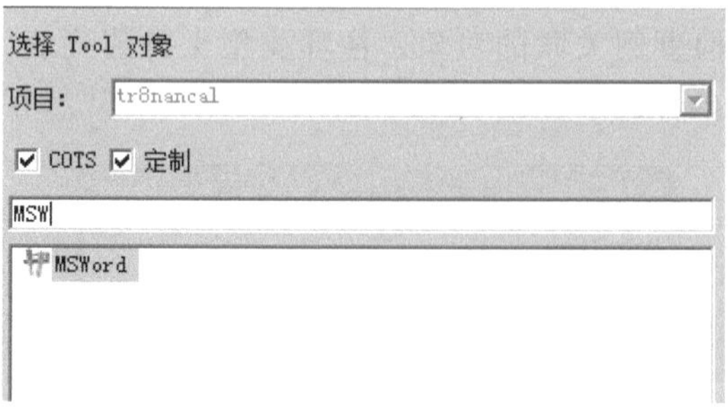

图 7.103　创建数据集-6

图 7.104　创建数据集-7

8）添加数据集工具，如图 7.105 所示。

单击工具框右侧的“浏览…”按钮，以选择以前选定用于查看或编辑该数据集的工具（唯一可用的工具是以前所选的工具）。

单击“操作”复选框中的下拉箭头，以选择对数据集使用的操作（如打开、OpenUsing、打印、PrintUsing 或发送）。OpenUsing 操作允许用户选择用于打开数据集的工具；PrintUsing 操作允许用户选择用于打印数据集的工具。

要设置与操作关联的文件扩展名，应单击引用表右侧的“添加…”按钮。将运行

图 7.105　创建数据集-8

“添加引用”向导。在“引用”对话框中，单击选择引用名称框中的箭头，以选择此工具操作的文件名引用。选中“导出”复选框以将其导出到数据库中。

要添加通过该操作传递的参数，应单击参数框右侧的“添加…”按钮。将运行“添加参数”向导。选择参数并单击“完成”按钮。

7.9 选项配置

7.9.1 基础概念和原理

“扩展”视图中的选项文件夹用于处理选项。业务对象表示零件、文档及其他设计对象，而选项则表示可以对业务对象执行的配置。业务建模器中可定义的选择类型，如图 7.106 所示。

例如：

注释类型列表对象存储结构管理器 BOM 事例（组件）上的属性，此处类型与常规业务对象上新建属性不同，其为 BOM 示例组件特定类型，不可混淆，常规业务对象不可以此新增属性。状态对象指定工作流程中业务对象的状态。度量单位对象指定结构管理器 BOM 中需要的零组件的单位。

1. 注释类型

注释类型是与结构管理器 BOM 中的产品结构事例关联的对象。注释类型支持值列表，但 LOV 的类型必须是字符串。“新建注释类型”的界面，如图 7.107 所示。

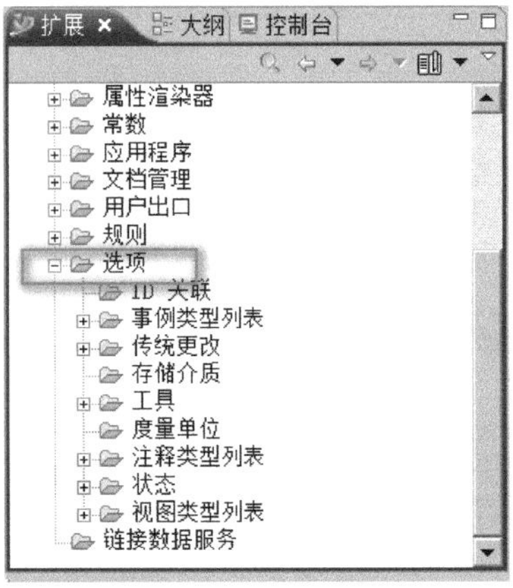

图 7.106 创建数据集-9

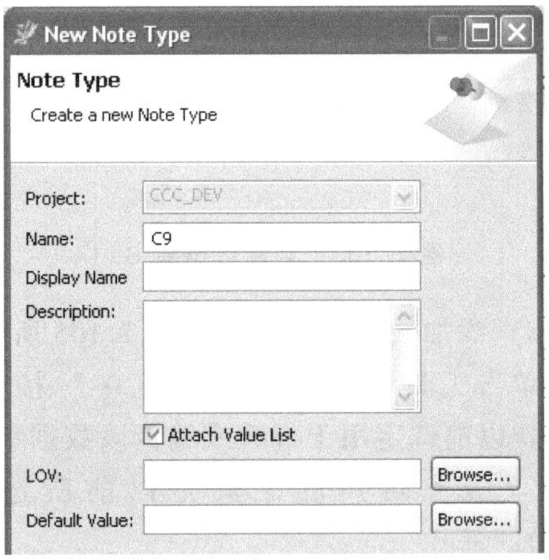

图 7.107 “新建注释类型”界面

用户可以为已对此站点定义的任何注释类型指定值。结构管理器的列、BOMLine 属性和注释编辑器对话框中列出了已定义的事例注释对象。用户可以使用这些对话框中的任意一个来输入特定事例的值。

所显示的注释类型的初始列表是系统提供的标准注释类型，这些注释类型是 Teamcenter Manufacturing Process Management 以及同步 NX 中的对象属性时所需的。不应删除这些注释类型。

2. 状态

可以对 Teamcenter 数据设置状态，以表示当前数据所处于的状态。在业务建模器中建立的状态，如图 7.108 所示。

例如，图样经过常规编校，审批完成后，增加发布状态表示该图样正式发布可以使用，或者图样废弃并经过废弃流程审签后，增加废弃状态表示该图样已作废。如图 7.109 所示，车轮模型审批完成后，业务对象自动增加已发布状态。

图 7.108　新建状态

7.9.2　示例

此处以创建状态为例，举例说明选项中的部分功能。需要注意的是状态添加完成后，如果想通过流程发布后自动添加此状态，则还需要配置流程（此处操作略）。

图 7.109　在 Teamcenter 中查看定义的状态

步骤如下：

1）在“扩展”选项卡，单击“选项”文件夹，选择“状态”文件夹，如图 7.110 所示。

2）右击选择“新建状态…”，如图 7.111 所示。

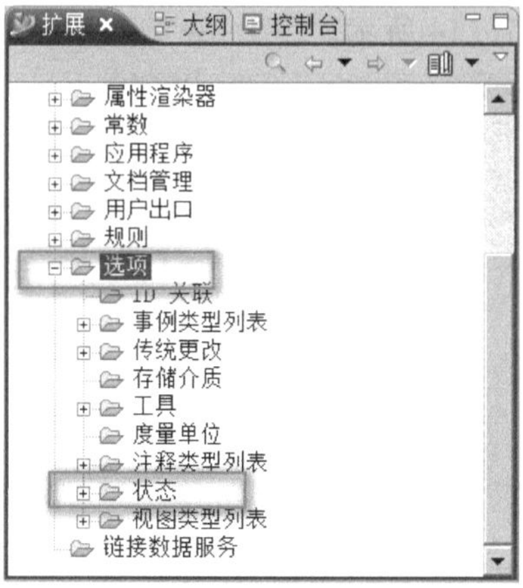

图 7.110　创建状态-1

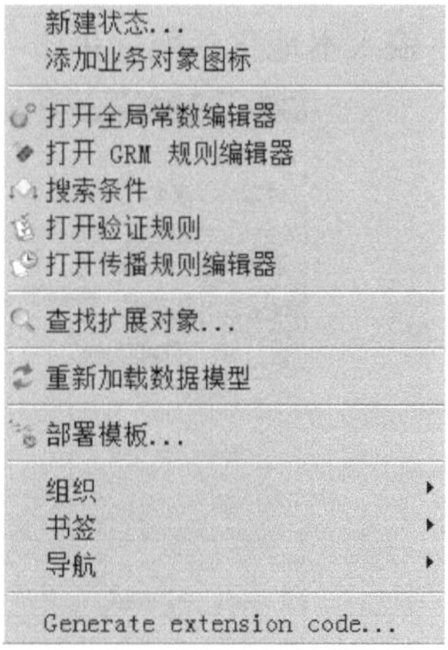

图 7.111　创建状态-2

3）输入状态的“名称”，单击“完成”按钮，如图 7.112 所示。

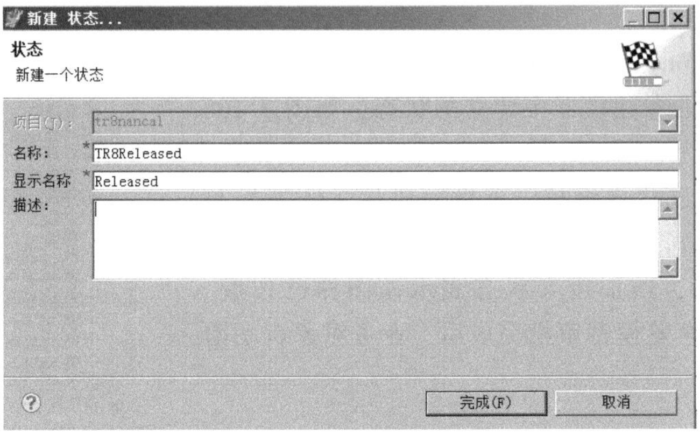

图 7.112　创建状态-3

4）选择新建的状态，单击“添加…”按钮，如图 7.113 所示。

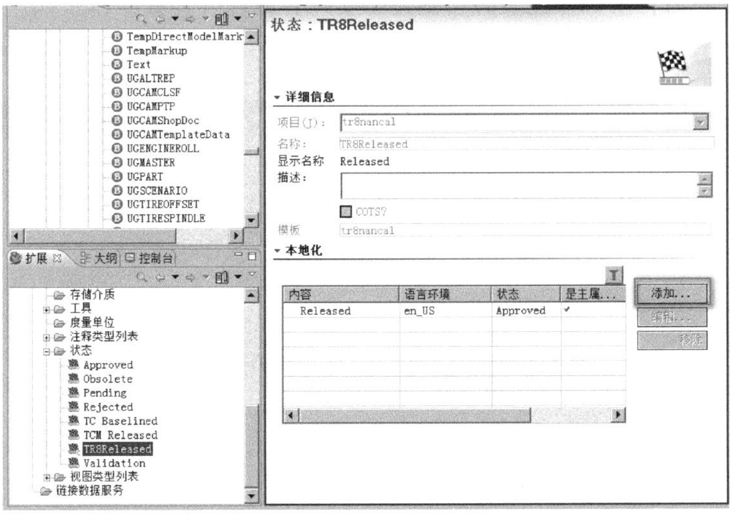

图 7.113　创建状态-4

5）输入本地化参数，单击“完成”按钮，如图 7.114 所示。

图 7.114　创建状态-5

6）状态创建完成，如图 7.115 所示。

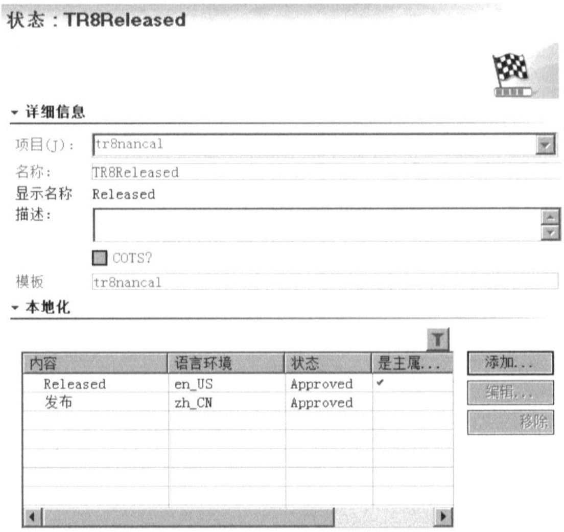

图 7.115 创建状态-6

7.10 规则配置

7.10.1 基础概念和原理

规则配置用于处理规则、控制业务对象行为的决策点，包括它们的命名方式、可以对它们执行什么操作等。如果对某类型零组件对象添加命名规则，且命名规则为“Study+流水码”的方式，则新增命名规则后此对象只能以此规则为 ID，如“Study0000001”。

常见的规则包括：

GRM（General Rule Manage，一般规则管理）规则、命名规则、深层复制规则、显示规则。

7.10.2 GRM 规则

GRM 规则定义了业务对象之间的关系。创建 GRM 规则时，需要选择关系的主业务对象、次业务对象及它们相互之间的关系类型。以下的示例说明了利用 GRM 规则实现在将 Text 的对象以“IMAN_ reference”关系附加到对象“TR8PartRevisionMaster”的时候只能附加一个，如果附加两个，则会提示收到 GRM 规则限制。步骤如下：

1）打开“TR8PartRevisionMaster”的“GRM 规则”视图，“GRM 规则”视图显示项目中的活动 GRM 规则，如图 7.116 所示。

2）单击“GRM 规则”视图中的添加按钮，“新建 GRM 规则”向导开始运行。选择要关联的主业务对象、次业务对象及它们之间的关系，如图 7.117、图 7.118 所示。

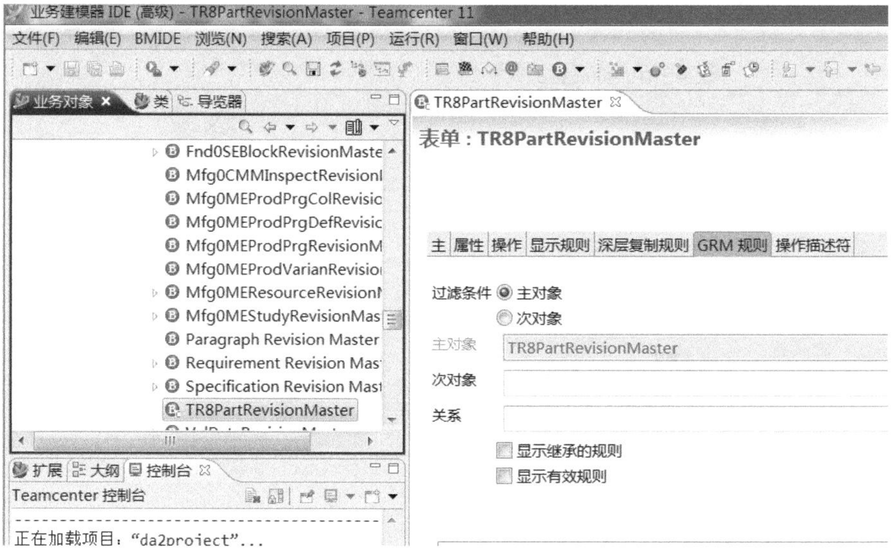

图 7.116 “GRM 规则”视图

图 7.117 添加 GRM 规则-1

说明：

1）可附加性、可分离性各有两个状态：Unrestricted、WriteAccessReq。可附加性，是主对象下能否建立次对象；可分离性，是能否将主对象下的次对象进行剪切操作。若可附加性值为 Unrestricted，则无论是否对主对象有权限，都可以在其定义的关系（如引用关系，Reference）下创建或粘贴次对象。若可附加性值为 WriteAccessReq，则只有对主对象有写权限

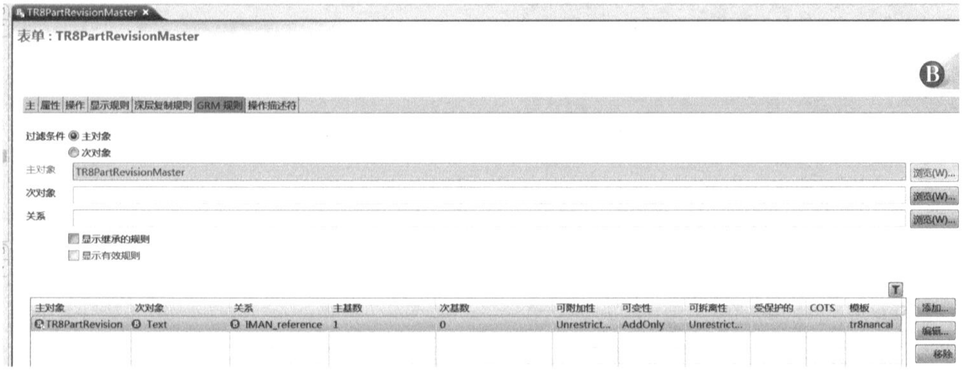

图 7.118　添加 GRM 规则-2

的用户，才可以在定义的关系（Speciticon）下创建或粘贴对象。

2）可变性包括三个状态：Changeable、AddOnly、Frozen，如图 7.119 所示。当值为 Changebale 时，可对其进行修改；当值为 AddOnly 时，则只能增加次对象，但无法去掉；当值为 Frozen 时，主次对象关系被冻结，无法删除、剪切次对象（版本的主属性表与版本的关系就是如此）。

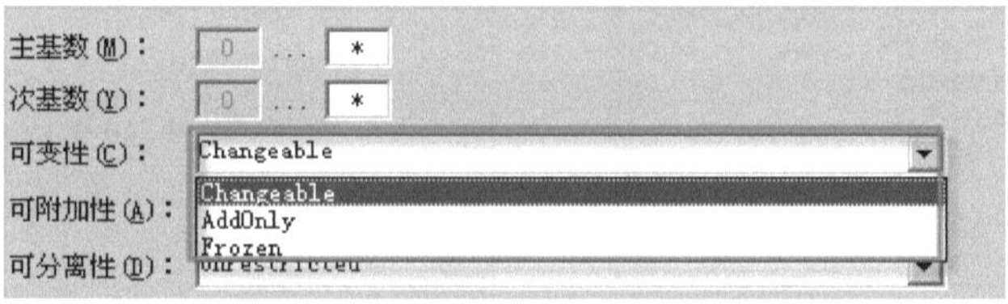

图 7.119　GRM 规则中的可变性

7.10.3　命名规则

命名规则用于定义对象的命名方式，包括在创建对象时如何自动指派 ID。命名规则可用于命名零组件、零组件版本、数据集、表单、项目和工作关联。

以下的示例说明了当“TR8Part”零组件的“Item_id”添加了命名规则“TR8rule1”，且“TR8rule1”命名方式为字母“tr”加六位流水码，初始值为“tr000001”最大值为“tr999999”，则当在系统中新建“TR8Part”零组件并指派 ID 的时候，“TR8Part”零组件 ID 命名从“tr000001”开始计数一直递增。步骤如下：

1）在“扩展”选项卡中右击“命名规则”文件夹，并从弹出菜单中选择“新建命名规则…”。显示“新建命名规则”向导，如图 7.120 所示。

2）输入命名规则的名称，并单击“添加”按钮以对该规则添加命名模式，如图 7.121 所示。

3）添加命名规则，添加后单击“完成”按钮，如图 7.122、图 7.123 所示。

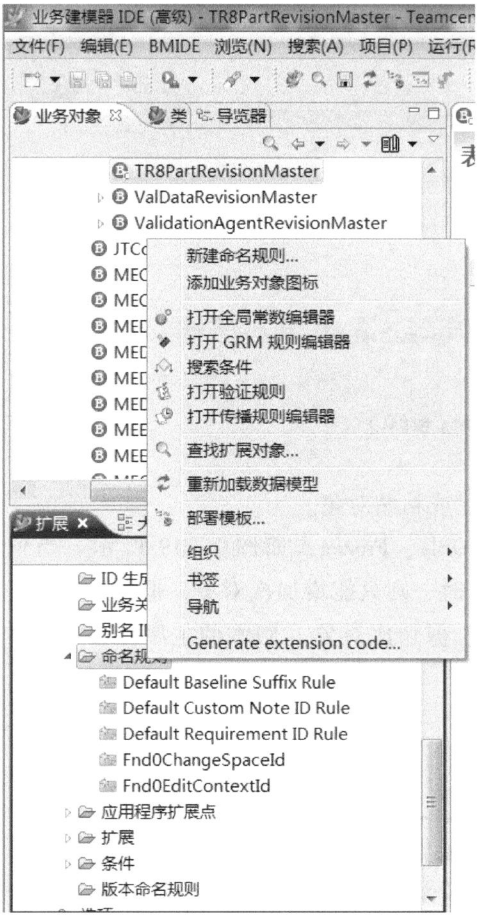

图 7.120　添加命名规则-1

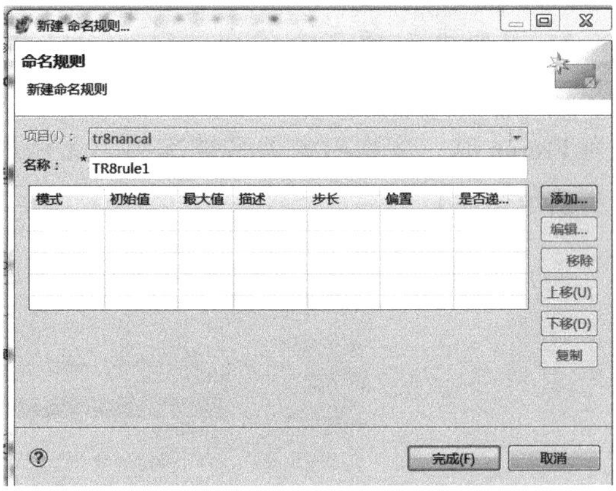

图 7.121　添加命名规则-2

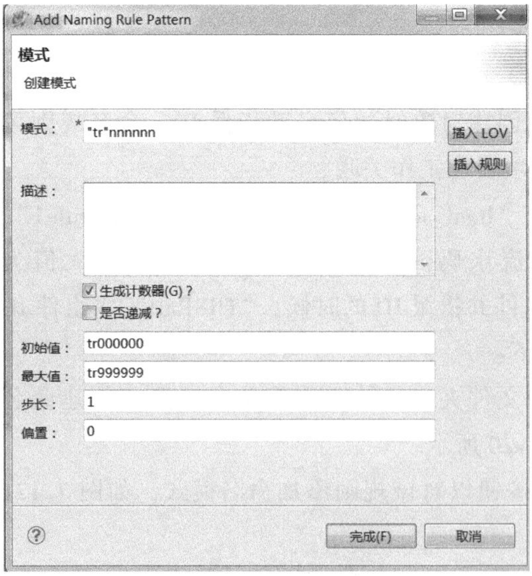

图 7.122　添加命名规则-3

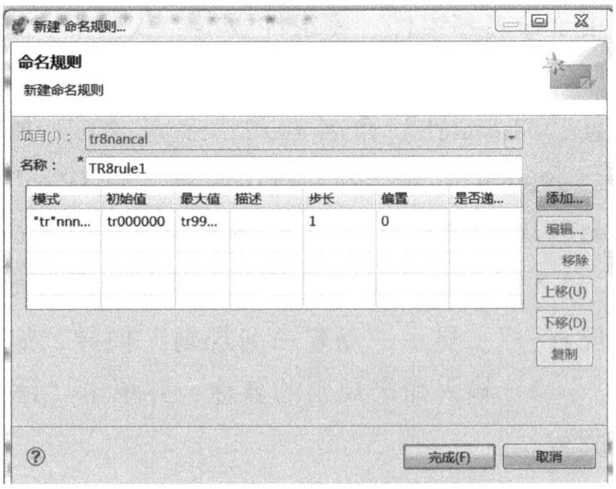

图 7.123　添加命名规则-4

4）要使某一命名规则生效，必须找到要应用名称的业务对象，并将该规则附加到该业务对象的名称属性。在“业务对象”视图中，右击业务对象（如“TR8part”），并从弹出菜单中选择“打开”。显示该业务对象的一个视图，单击“属性”选项卡，并在属性表中右击名称属性（如“item_id”），如图 7.124 所示。

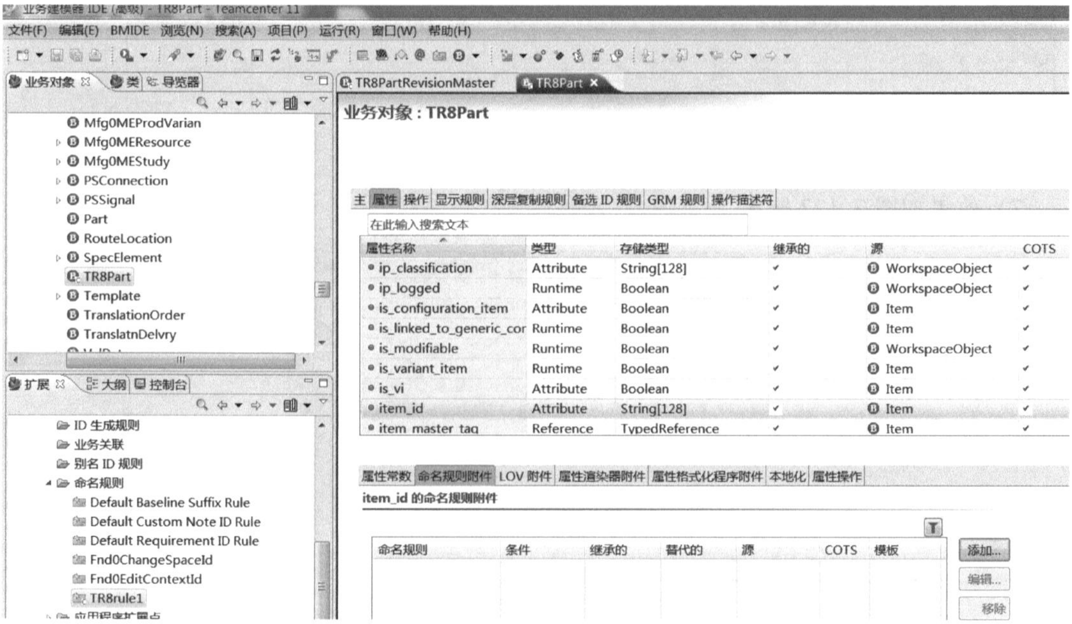

图 7.124　添加命名规则-5

5）然后选择“命名规则附件”，单击“添加…”按钮，单击“浏览”按钮，找到刚才创建的“TR8rule1”，依次单击“确定”→“完成”按钮，如图 7.125 所示。

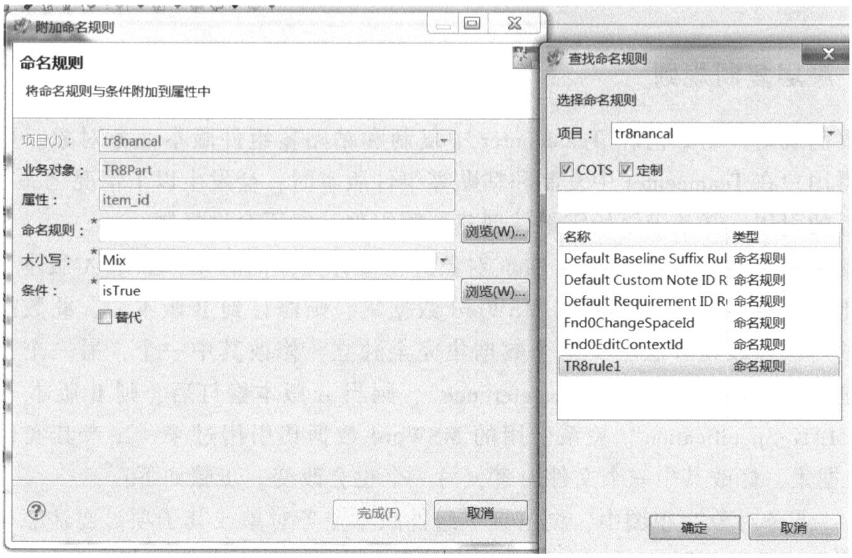

图 7.125　添加命名规则-6

6）单击“完成”按钮。附加的命名规则显示在“命名规则”列中，如图 7.126 所示。

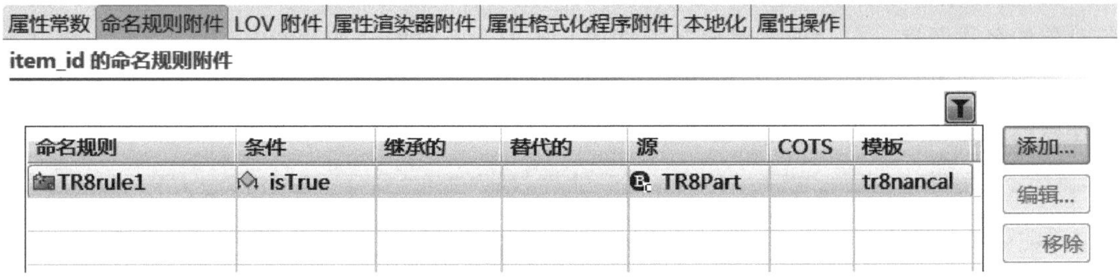

图 7.126　添加命名规则-7

7）效果如图 7.127 所示。

图 7.127　添加命名规则-8

7.10.4　深层复制规则

深层复制规则控制如何在 Teamcenter 中复制和粘贴零组件版本业务对象。可以设置该规则，使得用户在 Teamcenter 中复制和粘贴零组件版本时，会发生以下情况之一：①创建对原始零组件的引用；②基于原始零组件创建新零组件；③不允许复制。

以下的示例实现了当对 ItemRevision 对象进行修订操作的时候，如果 A 版本下挂载了一个以 IMAN_Specification 关系引用的 MSWord 数据集，则修订到 B 版本后，此数据集会另存为一个新的对象挂载到 B 版本，两个数据集完全独立，修改其中一个，另一个不会有任何变化。同理如果选择操作为“copyasreference”，则当 A 版本修订后，则 B 版本下会将 A 版本的以“IMAN_Specification”关系引用的 MSWord 数据集引用过来，二者其实仍然是一个 MSWord 数据集，修改其中一个文件内容，另一个也会改变。步骤如下：

1）在“业务对象”视图中，浏览到零组件版本业务对象或其子项。要注意仅零组件版本或其子项允许深层复制。

2）单击透视图右下方的“深层复制规则”选项卡，并选择零组件版本业务对象。“深层复制规则”视图显示选定零组件版本业务对象上的活动规则，如图 7.128 所示。

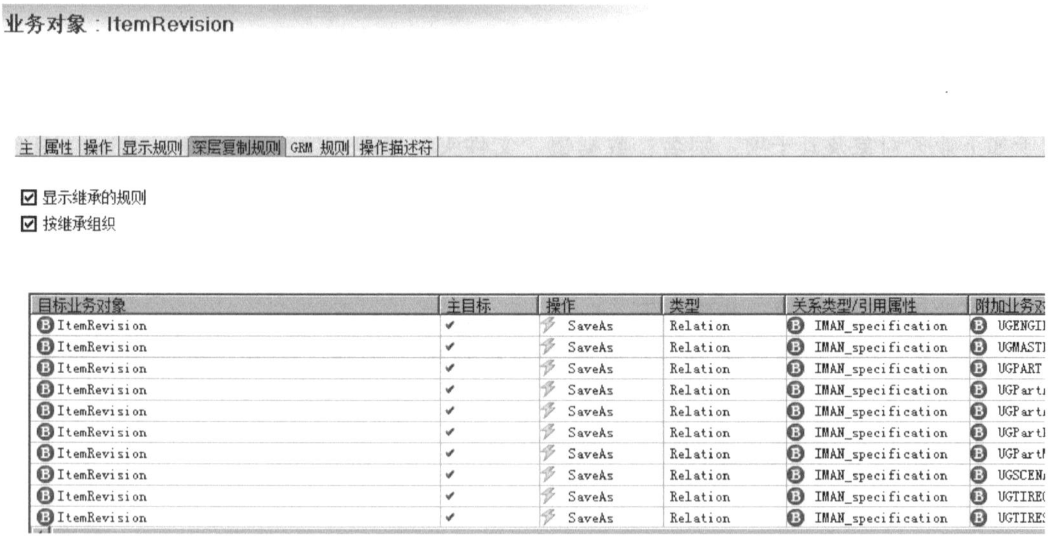

图 7.128　对象中的深层复制规则

3）单击“深层复制规则”视图中的“添加”按钮，“添加深层复制规则”向导将会运行。“操作类型”选择“SaveAs”或“Revise”，并选择用于业务对象的“CopyAsObject”操作种类，如图 7.129 所示。

图 7.129　添加深层复制规则-1

4）单击“完成”按钮，规则添加到深度复制规则中，如图 7.130 所示。

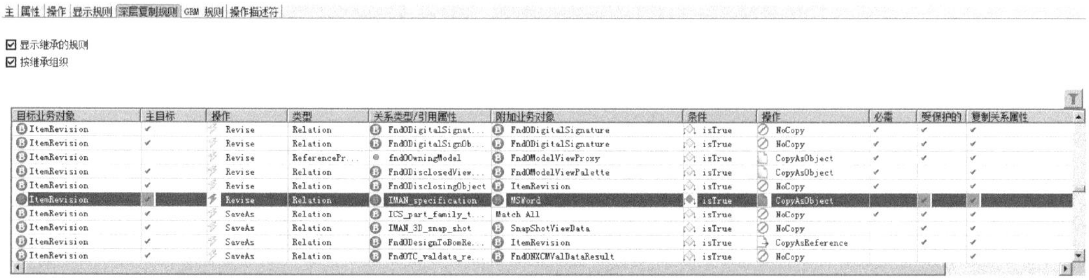

图 7.130　添加深层复制规则-2

7.10.5 业务对象显示规则

业务对象显示规则将限制可由特定组或角色创建的对象的种类。业务对象显示规则可应用于如下业务对象及其子项：别名、数据集、文件夹、表单、零组件、MEActivity、MEOP、MEProgress 和 MEWorkarea。

以下的示例实现了当对“Engineer”组使用此显示规则后，此组织此角色下的用户登录 Teamcenter 系统后新建零组件无法看到“C5_ManuPart”类型的零组件，即“C5_ManuPart”对该组下的用户不再可见。步骤如下：

1）找到零组件业务对象后，切换到“显示规则”标签。单击“添加…”按钮，如图 7.131 所示。

图 7.131 添加显示规则-1

2）单击显示规则对话框中的“浏览…”按钮，“Teamcenter 资料库连接”向导提示登录到一个服务器，以查找 Teamcenter 组织中的可用组和角色，如图 7.132 所示。

图 7.132 添加显示规则-2

3）登录后，组和角色就显示在视图中。选择有权创建业务对象的组和角色，如图 7.133 所示。

4）单击“完成”按钮，完成显示规则的创建，如图 7.134 所示。

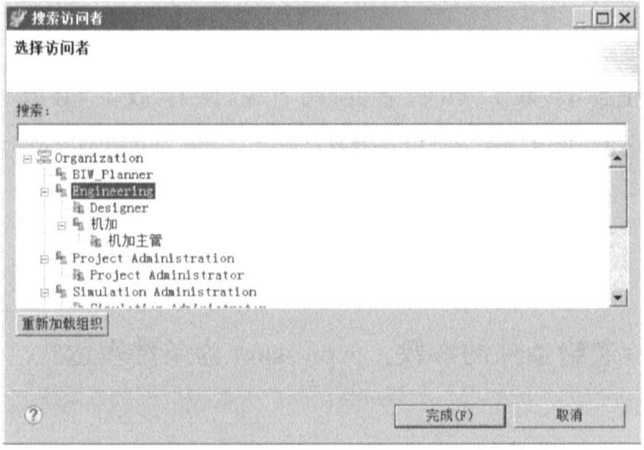

图 7.133　添加显示规则-3

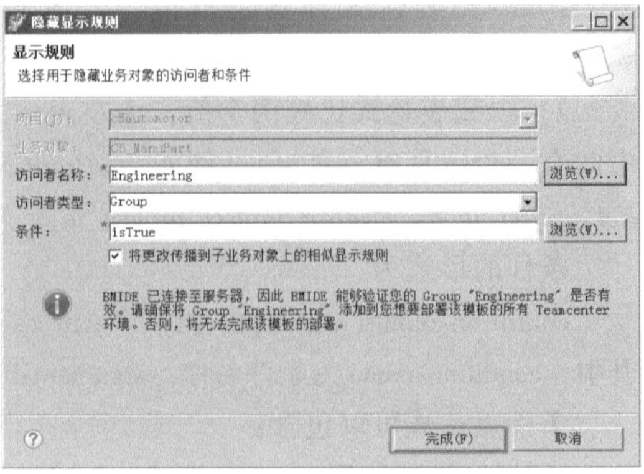

图 7.134　添加显示规则-4

5）完成创建之后，“Engineering”组在 Teamcenter 中将看不到“C5_ManuPart”，如图 7.135 所示。

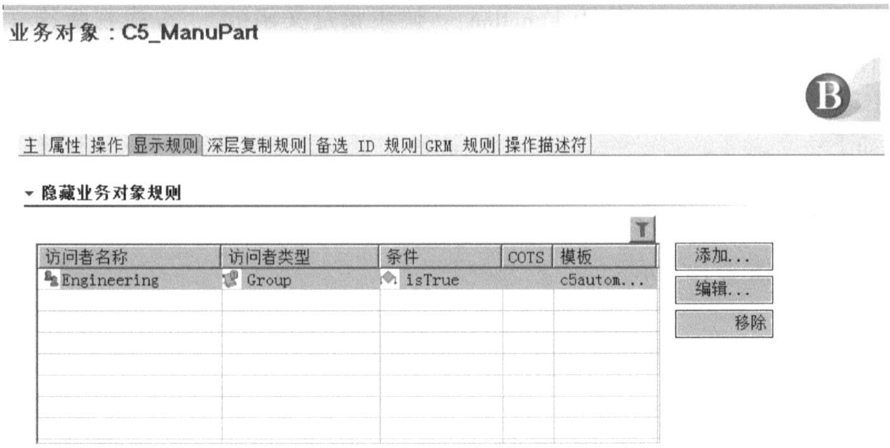

图 7.135　添加显示规则-5

7.10.6　条件

1. 条件的基本概念

条件是基于表达式的求值解析为真或假的条件语句。如果语句有效，则条件解析为 TRUE；如果语句无效，则条件解析为 FALSE。

规则使用条件来描述规则应用到的对象的类型。当对对象运行使用条件的规则时，它被分为两个部分：IF 子句和 THEN 子句。条件（IF 子句）使用布尔逻辑检查对象，规则（THEN 子句）描述对象上的操作或访问权限。

可以在许多地方定义条件，如深度复制规则。例如，可以创建一个深度复制规则，该规则声明：如果（条件）文档业务对象与零组件版本具有规范关系，那么（规则）修订后的零组件版本将复制该文档对象。

条件表达式有两种：一元和二元。

1）一元表达式计算逻辑值，真或假。例如：*isPropCondition*1（*MyItem o*）：= *o*. *color* =" *red*"。

2）二元表达式比较两个值，由左表达式（左操作数）和右表达式（右操作数）组成，中间有一个运算符（如=）。例如：*isPropCondition*3(*MyItem m*, *YourItem y*)：= *m*. *owning_project*. *project_id* = *y*. *owning_project*. *project_id*。

条件的形式为

condition-name(argument-list)：=expression

其中，condition-name 为条件名称；argument-list 为传递给条件的参数；expression 为条件表达式。

条件表达式可以包含：

原始的数据类型（如字符串、字符、整数、浮点数、布尔型、日期等）、业务对象（Business objects）、业务对象属性（Properties on business objects）、业务对象的操作（Operations on business object，包括 LOV、深层复制规则、命名规则、显示规则等）、用户会话（User session object，如当前登录的用户名称）、嵌套表达式（Nested conditions，使用 Condition：：嵌套已有条件）、Teamcenter 预定义的内部函数［如是否在列表、大写、小写等（Inlist，ToUpper，and ToLower），使用 Function：：调用预定义函数］、等式判断符（=、!=）、关系比较符（<、>、<=、>=）、逻辑运算符号（AND、OR）和取反符号（!）。

2. 创建条件操作

步骤如下：

1）右击规则下“条件”，选择“新建条件…”选项，如图 7.136 所示。

2）输入完善条件的各种参数。打开“新建条件…”对话框后，输入条件的各种参数完成条件的创建，如图 7.137 所示。

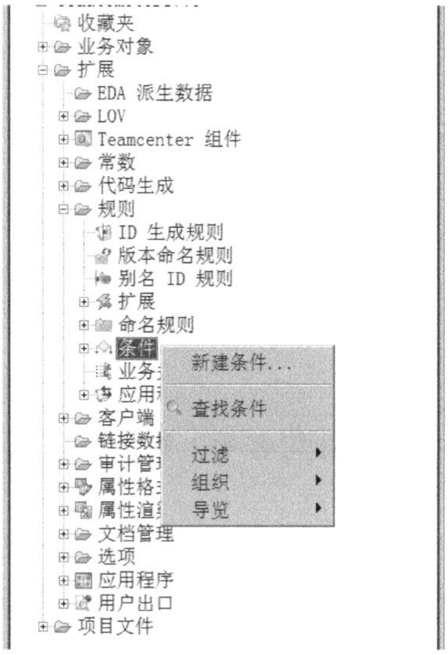

图 7.136 创建条件-1

图 7.137 创建条件-2

名称：输入条件的名称。

输入参数：可以选择以下的一种方式来输入参数：①业务对象，只用一个业务对象作为参数，可以是会话；②业务对象与用户会话，参数有一个业务对象与一个用户会话；③定制，定义带有两个参数的条件，其中一个参数不是 UserSession 业务对象，或者使用三个或更多参数。

下面以最复杂的“定制”为例，说明参数的创建过程。在“输入参数”中选择“定制”，在出现的“定制参数”中，添加“参数类型”和“参数名称”。其中，参数类型“C5_ManuPart”是事先建立的 Item 型业务对象，如图 7.138 所示。

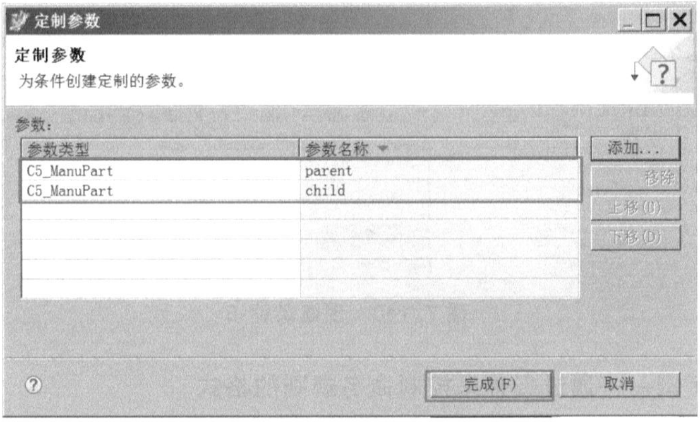

图 7.138　创建条件-3

在创建条件对话框中的表达式里输入 parent. c5_Status = " Available" and child. c5_Status = " Available"

其中，“c5_Status”是“C5_ManuPart”的属性，表示“C5_ManuPart”零组件的状态。该条件对“C5_ManuPart”的“c5_Status”进行判断，当传进条件的两个“C5_ManuPart”的“c5_Status”属性的值都是 Available 时，该条件表达式返回 TRUE，如图 7.139 所示。

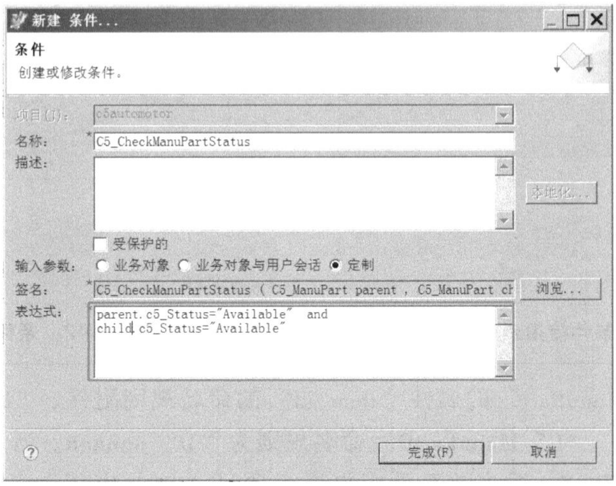

图 7.139　创建条件-4

3）单击“完成”按钮，完成条件的创建。在条件列表中可以看到新创建的“C5_CheckManuPartStatus”条件，并可以再对输入参数和表达式进行修改，如图 7.140 所示。

图 7.140　创建条件-5

3. 条件使用示例——通过条件来控制命名规则的格式

当登录用户属于 A 项目时，“MyManuPart”零组件的命名规则为“P”nnnnnn，当登录用户属于 B 项目时，“MyCar”+学号后 5 位零组件的命名规则为“D”nnnnnn。

1）新建命名规则：“D”nnnnnn、“P”nnnnnn。

2）新建两个条件，条件 1 为“C5_isUserBelongToProgramA”，条件 2 为“C5_isUserBelongToProgramB”。条件 1 的定义，如图 7.141 所示。条件 2 的定义，如图 7.142 所示。

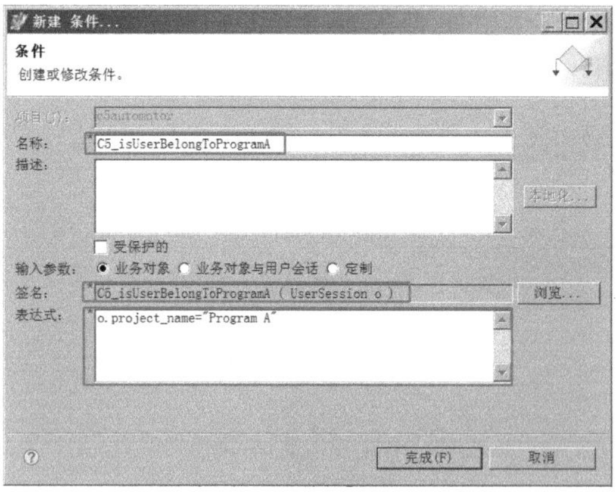

图 7.141　条件使用示例-1

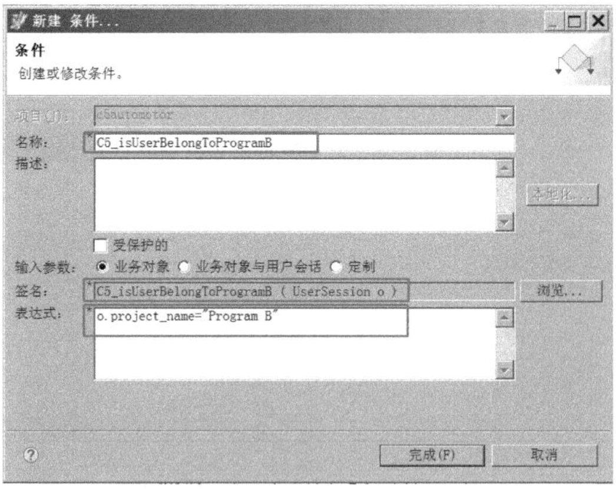

图 7.142　条件使用示例-2

3）设置“C5_ManuPart”的属性“item_id”的命名规则附件。“C5_ManuPartP”命名规则为“P”nnnnnn，“C5_ManuPartD”命名规则为“D”nnnnnn。当“C5_isUserBelongToProgramA”条件为 TRUE，即当前登录用户属于项目 A 时，应用命名规则“C5_ManuPartP”，当“C5_isUserBelongToProgramB”条件为 TRUE，即当前登录用户属于项目 B 时，应用

命名规则“C5_ManuPartD”。添加命名规则附件后的截图，如图 7.143 所示。

图 7.143　条件使用示例-3

7.11　复合属性

复合属性是业务对象上的一个属性。该属性可在一个对象（源对象）的属性上进行定义和保存，并显示为另一个对象（显示对象）的属性示例。例如，“对象 A”上有“属性 a”，“对象 B”上有“属性 b”，假如“属性 b”是“属性 a”的复合属性，则“对象 A”上的“属性 a”值填写为“张三”后，“对象 B”上的“属性 b”也将自动填写为“张三”。

以下的示例实现了在 BOMLine 上新增“weight_bl”属性，且此属性是从“TR8PartRevisionMaster”上的属性“tr8_weight”复合而来，如果“TR8PartRevisionMaster”上的属性“tr8_weight”填写值为“18KG”，将此“TR8PartRevision”对象发送到结构管理器，则在结构管理器的 BOMLine 上可以看到名为“weight_bl”的属性值也自动填写为“18KG”。

配置实现思路：先明确目标，希望 BOMLine 上的属性“weight_bl”可以自动取值 BOM 结构树上“TR8PartRevisionMaster”上的属性“tr8_weight”的值。明确目标后需要通过关系一层一层找到“TR8PartRevisionMaster”上的属性“tr8_weight”。由于 BOMLine 与“TR8PartRevision”的关系可以通过“BL_REVISION”关系直接找到，找到后再通过

“IMAN_MASTER_FORM_REV”关系找到“TR8PartRevisionMaster”，找到此表单后，就直接找到了该表单上的属性“tr8_weight”。步骤如下：

1）在“业务对象”选项卡，单击“查找业务对象”按钮，如图 7.144 所示。

2）输入关键字“Bomline”，选择“BOMLine”，单击“确定”按钮，如图 7.145 所示。

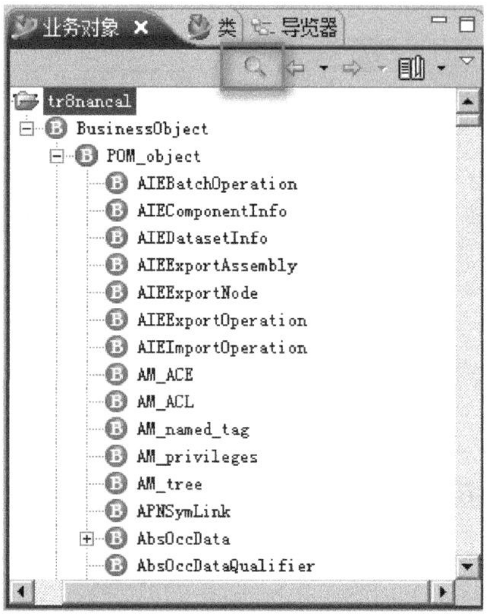

图 7.144　添加复合属性-1

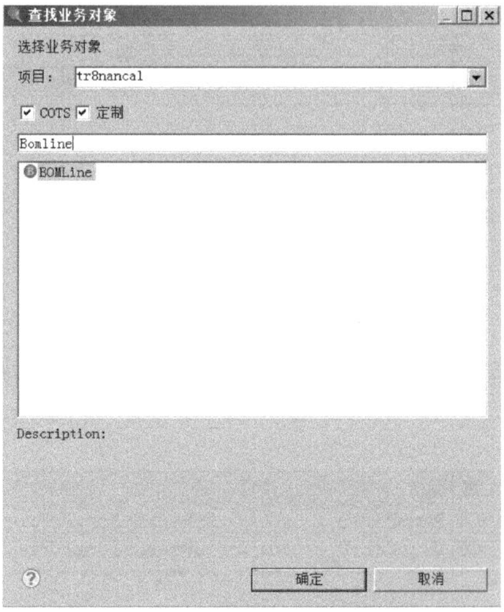

图 7.145　添加复合属性-2

3）选择“BOMLine”，如图 7.146 所示。

4）选择“属性”标签，单击“添加…”按钮，如图 7.147 所示。

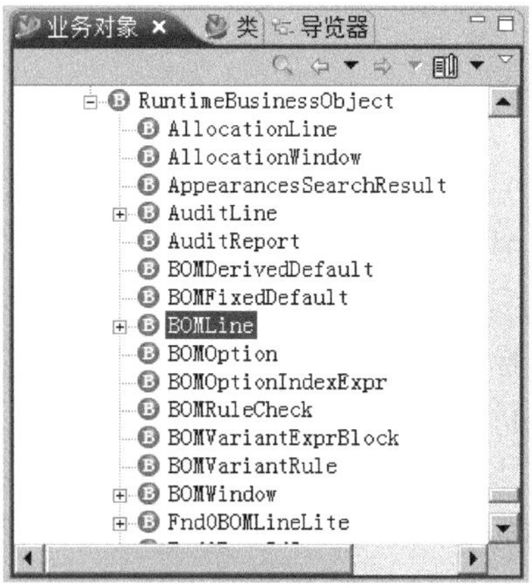

图 7.146　添加复合属性-3

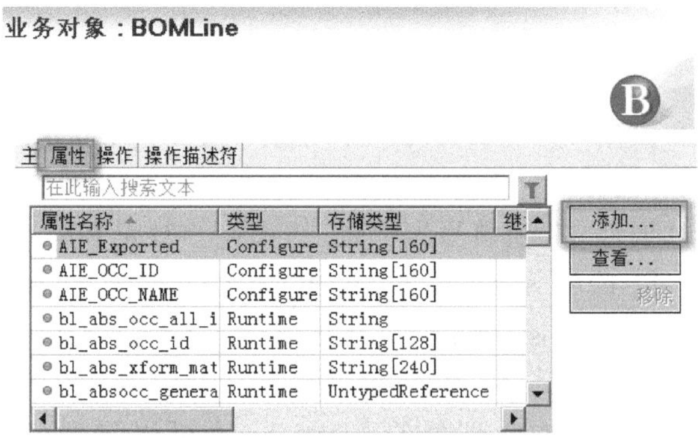

图 7.147　添加复合属性-4

5）选择“复合”选项，单击“下一步”按钮，如图 7.148 所示。

6）输入名称，单击“添加段”按钮，如图 7.149 所示。

7）单击“下一步”按钮，如图 7.150 所示。

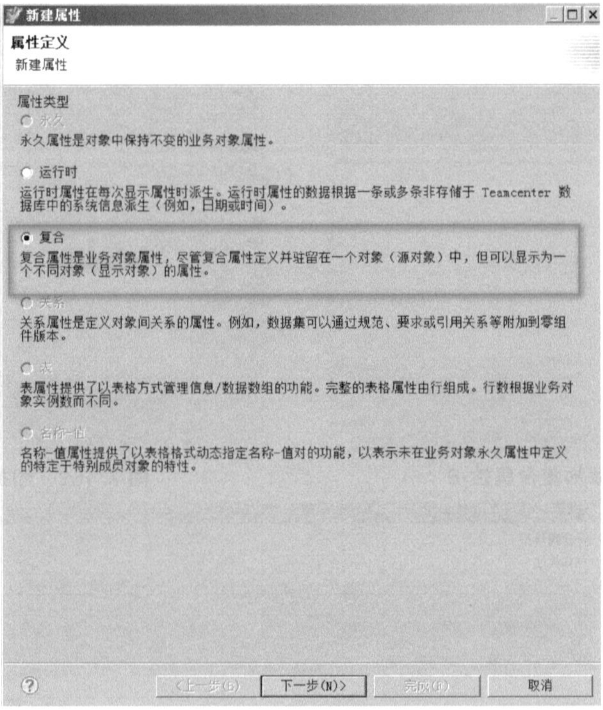

图 7.148　添加复合属性-5

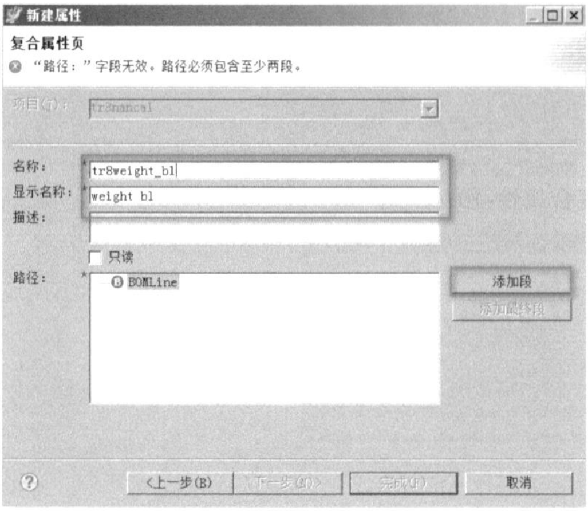

图 7.149　添加复合属性-6

图 7.150　添加复合属性-7

8）单击“完成”按钮，如图 7.151 所示。

9）单击“添加段”按钮，如图 7.152 所示。

10）单击“下一步”按钮，如图 7.153 所示。

11）单击“完成”按钮，如图 7.154 所示。

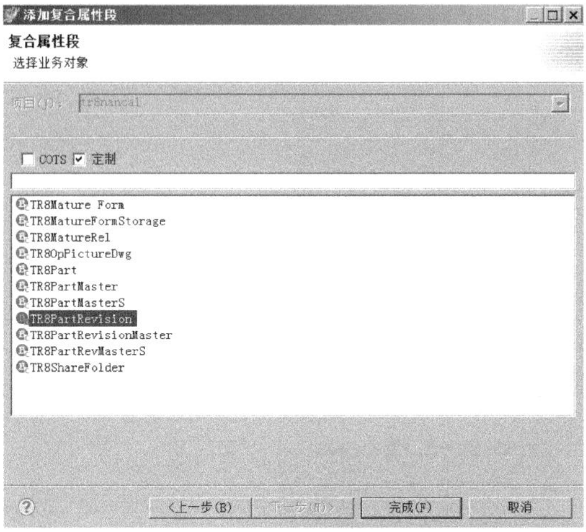

图 7.151　添加复合属性-8

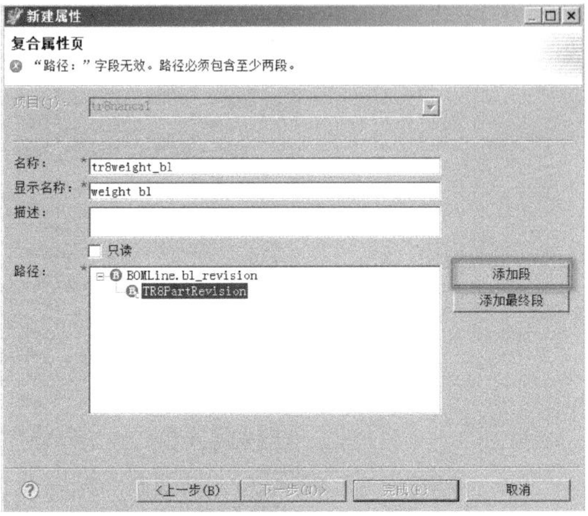

图 7.152　添加复合属性-9

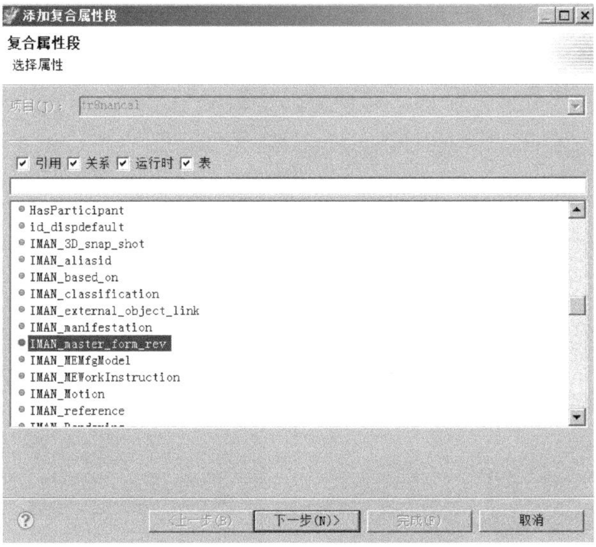

图 7.153　添加复合属性-10

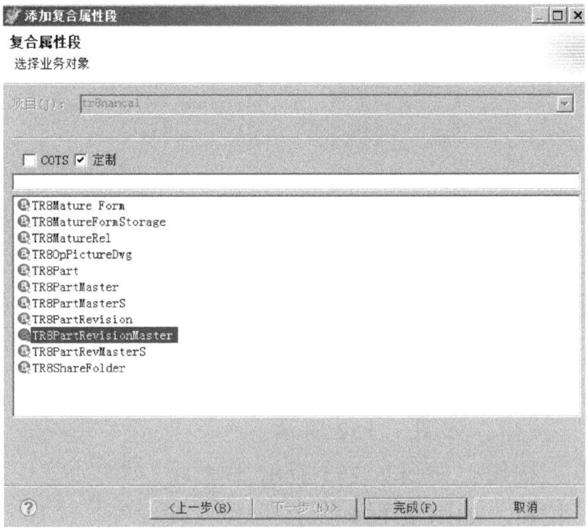

图 7.154　添加复合属性-11

12）单击“添加最终段”按钮，如图 7.155 所示。

13）单击“完成”按钮，如图 7.156 所示。

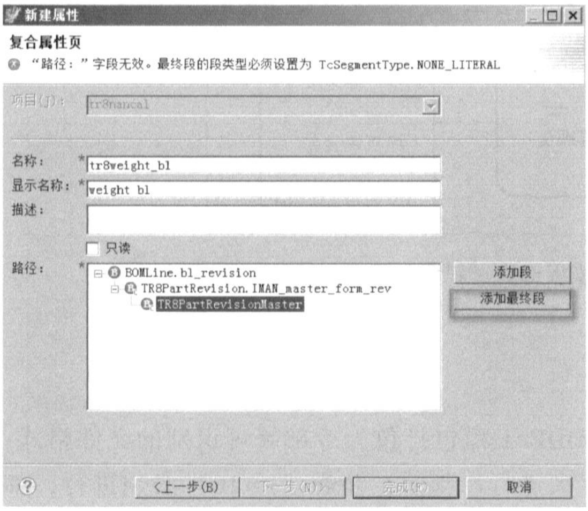

图 7.155　添加复合属性-12

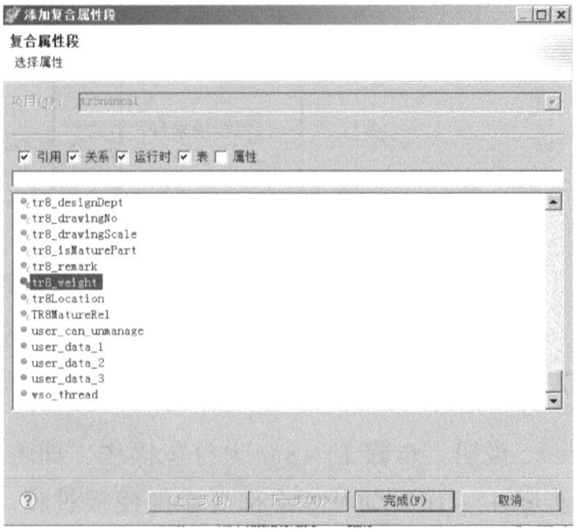

图 7.156　添加复合属性-13

14）单击“完成”按钮，如图 7.157 所示。

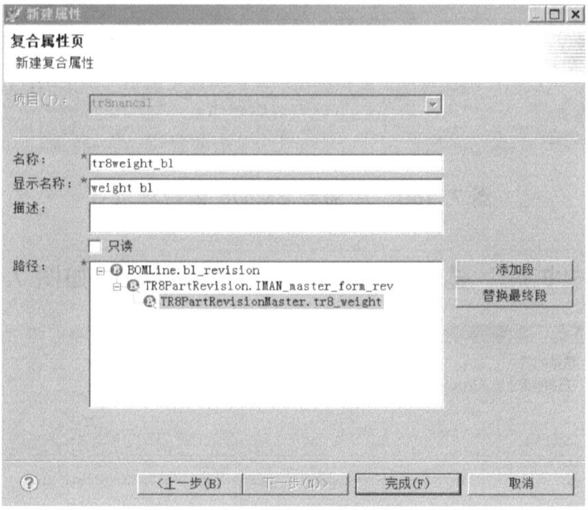

图 7.157　添加复合属性-14

7.12　BMIDE 部署

7.12.1　基础概念和原理

BMIDE 业务建模器部署分两种方式：

（1）热部署　即通过 BMIDE 界面直接部署数据模型的方式。

（2）冷部署　即通过将数据模型的扩展打包为解决方案模板，然后将此模板分发到生产环境中用于安装。

使用 Teamcenter 环境管理器安装模板的方式，如图 7.158 所示。

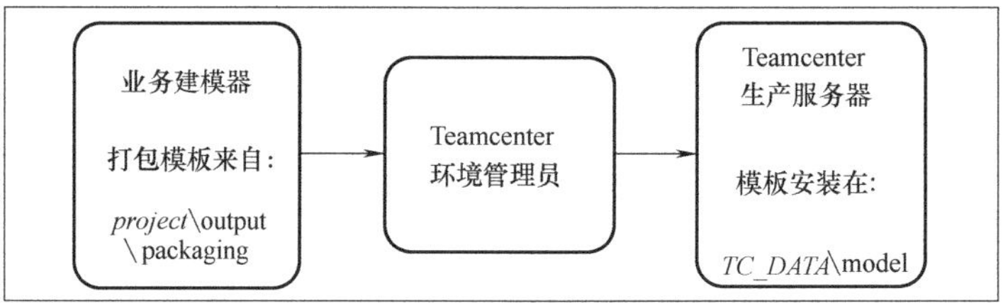

图 7.158　BMIDE 模板部署过程示意图

7.12.2　首次冷部署

说明：步骤 1)~3）为打包操作，即将 BMIDE 工程包打包为冷部署可识别的文件格式；步骤 4)~16）为开始冷部署添加模板过程。首次进行冷部署，步骤 1)~16）必须进行，如果同一个 BMIDE 模板第二次进行冷部署，则只需要操作步骤 1)~3)，不需要步骤 4)~16)。

步骤如下：

1）单击菜单栏“文件”，选择“新建”→“其他…”，如图 7.159 所示。

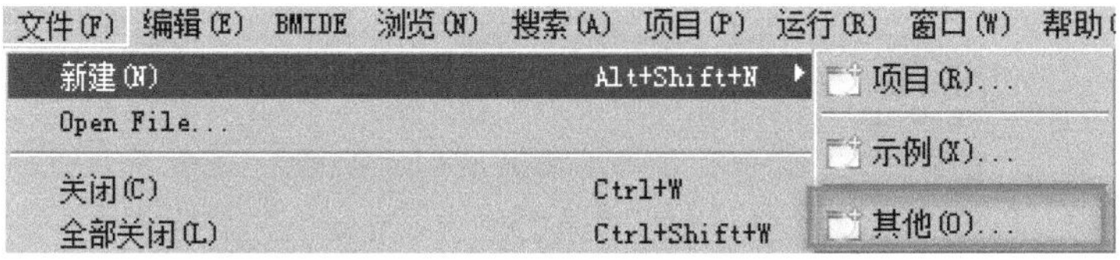

图 7.159　冷部署 BMIDE 模板项目-1

2）选择“打包模板扩展”选项，单击“下一步”按钮，如图 7.160 所示。

图 7.160　冷部署 BMIDE 模板项目-2

3）选择“使用默认位置”，单击“完成”按钮，如图 7.161 所示。

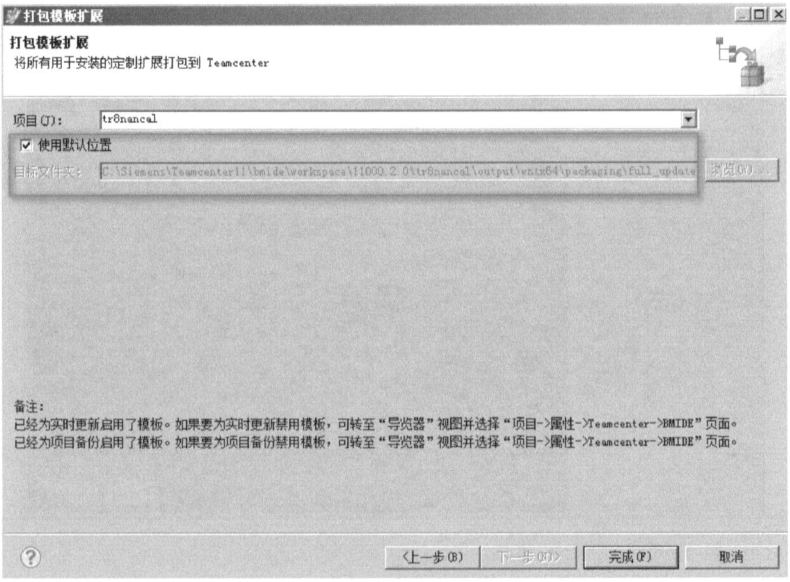

图 7.161　冷部署 BMIDE 模板项目-3

4）选择“Enviroment Manager”，右击以管理员身份运行，如图 7.162 所示。

5）按图 7.163 所示选择，单击“Next”按钮。

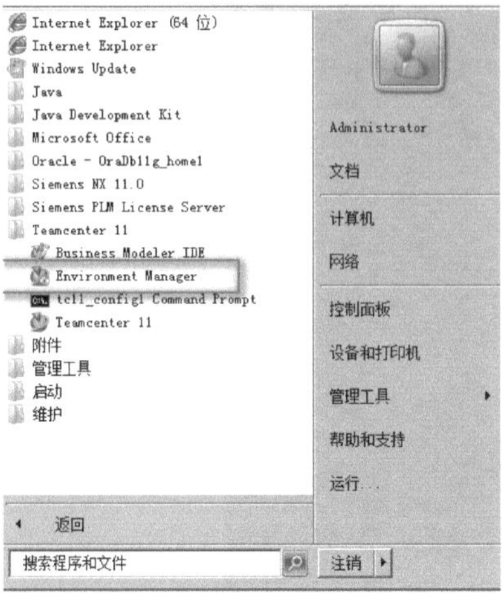

图 7.162　冷部署 BMIDE 模板项目-4

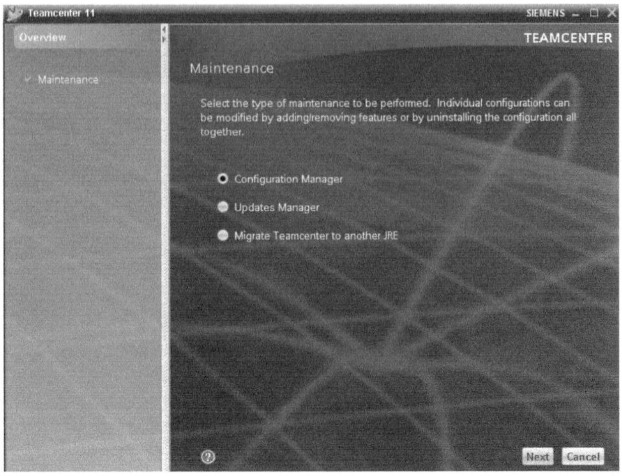

图 7.163　冷部署 BMIDE 模板项目-5

6）按图 7.164 所示选择，单击“Next”按钮。

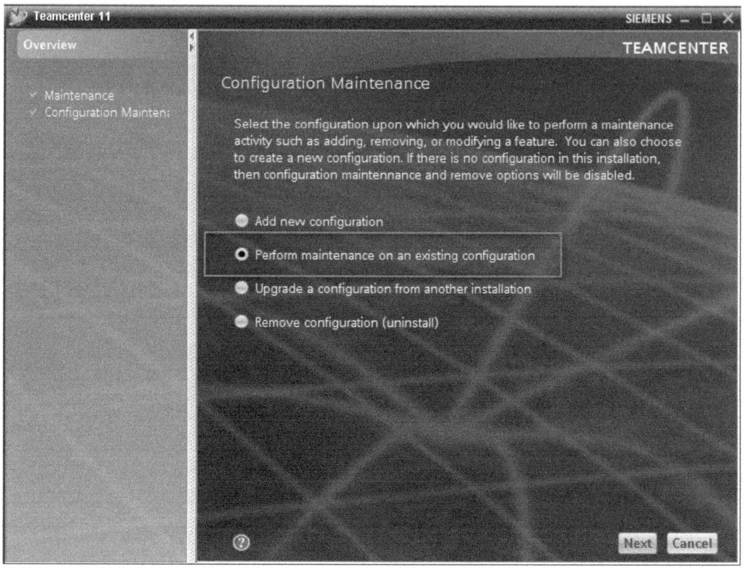

图 7.164　冷部署 BMIDE 模板项目-6

7）按图 7.165 所示选择，单击“Next”按钮。

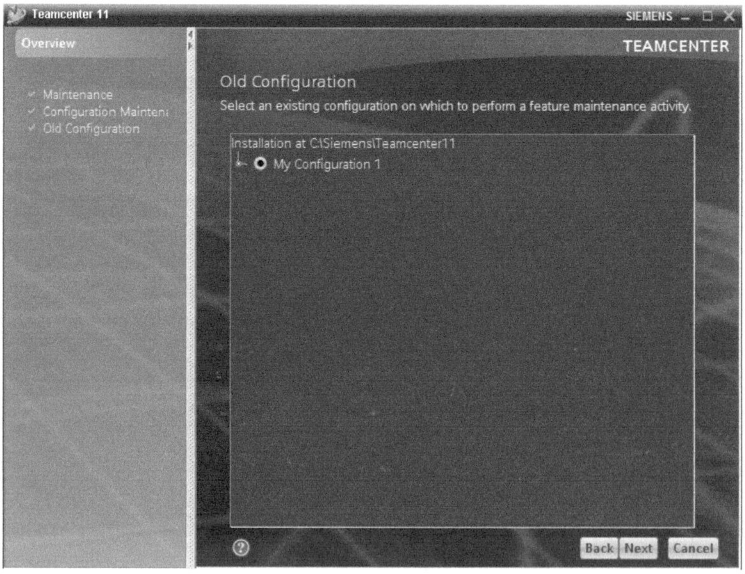

图 7.165　冷部署 BMIDE 模板项目-7

8）按图 7.166 所示选择，单击“Next”按钮。

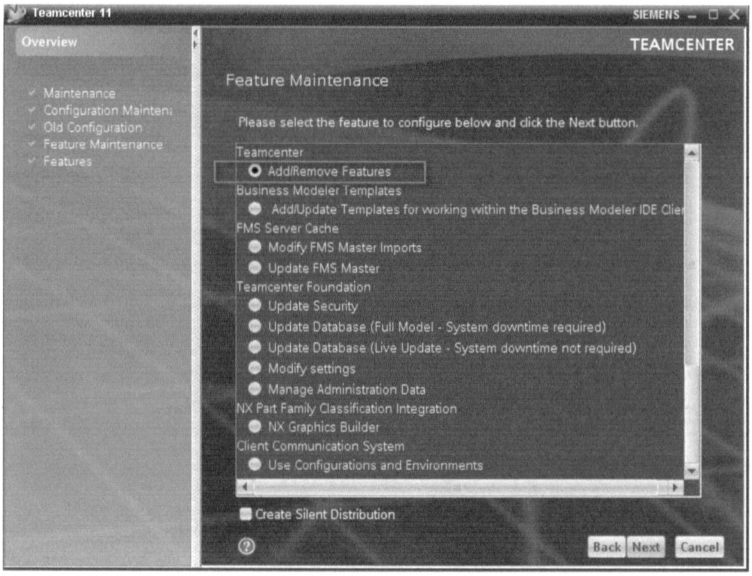

图 7.166　冷部署 BMIDE 模板项目-8

9）按图 7.167 所示选择，单击“Browse…”按钮。

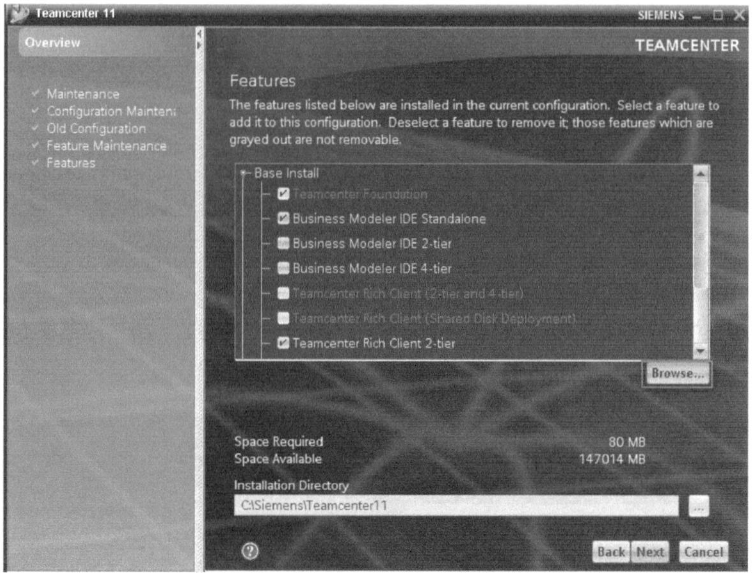

图 7.167　冷部署 BMIDE 模板项目-9

10）选择打包的模板，文件位置为步骤 3 中打包位置，如图 7.168 所示。

11）选择“Extensions”，勾选相应项目，单击“Next”按钮，如图 7.169 所示。

12）单击“OK”按钮，如图 7.170 所示。

13）输入密码，单击“Next”按钮，如图 7.171 所示。

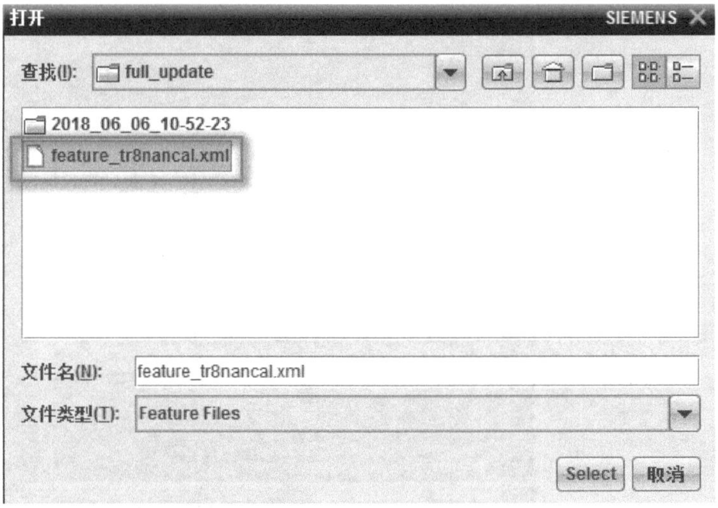

图 7.168　冷部署 BMIDE 模板项目-10

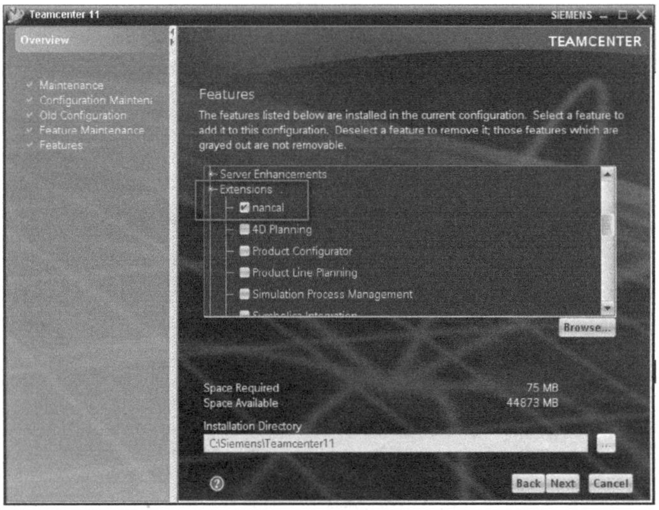

图 7.169　冷部署 BMIDE 模板项目-11

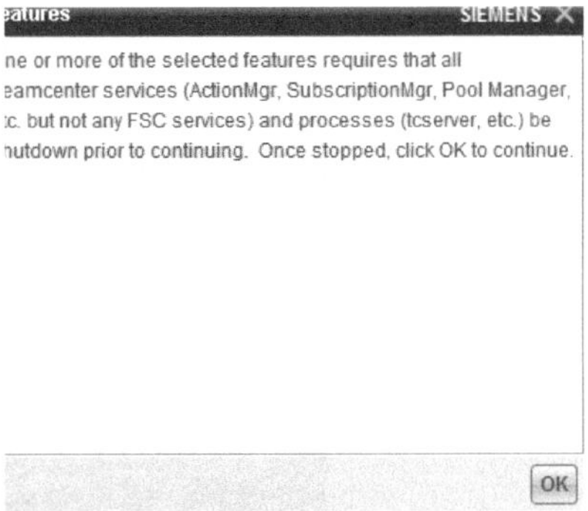

图 7.170　冷部署 BMIDE 模板项目-12

14）单击“Next”按钮，如图 7.172 所示。

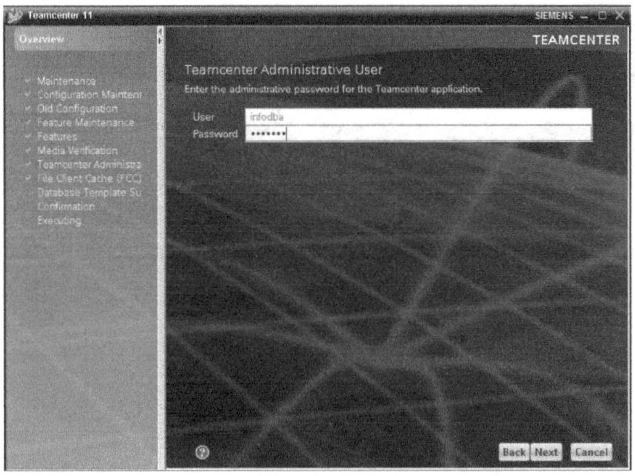

图 7.171　冷部署 BMIDE 模板项目-13

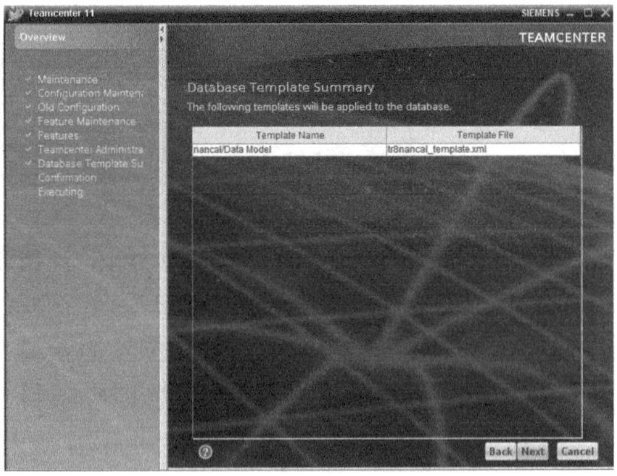

图 7.172　冷部署 BMIDE 模板项目-14

15）单击“Start”按钮，如图7.173所示。

16）部署成功，如图7.174所示。

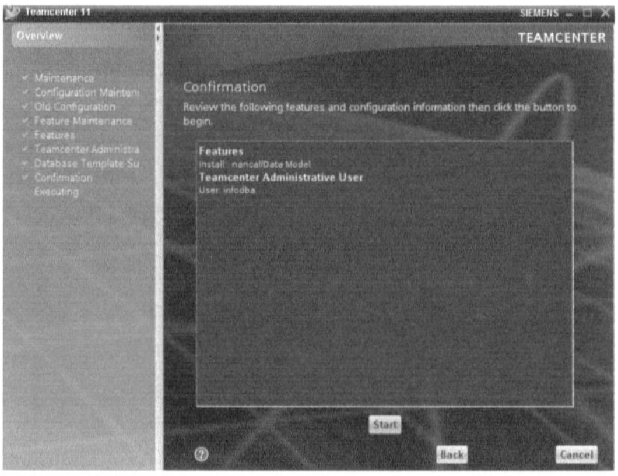

图7.173　冷部署BMIDE模板项目-15

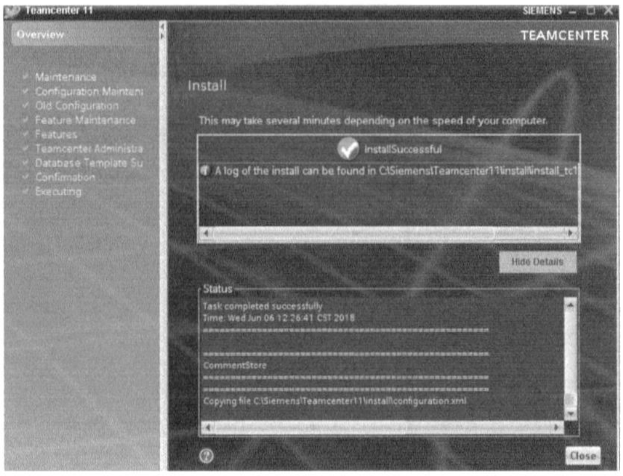

图7.174　冷部署BMIDE模板项目-16

7.12.3　更新式冷部署

步骤如下：

1）找到“功能部件”标签，选择“更新数据库（完整模型-需要系统停机时间）”，如图7.175、图7.176所示。

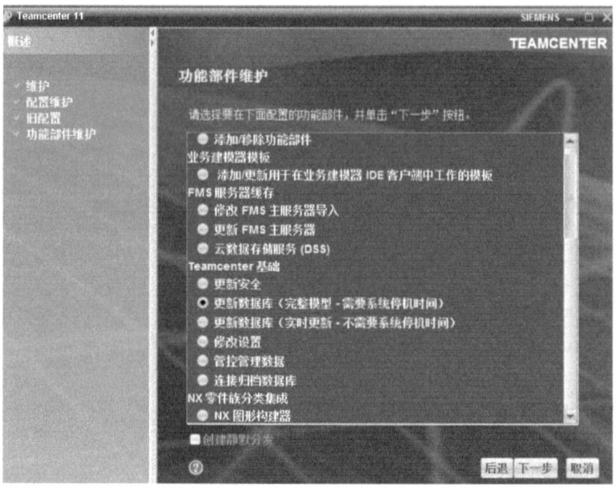

图7.175　更新式冷部署-1

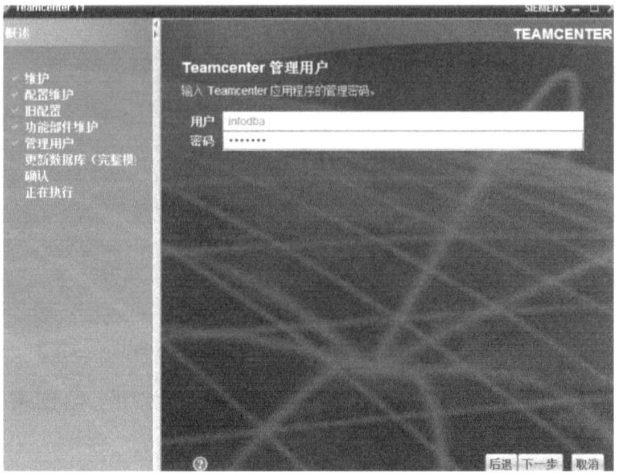

图7.176　更新式冷部署-2

2）找到首次冷部署步骤3中打包的模板文件，开始更新即可，如图7.177所示。

7.12.4　热部署

步骤如下：

1）单击菜单栏“窗口”→“首选项…”，如图7.178所示。

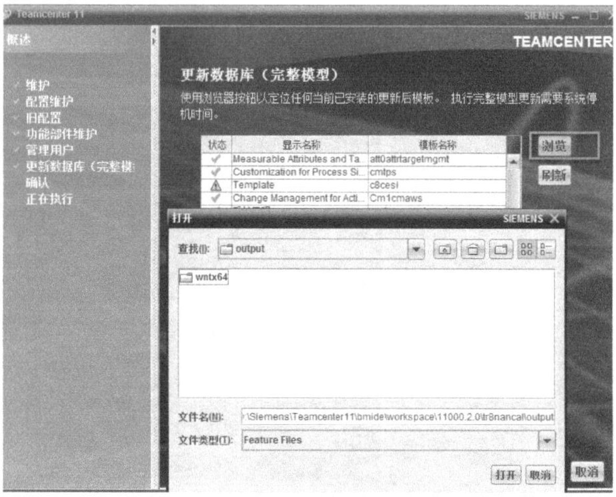

图 7.177　更新式冷部署-3

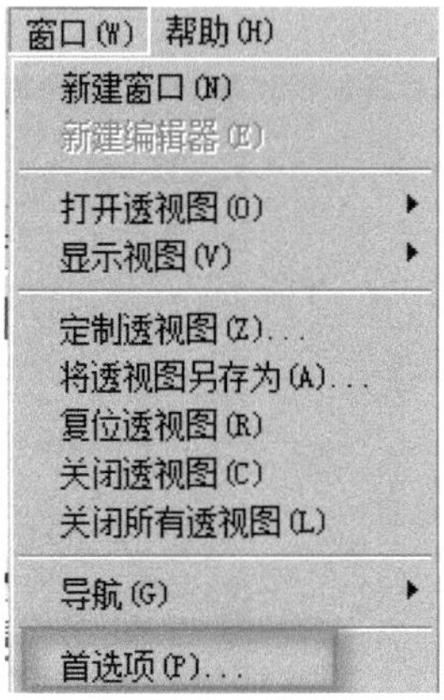

图 7.178　热部署 BMIDE 模板项目-1

2）选择“服务器连接概要表”，单击“添加”按钮，如图 7.179 所示。

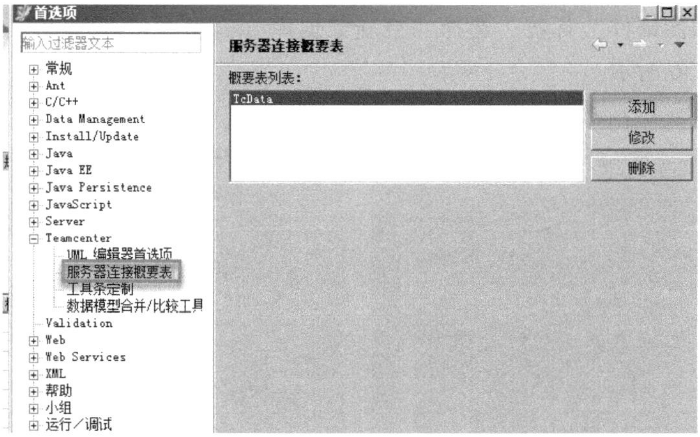

图 7.179　热部署 BMIDE 模板项目-2

3）填写服务器连接信息。服务器连接信息在安装的时候根据个人安装信息不同而配置不同，默认两层协议为 IIOP（Internet Inter-ORB Protocol，互联网内部对象请求代理协议），主机名根据实际填写，端口默认为数据库连接端口“1572”，服务器 ID 默认“TcServer1”，需要注意的是，此位置信息在安装完成后一般为默认配置，不需要手动添加，如图 7.180 所示。

4）单击菜单栏“BMIDE”→“保存数据模型”，如图 7.181 所示。

5）单击“部署模板”，如图 7.182 所示。

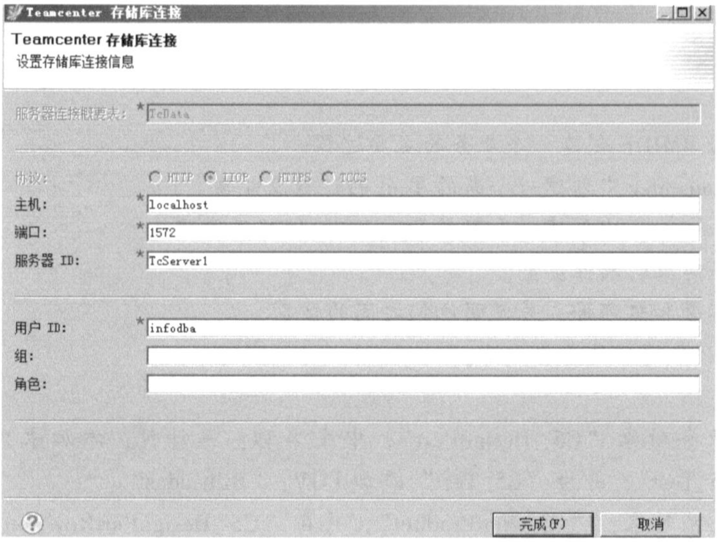

图 7.180　热部署 BMIDE 模板项目-3

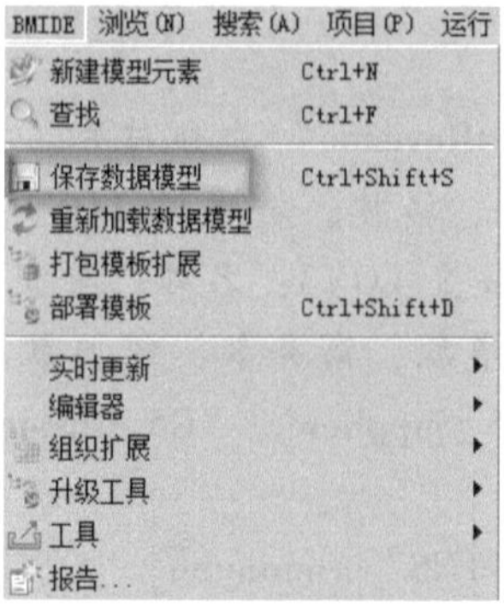

图 7.181　热部署 BMIDE 模板项目-4

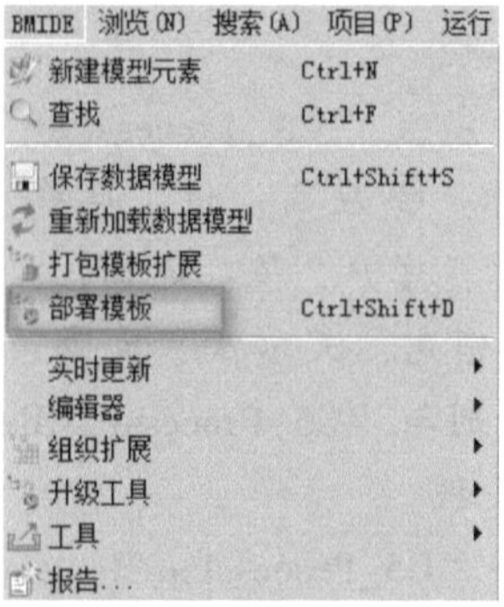

图 7.182　热部署 BMIDE 模板项目-5

6）输入密码，单击“连接”按钮，单击“完成”按钮，如图 7.183 所示。

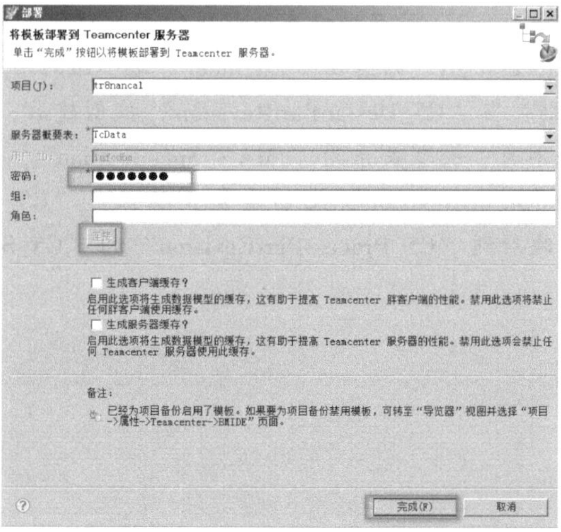

图 7.183　热部署 BMIDE 模板项目-6

习　题

1. 简述使用 BMIDE 创建一个业务的主要过程。

2. 简述 Teamcenter 中创建一个新的 Tool 的过程及步骤 。

3. 简述 Teamcenter 中创建一个新的 DataSet 的过程及步骤 。

4. 简述业务对象的属性类型。

5. 简述冷部署和热部署，并说明他们之间的区别。

6. 简述 BMIDE 项目的备份方法。

7. 练习：

（1）创建业务对象“C5_DesignPart”，中文名称：设计件，添加永久属性：“C5_Weight”和“C5_Test”，并为“C5_Test”添加 LOV：“BillCodes”。

（2）新建关系对象：“C5_NonProduct”，并在“C5_DesignPartRevision”上添加“C5_NonProduct”属性。

（3）请在 BMIDE 中定义新的文件类型和数据集类型业务对象，并在 Teamcenter 系统中检查实现情况。

（4）请定义“C5_ProcessPart”和“C5_ProcessPartRevision”业务对象。请定义传统 LOV1：名称：供应商，值：延锋、上汽、华语、大通、江林。请通过 LOV1，定义过滤 LOV2：名称：客户，值：延锋、上汽、华语。请定义层叠 LOV3：名称：车型，值：第一层，吉利、领克、沃尔沃、宝腾、路特斯。第二层豪华款，商务款、经典款。请将上述 LOV 值，分别与“C5_ProcessPartRevision”的属性：“C5_Supplier”、“C5_Customer”、“C5_CarType”关联。

（5）给“C5_ProcessPartRevision”定义命名规则：“TNS” +nnnnnnn。

（6）请将“C5_ProcessPartRevision”以“C5_NonProduct”关系与“C5_DesignRevision”进行关联，当“C5_DesignRevision”进行升版时，“C5_ProcessPartRevision”一并升版。

（7）请控制“C5_DesignPartRevision”下以“Iman_Specification”关系关联的“UGMASTER”，只能关联一次（多对一），且只允许有写权限的用户对他进行剪切。

（8）请控制“C5_ProcessPart”只能由“Engineer”这个组的用户创建。

（9）请定义扩展规则：当“C5_DesignPartRevision”被创建后，自动带出“UG Master”和 Word 文档作为子关联对象，关联关系为“IMAN_Specification”。

（10）请在“C5_DesignPartRevision”上创建复合属性：“C5_PSupplier”“C5_PCustomer”“C5_PCarType”映射到“C5_ProcessPartRevision”的“C5_Supplier”“C5_Customer”“C5_CarType”属性。

第8章

综合练习

8.1 选择题

1. 以下哪个对象是技术文件零组件的版本对象？(　　)

A. 8300-LX-LXL-立项论证报告　　B. 8300-LX-LXL/A；1-立项论证报告

C. 立项论证报告　　D. ⊞ 视图

2. 查看自己需要执行的工作流程任务的个人文件夹在哪个界面？(　　)

A. Home　　B. 我的工作列表

C. 工作流程查看器　　D. 工作流程设计器

3. 基于对象的权限控制，如果选择具体的一个零组件对象，对其设定对象权限，则是不是所有此类的零组件对象都会受到此条权限控制？(　　)

A. 是　　B. 否

4. 关于首选项的优先级排列，从高到低排序正确的是以下哪个选项？(　　)

A. user，role，group，site　　B. user，group，role，site

C. group，user，role，site　　D. site，group，role，user

5. Teamcenter 系统中，选择对象通过复制粘贴功能将此对象复制一份，将原始数据对象删除后，复制后的对象不会被删除。(　　)

A. 正确　　B. 错误

6. 零组件版本及版本下的数据集对象，一旦被发布受控，则任何用户无法改变其状态。(　　)

A. 正确　　B. 错误

7. Teamcenter 系统中一个用户只能担任一个角色。(　　)

A. 正确　　B. 错误

8. Teamcenter 系统中非 DBA 管理员用户无法创建、修改、删除首选项。(　　)

A. 正确　　B. 错误

8.2 操作题

1. 新建业务建模器（BMIDE）模板项目，要求名称为自己的姓名首字母缩写，而对于前缀无要求，请截图展示完成过程。

2. 新建自定义类型零组件业务对象，对于零组件真实名称不做要求，名称汉化值为“自制件”。新建自定义类型零组件业务对象，对于零组件真实名称不做要求，名称汉化值为“材料”。

3. 在类型为“自制件”的零组件版本对象上新增属性“材料规格”，对于真实值无要求。在类型为“材料”的零组件版本对象上新增属性“材料规格”，属性类型为永久属性，字符长度为64字符。要求当“材料”类型零组件版本以“规范”关系挂载到“自制件”零组件版本对象下后，材料版本上的属性“材料规格”值能够自动复合到自制件类型的属性“材料规格”值。

4. 在类型为“自制件”的零组件版本对象上新增属性“性别”，对于真实值无要求，要求该属性能够下拉选择值，值为“男”或“女”。

5. 在类型为“自制件”的零组件版本对象下，新建两个属性“国家”“城市”，其中“国家”属性下拉可选值为“中国”“英国”。要求“国家”属性值当选择为“中国”后，“城市”属性值只能选择“北京”“广州”“深圳”，要求“国家”属性值当选择为“英国”后，“城市”属性值只能选择“伦敦”“爱丁堡”“贝尔法斯特”。

6. 为类型为“材料”的零组件对象制定命名规则，要求ID填写规范为“MT”+“××××××”，初始值为“MT000001”，最大值为“MT999999”。

7. 为类型为“材料”的零组件对象制定显示规则，要求DBA组织下的用户在新建零组件的过程中看不到此业务对象类型。

8. 自定义数据集类型，对于真实值不做要求，汉化值为“AutoCAD”，要求此数据集类型能够调用AutoCAD2010软件并打开。

9. 在Teamcenter系统自定义表8.1中的组织结构，用户密码默认与用户名相同。

表8.1 组织结构

一级组织汉化值	一级组织真实值	二级组织汉化值	二级组织真实值	角色汉化值	角色真实值	用户/人员
西门子	Siemens	工艺开发部	PD	总监	Director	User1/User1
		工艺工程科	PTE	工艺策划师	Engineer	User2/User2
				工艺标准管理员	Standardization	User3/User3
				科室经理	Manager	User4/User4
		工艺技术科	PTT	工装设计师	Engineer	User5/User5
				主管设计师	Chief Engineer	User6/User6
				科室经理	Manager	User7/User7

10. 新建“自制件”类型零组件Item，要求名称为“对象权限控制”，ID为“ACL2019TEST”。创建完成后，对其使用对象权限控制，要求所有工艺开发部人员无法搜索、查看到该对象，而其他部门人员能够正常搜索、查看到该对象。

11. 自定义查询，查询名称为“自制件零组件版本查询”，要求该查询能够通过“名称”“ID”“国家”“城市”四个条件查询到满足条件的自制件零组件对象版本。

12. 自定义工作流程，流程名称为“取消发布流程”，要求该流程能将已发布状态

（TCM Released）的数据进行取消发布操作，即俗称的“拔旗”动作。

13. 自定义请假流程，如图 8.1 所示。详细要求：某企业请假规定三天及三天以下由部门经理批准，三天以上七天以下由分管部门经理批准，七天以上由副总裁批准。需要由系统根据请假天数进行自动控制，减少人为选择错误流程，达到按照规定流程操作、减少流程多次驳回、提高流程执行效率的目的。

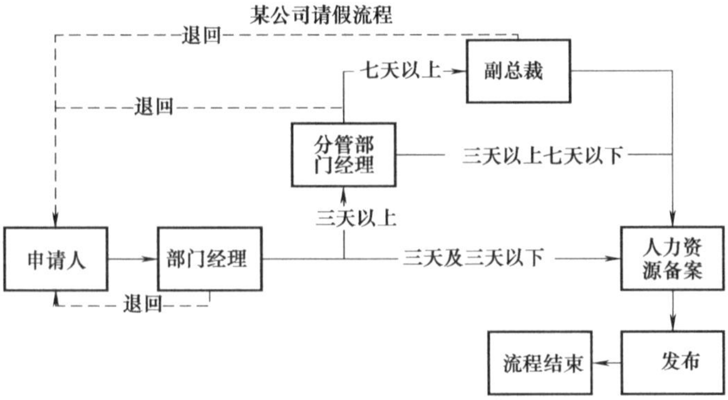

图 8.1　请假流程

参 考 文 献

[1] 高岩松，李京. 实战型 PLM 项目实施方法 [J]. 计算机工程，2006，32 (15)：250-252.

[2] 陈冠华. PDM 系统实施与二次开发技术应用研究 [D]. 长沙：中南大学，2011.

[3] 郭永辉，莫蓉. PDM 系统中人员管理模型的应用实施 [EB/OL]. 北京：中国科技论文在线 [2005-10-14]. http：//www. paper. edu. cn/releasepaper/content/200510-154.

[4] 清软英泰. PDM 工作流与过程管理 [OB/EL]. (2018-11-09) [2021-04-27]. http：//www. plmpdm. cn/dongtai/241. html.

[5] 清软英泰. PDM 的项目管理 [OB/EL]. (2013-09-23) [2021-04-27]. http：//www. pdm. so/information/20130923329. html.

[6] 郝鸿雁. PDM 中项目管理的研究与实现 [J]. 中国制造业信息化. 2011，40 (9)：4-6.

[7] 吴青. 基于 Teamcenter 的产品制造工艺管理研究 [D]. 大连：大连理工大学，2018.

[8] 百度百科，产品生命周期管理 [OB/EL]. [2021-04-27]. https：//baike. baidu. com/item/产品生命周期管理/411189? fr=aladdin.

[9] 孙树明. 基于 Teamcenter 的产品结构配置设计方法 [J]. 科学与财富，2014 (5)：110-111.

[10] 安晶，殷磊，黄曙荣. 产品数据管理原理与应用——基于 Teamcenter 平台 [M]. 北京：电子工业出版社，2015.

[11] 斯达克. 产品生命周期管理：21 世纪产品实现范式 [M]. 杨青海，俞娜，孙兆洋，译. 2 版. 北京：机械工业出版社，2017.

[12] 饶有福. 面向智能制造的 PLM 视角下数字化工厂实现技术研究 [J]. 智能制造，2016 (12)：34-36.